普通高等院校城市轨道交通"十三五"规划教材

城市轨道交通信号

张乐 肖倩 李佳洋 编著

清华大学出版社
北京

内 容 简 介

本书对城市轨道交通信号知识进行了较全面、系统的阐述,内容主要包括城市轨道交通信号系统概述,城市轨道交通信号系统实例,信号机、转辙机、计轴器、应答器和轨道电路五个信号基础设备,联锁和闭塞设备,ATC 系统和 CBTC 系统等。本书参考了城市轨道交通最新资料,吸取了城市轨道交通信号系统的最新研究成果。

本书具有较强的实用性和先进性,内容选材新颖,并配有大量的城市轨道交通信号设备及系统实景图片。

本书可以作为高等院校交通运输、城市轨道交通等相关专业的核心课程教材或教学参考书,也可以作为从事城市轨道交通工作的技术人员的参考资料和培训教材。

版权所有,侵权必究。举报: 010-62782989, beiqinquan@tup.tsinghua.edu.cn。

图书在版编目(CIP)数据

城市轨道交通信号/张乐,肖倩,李佳洋编著.—北京:清华大学出版社,2018(2025.2重印)
(普通高等院校城市轨道交通"十三五"规划教材)
ISBN 978-7-302-51175-5

Ⅰ.①城… Ⅱ.①张… ②肖… ③李… Ⅲ.①城市铁路-交通信号-信号系统-高等学校-教材 Ⅳ.①U239.5

中国版本图书馆 CIP 数据核字(2018)第 210671 号

责任编辑:冯　昕　赵从棉
封面设计:常雪影
责任校对:刘玉霞
责任印制:丛怀宇

出版发行:清华大学出版社
　　　　网　　址:https://www.tup.com.cn, https://www.wqxuetang.com
　　　　地　　址:北京清华大学学研大厦 A 座　　邮　编:100084
　　　　社 总 机:010-83470000　　　　　　　　邮　购:010-62786544
　　　　投稿与读者服务:010-62776969, c-service@tup.tsinghua.edu.cn
　　　　质量反馈:010-62772015, zhiliang@tup.tsinghua.edu.cn
印 装 者:天津鑫丰华印务有限公司
经　　销:全国新华书店
开　　本:185mm×260mm　　　印　张:15.75　　　字　数:382 千字
版　　次:2018 年 8 月第 1 版　　　印　次:2025 年 2 月第 6 次印刷
定　　价:45.00 元

产品编号:074526-02

前 言
FOREWORD

城市轨道交通信号设备是城市轨道交通的主要技术设备,它担负着指挥列车运行、保证行车安全、提高运输效率的重要任务。随着我国社会主义市场经济的不断发展,以及城市建设进程不断推进,城市交通压力也日益增强。充分利用城市轨道交通是缓解现代城市交通压力的重要方式。近年来,我国各大城市纷纷加快了轨道交通的投资与建设,以此提高城市公共交通运输能力,从而缓解地面交通压力。在城市交通建设与发展中,轨道交通作为大容量的公共交通工具,其安全性直接关系到广大乘客的生命安全。信号系统是城市轨道交通系统的重要基础设施之一,作为保证轨道交通车辆安全运行的重要技术装备在轨道交通系统中有着举足轻重的地位,同时也是保障列车行驶安全的关键。因此,城市轨道交通建设对轨道交通信号系统的发展水平要求越来越高。

为适应我国城市轨道交通信号系统的快速发展需求,编者编写了《城市轨道交通信号》一书,作为交通运输、交通工程等相关本科专业主干课程的教学用书。本书共分 6 章。第 1 章介绍了城市轨道交通信号系统概述、与铁路信号的异同及信号系统实例;第 2 章介绍了信号机、转辙机、计轴器、应答器和轨道电路这五种信号基础设备的结构、原理等;第 3 章介绍了联锁设备基础知识以及 6502 电气集中联锁和计算机联锁两种常用联锁系统的基本原理;第 4 章介绍了闭塞设备的概念、发展及应用等;第 5 章介绍了 ATC 系统和其三个子系统 ATP、ATO 和 ATS 的工作原理等,以及西门子 ATC 系统的结构和功能;第 6 章介绍了 CBTC 系统的原理和发展,以及西门子 CBTC 系统的结构和功能。本书从使用者的角度出发,并结合编者多年的实际工程经验和教学经验,系统、全面地介绍了城市轨道交通信号系统,同时为便于学生及时复习,巩固学习内容,每章后都配有本章小结和习题。

本书第 1、2 章由张乐、肖倩编写,第 3~5 章由肖倩、李佳洋编写,第 6 章由张乐、李佳洋编写。研究生戴祥、刘洲、赵晶晶、贾美玉等参与了部分章节资料整理、图表绘制、校稿工作。全书由张乐统稿。

本书的编写得到了教育部产学合作协同育人项目"城市轨道交通信号控制技术"和"移动应用创新实验室项目"及校企合作伙伴——北京智联友道科技有限公司和北京西普阳光教育科技股份有限公司的支持,他们提出了许多宝贵的意见和建议,在此表示深深的谢意。本书还引用了许多国内外专家、学者的有关城市轨道交通的相关资料和文献,在此谨向有关作者致以衷心的感谢。

本书可作为普通高等院校交通运输、城市轨道交通等相关专业的教材或教学参考书,也可作为从事城市轨道交通领域相关工作人员的参考读本。

由于我国乃至世界的轨道交通信号系统发展迅速,技术更新日新月异,本书资料和数据引用不够全面,虽然编者做了极大努力,但限于时间和水平,书中难免有疏漏、不妥之处,敬请读者批评指正。同时,希望本书的出版能为广大读者和同行提供一些切实的帮助。

编 者

2018 年 7 月

目 录
CONTENTS

第 1 章 城市轨道交通信号系统概述 ·· 1

  1.1 城市轨道交通概述 ·· 2
    1.1.1 城市轨道交通的种类 ··· 2
    1.1.2 城市轨道交通的特点 ··· 4
  1.2 城市轨道交通信号系统 ·· 6
    1.2.1 城市轨道交通信号系统的作用 ··· 6
    1.2.2 城市轨道交通信号系统的组成 ··· 7
    1.2.3 城市轨道交通信号系统的发展 ··· 8
  1.3 城市轨道交通信号系统与铁路信号系统 ·· 10
    1.3.1 城市轨道交通信号系统与铁路信号系统的相同点 ······························ 10
    1.3.2 城市轨道交通信号系统与铁路信号系统的区别 ································· 10
  1.4 城市轨道交通信号系统实例 ··· 13
    1.4.1 信号联锁系统 ·· 14
    1.4.2 车载信号系统 ·· 15
    1.4.3 轨旁信号系统 ·· 16
    1.4.4 交通信号接口设备 ·· 17
  本章小结 ·· 17
  习题 ··· 17

第 2 章 信号基础设备 ·· 19

  2.1 信号机 ··· 20
    2.1.1 信号的含义 ··· 20
    2.1.2 固定信号的分类 ··· 20
    2.1.3 色灯信号机 ··· 22
    2.1.4 地面信号机的设置 ·· 26
    2.1.5 信号显示 ·· 27

2.2 转辙机 · 29
2.2.1 道岔 · 29
2.2.2 转辙机概述 · 31
2.2.3 ZD6 系列电动转辙机 · 34
2.2.4 S700K 型电动转辙机 · 39
2.3 计轴器 · 44
2.3.1 计轴器的定义 · 45
2.3.2 计轴器的结构 · 45
2.3.3 计轴器的工作原理 · 48
2.3.4 计轴器的应用 · 50
2.3.5 计轴器的特点 · 50
2.4 应答器 · 51
2.4.1 应答器的功能 · 52
2.4.2 应答器的分类 · 52
2.5 轨道电路 · 56
2.5.1 轨道电路概述 · 56
2.5.2 50 Hz 相敏轨道电路 · 62
2.5.3 音频无绝缘轨道电路 · 69
2.5.4 国产化试验型数字轨道电路 · 84
本章小结 · 85
习题 · 85

第 3 章 联锁设备 · 88

3.1 联锁 · 89
3.1.1 联锁的定义 · 89
3.1.2 进路 · 89
3.1.3 联锁的基本内容及技术条件 · 92
3.1.4 车站联锁系统 · 93
3.1.5 联锁设备概述 · 98
3.2 6502 电气集中联锁 · 98
3.2.1 6502 电气集中联锁设备的组成 · 99
3.2.2 6502 电气集中的工作原理 · 102
3.3 计算机联锁 · 103
3.3.1 计算机联锁概述 · 103
3.3.2 TYJL-Ⅱ型计算机联锁 · 106
3.3.3 SICAS 型计算机联锁 · 117
本章小结 · 131
习题 · 131

第4章 闭塞设备 ··· 133

4.1 闭塞 ··· 134
4.1.1 闭塞的基本概念 ·· 134
4.1.2 闭塞的分类 ·· 135
4.2 闭塞设备的发展及应用 ·· 141
4.2.1 闭塞设备的发展 ·· 141
4.2.2 闭塞与列车自动控制系统 ··· 143
本章小结 ··· 144
习题 ··· 144

第5章 ATC 系统 ··· 145

5.1 ATC 系统综述 ·· 146
5.1.1 ATC 系统概述 ·· 146
5.1.2 ATC 系统的类型 ··· 147
5.1.3 ATC 系统的控制模式及模式转换 ······························· 152
5.1.4 列车驾驶模式及模式转换 ··· 154
5.2 ATP 子系统 ··· 157
5.2.1 ATP 子系统概述 ··· 157
5.2.2 ATP 子系统的结构 ·· 158
5.2.3 ATP 子系统的主要功能 ·· 159
5.2.4 ATP 子系统的基本工作原理 ······································ 165
5.3 ATO 子系统 ··· 174
5.3.1 ATO 子系统概述 ··· 174
5.3.2 ATO 子系统的结构 ·· 174
5.3.3 ATO 子系统的主要功能 ·· 176
5.3.4 ATO 子系统的基本工作原理 ······································ 178
5.4 ATS 子系统 ··· 182
5.4.1 ATS 子系统概述 ··· 182
5.4.2 ATS 子系统的结构 ·· 183
5.4.3 ATS 子系统的主要功能 ·· 187
5.4.4 ATS 子系统的基本工作原理 ······································ 190
5.5 西门子的 ATC 系统 ·· 196
5.5.1 西门子 ATC 系统的结构及功能 ································· 196
5.5.2 西门子 ATC 系统的主要设备 ···································· 197
本章小结 ··· 210
习题 ··· 210

第6章 CBTC 系统 … 212

6.1 CBTC 系统综述 … 213
6.1.1 CBTC 系统的工作原理 … 213
6.1.2 国内外 CBTC 系统的发展 … 216
6.2 CBTC 移动闭塞系统 … 219
6.2.1 移动闭塞系统的工作原理和特点 … 219
6.2.2 基于感应环线通信的移动闭塞制式 CBTC 系统 … 219
6.2.3 基于无线通信的虚拟闭塞 CBTC 系统 … 227
6.3 西门子的 CBTC 系统 … 236
6.3.1 西门子的 CBTC 系统结构 … 236
6.3.2 西门子 CBTC 系统的主要设备 … 237
6.3.3 西门子 CBTC 系统的功能 … 238
6.3.4 通信级别 … 239
6.3.5 无线系统配置 … 240
6.3.6 西门子 CBTC 系统的特点 … 241
本章小结 … 242
习题 … 242

参考文献 … 243

第 1 章

城市轨道交通信号系统概述

教学提示

城市轨道交通系统是指主要服务于城市客运系统,通常以电力或机械力为动力,以轮轨运行方式为特征的车辆与轨道(导轨)等各种相关设施的总和。相比其他城市公共交通系统,它具有运能大、速度快、安全准时、节约能源,以及能缓解地面交通拥挤和有利于环境保护等优点。而城市轨道交通系统的安全运行需要信号系统来保障,通过城市轨道交通信号系统,可以实现行车指挥和列车运行现代化,提高城市轨道交通的运输效率。

学习目标

- 了解城市轨道交通概况;
- 掌握城市轨道交通信号系统的组成及发展;
- 理解城市轨道交通信号系统与铁路信号系统的异同;
- 了解城市轨道交通信号系统。

知识结构

本章知识结构如图 1.1 所示。

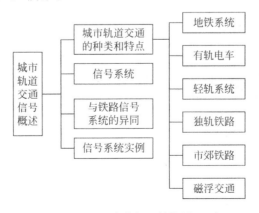

图 1.1 本章知识结构图

1.1 城市轨道交通概述

1.1.1 城市轨道交通的种类

随着经济社会的不断发展,城市轨道交通成为现代化都市所必需的交通工具,我国各大城市迎来了轨道交通的高速发展时期。城市轨道交通的定义是以电能为动力,采取轮轨运输方式的快速大运量公共交通的总称,它具有特殊的技术优势和经济特点,能迅速、安全地在城市范围内运送乘客,最大限度地满足市民出行的需要,满足多层次、多方面的客运需求。

现阶段我国城市轨道交通处于建设高潮,发展前景十分广阔。相关数据表明,截至2016年底,我国北京、上海、深圳、南京、武汉、重庆、天津等30个城市已开通运营城市轨道交通,共计133条线路,运营线路总长度达4152.8 km。2017年中国城市轨道交通市场仍将处于建设高峰时期,城市轨道交通建设正在向二三线城市延展。预计到2020年,中国城市轨道交通运营里程将达到6000 km。

城市轨道交通种类繁多,按照用途可分为地下铁道、有轨电车、轻轨交通、独轨交通、市郊铁路、磁浮交通等。下面分别介绍这几种交通形式。

1. 地下铁道

地下铁道简称地铁,它的线路通常修建在地下隧道内,也有的建在地面或高架桥上。图1.2所示为上海地铁。地铁的单向小时最大运输能力为3万~6万人次,具有容量大、速度快、安全、准时、舒适、运输成本低、不占城市用地的特点,但建设成本高,适于出行距离较长、客运量需求大的城市中心区域。

2. 有轨电车

有轨电车是采用电气牵引在轨道上行驶的轻型轨道交通车辆,它是一种单车或两辆编组运行在城市路面线路上的低运量城市轨道交通系统。它的运行速度较低,行车安全和准时性较差,运量小,单向运量在1万人次左右。图1.3所示为沈阳有轨电车。

图1.2 上海地铁

图1.3 沈阳有轨电车

3. 轻轨交通

轻轨交通是在有轨电车的基础上发展起来的电气牵引、轮轨导向、车辆编组运行在专用行车道上的中运量城市轨道交通系统,一般采用钢轮钢轨,主要在城市地面或高架桥上运行,线路采用地面专用轨道或高架轨道,遇繁华街区,也可进入地下或与地铁衔接。轻轨的输送能力为每小时1万～3万人次。图1.4所示为苏州轻轨。

图1.4 苏州轻轨

【知识窗：地铁与轻轨的区别】

按照国际标准,城市轨道交通列车可分为A、B、C三种型号,分别对应3 m、2.8 m、2.6 m的列车宽度。凡是选用A型或B型列车的轨道交通线路称为地铁,采用5～8节编组列车;选用C型列车的轨道交通线路称为轻轨,采用2～4节编组列车。对于两者的区别,有人认为城市轨道交通中,在地面以下行驶的叫地铁,在地面或高架上行驶的就是轻轨;还有人认为轻轨的钢轨重量比地铁轻。这两种认识都是错误的。城市轨道交通分为地铁和轻轨两种制式,地铁和轻轨都可以建在地下、地面或高架上。

4．独轨交通

独轨交通是使车辆在一根导轨上行驶的交通工具,具有中等运量,分为跨座式和悬挂式两大类。跨座式是指车辆跨在一根走行轨道上行走,其重心位于走行轨道上方,我国重庆市轨道交通采用的就是这种制式,如图1.5所示。悬挂式的车辆悬挂在轨道梁走行装置的下面,其重心处于轨道梁的下方。图1.6所示为德国运营的世界第一条悬挂式独轨。

图1.5 重庆跨座式独轨　　　　　　　　图1.6 德国悬挂式独轨

5. 市郊铁路

市郊铁路是由电气或内燃机牵引,采用轮轨导向,车辆编组运行在城市中心与市郊、市郊与市郊、市郊与新建城镇间,以地面专用线路为主的大运量快速城市轨道交通系统。市郊铁路的输送能力在每小时6万~8万人。如图1.7所示为北京市郊铁路。

6. 磁浮交通

磁浮交通是一种运用"同性相斥、异性相吸"的电磁原理,依靠电磁力使车厢悬浮并行走的轨道运输方式。磁浮交通有常导和超导两种类型。常导式磁浮线路能使车辆浮起10~15 mm的高度,运行速度较低,用感应线性电机来驱动。超导式磁浮线路能使车辆浮起100 mm以上,速度较高,用同步线性电机来驱动,技术难度较大。中国的上海浦东机场线路磁浮交通如图1.8所示,其最高时速可达430 km/h。

图1.7　北京市郊铁路

图1.8　上海磁浮交通

1.1.2　城市轨道交通的特点

随着城市化进程的深入,城市轨道交通越来越成为城市公共交通的骨干,因此明确城市轨道交通的特点对于城市轨道交通的建设和发展有着重要的指导意义。下面从三个方面介绍城市轨道交通的特点。

1. 城市轨道交通自身的特点

城市轨道交通属于绿色环保交通体系,符合可持续发展的原则,特别适应于大中型城市。其自身具有以下优点。

(1)运营速度快,节省出行时间

城市轨道交通具有列车运行系统技术水平比较高,能够实现高密度运转的优点,列车的行车间隔比较短,而且城市轨道交通有自己的专用线路,不受其他交通工具的干扰和影响,不会出现交通阻塞而延误运行时间。因此,城市轨道交通的运营速度通常是常规道路交通工具的1~2倍,能够节省乘客大量的出行时间,保证乘客准时、迅速地到达目的地。

(2)运输能力大

城市轨道交通与常规道路交通不同的是其运输工具可以编组运行,因此,城市轨道交通的运输能力比较大。地下铁道单向每小时运送能力为3万~7万人次,轻轨交通在1万~3万人次之间,而公共汽车或电车为8000人次,在客流密集的城市建设城市轨道交通可疏散公交客流,满足城市的发展需求。

(3) 运营费用低,经济效益高

城市轨道交通与常规道路交通相比,能节省运营所需的人工费用,并且城市轨道交通的车辆使用年限比常规公交车辆长,其维修费、折旧费较低。而且,城市轨道交通的发展能够促进沿线城市和地区的发展,因此可以提高整个地区的综合经济效益。

(4) 安全,舒适性高

城市轨道交通在线路、轨道及车辆等方面采用减少冲击、降低振动等技术,使得其运行平稳,乘车环境舒适。城市轨道交通与其他交通工具无相互干扰,可以减少交通事故次数和伤亡人数,在没有意外和自然灾害的情况下,运行安全有充分的保障。

(5) 利于环境保护

城市轨道交通采用电力牵引,噪声小,污染轻,对城市环境不造成破坏。同时城市轨道交通分担了城市很大一部分载客量,可以减少汽车的交通量,使城市中汽车排放的废气和噪声降低,有利于改善环境。

(6) 节省土地资源

城市轨道交通多建于地下或高架桥上,占用地面面积有限,充分利用了城市空间,节省了日益宝贵的土地资源。

但是,城市轨道交通也存在以下局限性。

(1) 建设投资巨大。城市轨道交通的建设要求高,施工难度大,设备技术标准高。因此,建设投资巨大,1 km 的轨道建设大概要 4 亿～5 亿的投入。

(2) 建成以后线路走向及线网结构不易调整。轨道交通线路是永久性结构,一旦建成,几乎再无调整可能性。

(3) 运营成本高。城市轨道交通系统能源消耗绝对量相当大,因此运营成本较高。

(4) 经济效益有限。城市轨道交通带有公益性,因此无法按运营成本核收票价。

(5) 发生重大事故时,不易疏散。城市轨道交通系统是一个大容量系统,而该系统与乘客直接接触的车站空间与外界交流的出入口的数量有限,所以一旦有重大事故发生,乘客疏散比较困难。

2. 城市轨道交通有别于铁路的特点

城市轨道交通虽然和铁路同为轨道交通,但是和铁路有很多不同之处。

1) 运营范围

城市轨道交通在城市市区及郊区运行,运营范围往往只有几十千米,不像铁路那样四通八达纵横数千米,而且连接城乡。

2) 运行速度

城市轨道交通因站间距离短,且站站停车,列车运行速度一般不超过 80 km/h。而铁路的运行速度比较高,许多铁路线路速度超过 120 km/h,而高速铁路速度可以达到 300 km/h 以上。

3) 服务对象

城市轨道交通的服务对象单一,只针对市区内的客运服务,而铁路则包括客运和货运等。

4) 线路与轨道

城市轨道交通大部分线路在地下或高架通行,均为双线,各线路之间一般不跨线运营。

而常规铁路则全路成网,必须跨线运行。城市轨道交通正线一般采用9号道岔,车辆段采用7号道岔,而铁路的道岔控制比较复杂。另外,城市轨道交通还有铁路没有的跨座式和悬挂式。

【知识窗:正线】

正线,是连接车站并贯穿或直股伸入车站的线路。主要指供载客列车运行的线路。

5) 车站

城市轨道交通的车站一般多为正线,多数车站也不设道岔,换乘站多为立体方式;与之不同,铁路车站会设置数量不等的道岔及股道,有较复杂的咽喉区,换乘站多为平面方式。

6) 车辆段

城市轨道交通的车辆段具有车辆检修、停放以及大量的列车编解、接发车和调车作业等功能,而铁路的车辆段只有车辆检修的功能。

7) 车辆

城市轨道交通的车辆采用电动车组,而铁路的车辆称为机车车辆,包含了有动力和无动力两种,分为铁路机车、铁路车辆、客车等众多类型。

8) 供电

城市轨道交通的供电系统包括牵引供电和动力照明供电,牵引供电采用直流电力牵引,而铁路的供电包括电气化铁路和非电气化铁路两种方式,我国的电气化铁路采用单相工频交流制供电。

9) 信号

城市轨道交通是以车载信号为主、地面信号为辅的方式,而铁路以地面信号机的色灯"信号显示"为主体信号,车上的"机车信号"为辅助信号。

1.2 城市轨道交通信号系统

在城市轨道交通系统中,信号系统是保障列车运行安全与提高城市轨道交通的速度、输送能力和效率的重要设备。随着信息技术的高速发展,城市轨道交通往往采用高速度、高密度方式运营,因此,列车对信号系统的要求越来越高,选择合适的信号系统也成为城市轨道交通的关键所在。

1.2.1 城市轨道交通信号系统的作用

针对城市轨道交通自身的特点及需求,其信号系统起到的作用有以下两个方面。

(1) 确保列车运行安全

城市轨道交通信号系统是指挥列车安全运行的关键设备,信号系统需要满足一些条件,如列车马上驶入的轨道区段没有被列车占用、道岔位置正确并锁闭、敌对信号未开启等,才允许给列车发出允许前行的信号。有了信号系统的保障,可以减少城市轨道交通的运行事故,确保行车安全。

(2) 提高城市轨道交通运行效率

在城市轨道交通信号系统中采用了列车运行自动控制技术,可以在保证列车运行安全的前提下,使列车以最高允许速度运行,大大缩短了行车间隔,增大了行车密度,列车的停站时间也随之缩短,从而提高了城市轨道交通的运行效率。

1.2.2 城市轨道交通信号系统的组成

城市轨道交通信号系统通常由信号基础设备、联锁设备、闭塞设备,以及列车自动控制系统组成,其结构如图1.9所示。

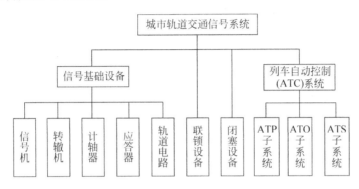

图1.9 城市轨道交通信号系统结构图

1. 信号基础设备

信号基础设备主要包括信号机、转辙机、计轴器、应答器、轨道电路等,它们是城市轨道交通信号系统的重要基础设备,能够可靠运用信号基础设备,是信号系统正常运行和充分发挥效能的保证。城市轨道交通信号基础设备沿袭了铁路信号的信号基础设备,但有的基础设备又与铁路不同,如信号机的设置和显示、轨道电路的制式等。

2. 联锁设备

联锁设备是为了保证行车安全,通过技术方法实现联锁关系的设备,联锁关系即使进路、道岔、信号机之间按一定程序、一定条件建立起相互联系、相互制约的关系。联锁设备可以分散控制,也可以集中控制。目前使用的联锁设备有继电联锁和计算机联锁两大类,城市轨道交通中多用计算机联锁来实现联锁关系。

3. 闭塞设备

闭塞就是用信号或者凭证,保证列车按照前行列车和追踪列车之间必须保持一定距离运行的技术方法,也就是保证区间或闭塞分区在同一时间内只能运行一个列车。闭塞设备即保证一个区间或闭塞分区在同一时间内只能运行一个列车的设备。城市轨道交通采用的闭塞设备主要是自动闭塞,一般包括固定闭塞、准移动闭塞和移动闭塞三种。

4. 列车自动控制系统

列车自动控制系统包括列车自动防护(automatic train protection,ATP)、列车自动运行(automatic train operation,ATO)及列车自动监控(automatic train supervision,ATS)三个子系统,简称"3A"。

ATP子系统的主要功能是监督及控制列车在安全状态下运行,应满足故障-安全原则。为了确保城市轨道交通线路列车的安全、高速、高效运行,必须装备ATP子系统。

ATO 子系统是自动控制列车运行的设备。ATO 子系统能够在 ATP 子系统的保护下，根据 ATS 子系统的指令实现列车的自动驾驶，自动地完成对列车的启动、牵引、巡航、惰行和制动的控制，确保达到设计的列车运行间隔和运行速度。

ATS 子系统是监控列车运行的设备。ATS 子系统在 ATP 子系统的支持下完成对全线列车运行的自动管理和监控。

1.2.3 城市轨道交通信号系统的发展

城市轨道交通信号系统是保障行车安全、提高运输能力的关键技术设备，它随着微电子技术、计算机技术、通信技术的发展而不断发展。

1. 城市轨道交通信号系统技术的发展趋势

城市轨道交通信号系统中，地面与车载设备的安全信息传输方式，大致经历了模拟轨道电路、数字轨道电路和无线通信三个阶段。

1) 基于模拟轨道电路的 ATC 系统

轨道电路是将区间线路划分为若干固定的区段，进行列车占用检查和向车载 ATC 设备传送信息的载体。列车定位是以固定的轨道电路区段为单位，采用模拟轨道电路方式由地面向车载设备传送 10~20 种信息，列车采用阶梯式速度控制，称之为固定闭塞。

【知识窗：区间】

　　　　两个车站之间的线路叫区间。习惯将车站管辖范围以外的线路称作区间。

模拟轨道电路在我国应用的代表作品有：从英国西屋引进的 FS22500 无绝缘轨道电路（北京地铁 1 号线、13 号线）；从美国 GRS 公司引进的无绝缘数字调幅轨道电路（上海地铁 1 号线）。

从系统整体角度来看，基于模拟轨道电路的 ATC 系统中各子系统处于分立状态，技术水平明显落后，维修工作量大，制约了列车运行速度和密度的进一步提高，将逐步退出历史舞台。

2) 基于数字轨道电路的 ATC 系统

数字轨道电路采用数字编码方式，地面向车载设备传送数十位数字编码信息，列车可实现一次模拟曲线式安全防护，缩短了列车运行间隔，提高了乘客的舒适度。采用数字轨道电路的 ATC 系统，列车可实现一次模式曲线式安全防护，因此称之为准移动闭塞。

数字轨道电路在我国应用的代表作品有：美国 USSI 公司的 AF2904 无绝缘数字轨道电路（上海地铁 2 号线）；德国西门子公司的 FTGS 无绝缘数字轨道电路（广州地铁 1、2 号线，南京地铁 1 号线等）。

数字轨道电路的 ATC 系统采用微电子技术、计算机技术和数字通信技术，延续了轨道电路故障-安全的特点，目前在我国和世界范围内开通运用较多，系统的可靠性和稳定性得到了充分的验证。

但是，数字轨道电路存在以下缺点。

(1) 必须具备很强的抗干扰能力。轨道电路中 ATC 信息电流一般在几十毫安至几百毫安，而列车牵引回流最大可达 4000 A。

(2) 受轨道电路特性限制，只能实现地面向列车的单向信息传输，信息量也只能到数十比特,限制了 ATC 系统的性能。

3) 基于通信的列车控制系统

基于通信的列车控制(communication-based train control,CBTC)系统的特点是前、后列车都采用移动定位方式,通过安全数据传输,将前行列车的位置信息安全地传递给后续列车,可实现一次模式曲线安全防护,并且其防护点能够随前车的移动而实时更新,有利于进一步缩小行车间隔,提高运输效率,称之为移动闭塞。

我国已经开通使用的广州地铁 3 号线采用加拿大阿尔卡特公司的 Sel Trac MB 系统,用感应环线实现车地信息双向传输;北京地铁 10 号线、广州地铁 4 号线采用德国西门子公司的 Trainguard MT,用点式(access point,AP)实现无线信息传输,北京地铁 2 号线改造、机场线采用法国阿尔斯通公司的 Urbalis TM,用波导管和 AP 实现无线信息传输。

近几年建设的项目,如广州地铁 5 号线、广佛线,上海地铁 6、7、8、9 号线,北京地铁 4 号线,沈阳地铁 1、2 号线,成都地铁 1 号线等,都选择了基于 AP 无线通信的 CBTC 系统,它已经成为我国城市轨道交通信号系统选型的主流制式。

CBTC 系统采用当前先进的计算机技术和信息传输技术,不占用牵引供电电流的轨道通路,有利于牵引供电专业合理布置设备;不需要在轨道上安装设备,易形成疏散通道。采用 CBTC 技术,具有多方面优势(提高效率、易于延伸线建设和改造升级),可以充分利用国内现有的信号产品和资源,易于实现国产化。其中具有完全自主知识产权的计算机联锁设备和 ATS 子系统已经成功在现场开通使用,但目前 CBTC 系统的应用在国际上还处于初期阶段,国外厂商都在结合工程实践对其进行不断完善。

2. 国产化城市轨道交通信号系统进展

国内开发的城市轨道交通系统三种制式都有,基本上都采用基于无线通信的列车控制系统。主要开发进展情况如下。

(1) 中国铁道科学研究院充分利用专业齐全的优势,通过多年的研发,完成了 CBTC 系统所有子系统(ATS、联锁、ATP、ATO、DCS、应答器等)的研制工作,并进行了室内系统调试、现场试验和调试。铁科院的 ATS 子系统、计算机联锁子系统是国内成熟的系统,具有城市轨道交通业绩,已经具备工程实施的条件。铁科院的 CBTC 系统对无线故障情况下的后备转换进行了深入的研究,能够在保证行车安全的情况下,尽量减少对正常运营的干扰,这种技术达到了先进的水平。在安全性方面,与研发同步进行第三方安全认证工作,已签署安全认证合同并开展安全认证工作。

(2) 2004 年,北京交通大学、北京地铁运营公司、北京和利时公司申请北京市科委"基于通信的城轨 CBTC 系统研究"科研项目,在北京地铁试车线进行了 ATP、ATO 试验,并在大连设立了 10 km 试验段,包括地面线路和地下线路,进行了两列列车的追踪试验。2010年 12 月 28 日,北京轨道交通亦庄线正式开通试运营。国产信号系统历经 10 年研制及成功应用,使中国一举成为继德国、法国、加拿大之后,第 4 个成功掌握轨道交通 CBTC 核心技术并顺利应用于实际工程的国家。亦庄线开通以来,信号系统运行安全、稳定、可靠,系统稳定性、故障率等各项指标优于其他线路,实现了"自动驾驶""无人折返""安全运营"三项目标。

2015 年 4 月,在中国(天津)区域轨道交通发展及装备关键技术论坛暨第 24 届地铁学术交流会上,北京地铁亦庄线工程被评为"城市轨道交通创新技术推广项目",并在全国轨道交通建设中推广应用。

（3）北京全路通信信号研究设计院也正在进行城市轨道交通 CBTC 的研发，它们利用自身研发的通过 SIL4 级的安全控制平台，进行室内点式 ATP 的研发。

1.3 城市轨道交通信号系统与铁路信号系统

城市轨道交通和铁路交通同属于轨道交通的范畴，两者在运营形式、设备应用和控制方式等方面有一定的联系，但是也不尽相同。以下对城市轨道交通信号系统和铁路交通信号系统的异同进行论述。

1.3.1 城市轨道交通信号系统与铁路信号系统的相同点

1. 信号基础设备

城市轨道交通沿用了铁路交通的信号基础设备，与铁路交通有基本相同的信号设备，比如信号机、轨道电路、转辙机、计轴器、应答器等，但布局方式及应用形式方面会有一些不同。

2. 停车点保护

安全停车点是基于危险点定义的，危险点是列车超越后可能发生危险的点。停车点有时即是危险点，通常在停车点前方设置一段防护段，ATP 子系统计算出的紧急制动曲线即以该防护段为基础，以保证列车不超过防护段。有时也可以在防护段设置一列车滑行速度值，如 5 km/h。列车根据需要在此基础上加速，或者停在危险点前方。

3. 联锁的含义

城市轨道交通沿用了铁路基本的联锁的含义，其含义依然是信号设备之间相互制约的关系，在铁路上联锁往往局限在车站内部，城市轨道交通联锁一般包括正线和车辆段。

4. 速度监督与超速保护

城市轨道交通和铁路交通都重视速度监督与超速保护，列车自动防护（ATP）子系统的速度限制分为两种：一种是固定速度限制，如区间最大允许速度（取决于线路参数），列车最大允许速度；另一种是临时性的速度限制，例如线路维修、施工时临时设置的速度限制。ATP 子系统始终严密监视这类速度限制不被超越，一旦错过，先进行告警，后启动紧急制动，并作记录。

5. 测速与测距

目前城市轨道交通和高速铁路都有列车速度自动控制系统，它的一个重要的功能就是测速与测距。ATP 子系统利用装在轮轴上的测速传感器测量列车的即时速度，并在驾驶室通过计算生成速度曲线。ATP 子系统的列车定位是以轨道电路为基础的，而对轨道电路内的运行距离的测量，则可依赖于所记录的车轮转数及预知的车轮直径进行转换。

1.3.2 城市轨道交通信号系统与铁路信号系统的区别

城市轨道交通信号系统和铁路信号系统在基本控制原理、信息传输方式等方面都有相同或相似的地方，但两者还是存在很大差异的：城市轨道交通更注重行车密度，把握列车的追踪间隔是控制的核心，而铁路信号系统不仅要缩短列车追踪间隔，更关键的是要提高运行速度，增大运营能力。所以两种信号系统的区别远远多于共同点。

1. 信号系统的发展渊源

城市轨道交通信号系统和铁路信号系统的发展渊源不同,铁路信号系统的起始技术大多源于自主发展,基本设备均国产化有自己的知识产权,如今国内的高铁技术也已经通过引进、消化、改进、自主创新等发展阶段达到了很大程度国产化,基本达到了制式统一、体系完整,产品及配套已经拥有自己独立的科研、教育、设计、生产制造以及施工维护队伍,形成了具有中国特色的一整套完备的铁路信号系统。而城市轨道交通信号系统基本上都是全套引进国外先进技术,还没有完全从引进消化发展到自主创新阶段,城市轨道交通信号系统的自主研发才蹒跚起步,没有形成行业完备的技术规范和标准。

2. 信号系统的构成方式

城市轨道交通信号系统主要由 ATC 系统和车辆段联锁系统组成,ATC 系统包括 ATS、ATO、ATP 三个子系统,主要作用是保证正线列车的运行控制,完成系统信息检测、运行防护和列车运行方式的控制,而城市轨道交通的车辆段类似于铁路的区段站,其行车组织工作主要包括编译、接发和调车,因而,城市轨道交通车辆段的信号设备远多于其他车站,通常独立采用一套联锁装置。除车辆段外,其他车站的行车组织作业既单纯又简单,所以在联锁车站上的信号灯也仅有3种颜色、4种含义。

(1) 红灯:停车;

(2) 绿灯:前进,前方道岔在定位;

(3) 月白灯:前进,前方道岔在反位;

(4) 红灯+月白灯闪光:引导信号。

城市轨道交通车辆段计算机联锁与铁路车站计算机联锁通用,但结合电路与铁路控制不同。

铁路信号系统由车站联锁设备、区段闭塞设备、编组站驼峰控制系统及列车运行自动控制系统等组成,其设备的复杂性和控制的各自为政导致技术的更新达不到步调一致,使整个系统不容易整合。

3. 联锁关系

信号设备的布局及应用的差异,导致联锁关系的难易程度不同。

1) 信号机的布局及显示

城市轨道交通实行右侧行车制,信号机一般设置在运行线路的右侧,大都采用 LED 信号机,列车信号基本上有红绿黄三色显示,城市轨道交通中大多信号机均设置在车辆段。而铁路实行左侧行车制,信号机设置在运行方向的左侧,大都采用色灯信号机,信号显示组合多样,含义复杂。时速 200 km/h 的高速铁路,均取消了区间地面信号机,车载速度显示成为列车运行的凭证,这点和城市轨道交通有相似之处。列车自动运行控制系统对于提高运输效率、保障高速列车运行安全将具有非常重要的意义。

一般情况下,城市轨道交通正线区间不设通过信号机,铁路一般在区间有通过信号机防护。城市轨道交通正线有岔站为了防护道岔和实现联锁关系会设置地面矮型信号机,一般中间站(无岔站)都不设信号机。铁路车站必设进站信号机和出站信号机,而且都为高柱信号机,城市轨道交通可以根据需要选择进站或出站信号机为高柱或矮型。

2) 道岔控制

因为城市轨道交通对速度要求低,并且有地域范围限制,其正线一般采用 9 号道岔,车辆段(停车场)一般采用7号道岔。如果正线上采用的是9号AT道岔(弹性可弯道岔)则需要设置两个牵引点,即一组道岔需要两台转辙机牵引。

目前高速铁路在正线上采用大号码可动心轨道岔,需要多点多台转辙机牵引,并采用复合锁闭(内锁闭和外锁闭)技术。联锁中需设有特殊电路控制,并要求列车速度控制系统具有防止列车超速通过道岔的功能,从这一点上来说,高速铁路应较城市轨道交通复杂。

3) 联锁方式

铁路信号系统与城市轨道交通信号系统相比,有一个显著的不同,那就是城市轨道交通的车站一般没有分支(折返站除外),不设道岔,因而也不设地面信号机,仅在少数的有道岔联锁站和车辆段才布局道岔和地面信号机,所以联锁设备的监控对象远远少于铁路车站的监控对象。城市轨道交通车站全部的作业就是乘客乘降,其作业形式单调,联锁关系简单。

如西安地铁2号线,仅在7个联锁站、1个车辆段和1个停车场上设置了道岔及地面信号机。因此,城市轨道交通不像高速铁路那样各站单独设置联锁系统控制多个车站。通常正线全线的联锁可以通过控制中心来实现。有些信号系统厂商将正线联锁和ATP编/发码功能结合在一起,有些通过区域控制器来实现正线联锁,致使城市轨道交通信号控制技术难度大、要求高,其集成化程度和控制水平目前都在铁路信号控制之上。

4. 闭塞制式

闭塞制式不同导致地面/车上信息传输方式不同。城市轨道交通目前大都采用准移动闭塞或移动闭塞的制式进行区间控制。准移动闭塞通常采用数字音频无绝缘轨道电路作为列车占用检测和ATP信息的传输媒介,具有一定的信息传输量和较强的抗干扰能力。通过音频轨道电路的发送设备向车载设备发送数字编码(报文式)信息,包括目标速度、目标距离、线路状态(曲线半径、坡道等数据)等信息,ATP车载设备结合车辆性能数据计算出适合本列车运行的速度-距离曲线,保证列车有序运行。采用"跳跃式"连续速度-距离曲线的列控方式,列车追踪运行的最小安全间隔的最大值为安全保护距离加一个轨道区段长度,列车的最小正常追踪运行间隔为安全保护距离加一个轨道区段长度再加最高允许速度下使用常用制动直至停车的制动距离。移动闭塞不依靠轨道电路,而是采用基于通信技术的感应环线、漏缆、裂缝波导管以及无线电台等方式实现车-地区间双向数据传输和列车位置检测,它通过提高列车定位精度和移动授权更新率来提供更大的通过能力并减少列车的间隔距离。列车追踪运行的最小安全间隔仅为一个安全保护距离,列车最小正常追踪运行间隔为在当前速度下使用常用制动直至停车的制动距离加安全保护距离,并由前后列车的动态关系确定。

铁路信号系统大多采用固定闭塞方式,设置固定的闭塞分区,根据地面及车上信息传输方式的不同,可以将列车超速防护(ATP)子系统分为点式和连续式两类。点式ATP子系统因成本低廉、安全可靠、使用方便而深受欢迎,然而点式ATP子系统的信息传递是间断的,当列车从一个信息点获得地面信息后,要到下一个信息点才可以进行信息更新,若期间地面情况发生变化,则无法立即传递给列车,因此,点式ATP具有一定的局限性。连续式ATP子系统克服了点式的不足,其关键设备是信息传输通道,通过沿线路敷设的电缆或者利用多信息轨道电路,或者借用无线通道来实现地面/车上的信息传输。

采用数字轨道电路作为信息传输通道向车载设备连续传输地面信号动态信息,配合点式设备向车载设备非连续传输线路静态信息以弥补连续信息的不足,构成完善的列控系统的点连式 ATP 子系统,是一种适合我国国情并具有一定发展潜力的高速铁路列车运行控制系统。我国已有不少铁路专线采用了点连式 ATP 子系统。

近年来,在高速铁路中更加重视 ATP 子系统的发展和应用,在 ATP 的基础上借鉴欧洲的 ECTS 开发了我们自己的中国列车运行控制系统(Chinese train control system, CTCS),CTCS2 及以下等级的列控系统,车-地信息的传输仍然依靠轨道电路,只有 CTCS3 及以上等级才使用无线通信方式进行地-车信息传输,这就是 GSM-R(global system for mobile communications-railway,铁路移动通信系统)技术在铁路上的应用,其信息传输方式类似于移动闭塞。

5. 车门控制

城市轨道交通的车门控制比高速铁路复杂得多,车门控制的关键是对其安全条件进行严格的监督。城市轨道交通 ATP 子系统的另一个重要的功能就是三个防止:第一是防止列车在站外打开车门;第二是防止列车在站内打开非站台侧的车门;第三是防止在车门打开时列车启动。铁路信号系统对车门的控制显然要简单得多(高铁除外)。

6. 中断站

由于高速铁路站间距较长,无法满足信息传输的要求,因此往往需要在区间增加设置区间信号无人值守中继站,一个中继站一般只可以管理区域内的 256 个环线。而城市轨道交通则不需要设置。

7. 行车间隔

城市轨道交通有别于远程铁路的另一个显著特点是列车间隔时间短。目前在大城市修造的地铁和轻轨,往往都提出 2 min 的列车间隔要求,因此对城市轨道交通列车速度监控提出了极高要求,要求其能提供更高的安全保证。

8. 排列进路方式

由于城市轨道交通的线路长度、站间距离都比较短,列车种类单一,行车时刻表的规律性很强,列车日复一日地按照同一运行计划周而复始地运行,因此,在城市轨道交通的信号系统内,通常都包含有进路自动排列功能,即按照事先约定的程序自动排列进路,只有运行图变更时才有人工介入。

铁路信号系统人工进路较多,但高速铁路客运专线的运行方式和城轨比较接近,其排列进路的方式类似于城轨交通。

城市轨道交通信号系统和铁路信号系统存在很多不同,但其列车运行控制系统基本理念一致。城市轨道交通系统具有行车密度大、追踪间隔小、全部客运列车为电动车组并基本封闭、定位停车、运行作业相对简单、人工参与少等特点,高速铁路具有闭塞分区长、行车速度快、联锁及道岔控制复杂等特点,所以城市轨道交通信号技术更精尖。

1.4 城市轨道交通信号系统实例

本节以沈阳市浑南区现代有轨电车一期为例阐述城市轨道交通信号系统。沈阳市浑南区现代有轨电车一期工程设 4 条线路,如图 1.10 所示,线路全长约 60 km,共设车站 65 个,全线设置一座车辆段,一座停车场,两个交通枢纽,分别位于奥体中心与 21 世纪大厦,车辆采用现代有轨电车,车辆长度约 30 m,旅行速度 23 km/h。沈阳有轨电车信号系统分为正线控制系统和场段控制系统。

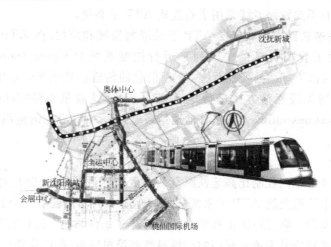

图1.10　沈阳市浑南区现代有轨电车一期线路

正线信号控制系统采用人工模式和自动模式相结合的控制方式。在人工模式下电车驾驶员通过车载设备操作道岔和办理进路；在自动模式下系统自动触发命令办理进路,驾驶员通过车载设备实时监视现场信号设备状态和运行情况。本信号系统的运行控制模式、操作界面、操作办理原则及报表格式等指标都具备一致性,方便运营管理,具有稳定可靠的故障导向安全。

场段信号控制系统采用 TYJL-Ⅲ型计算机联锁系统结构。由于 TYJL-Ⅲ型计算机联锁系统属于安全关键系统,要求系统各单元间建立实时、可靠、安全有效的通信。控制器局域网络(controller area network,CAN)总线是一种有效支持分布式控制或实时控制的串行通信网络。系统中采用双 CAN 总线方式的冗余通信,可以实现安全智能 I/O 系统与联锁控制系统间的实时、可靠的数据通信。系统中采用了多种安全保护措施,如故障安全措施、系统自诊断技术、硬件冗余容错技术、编码技术等,具有很高的安全性和可靠性。

1.4.1　信号联锁系统

沈阳有轨电车采用 TYJL-Ⅲ型计算机联锁系统。本系统由两套独立的联锁设备组成,单系工作,另一系备用。系统主要由联锁机、监控机、控制台、维修机组成。控制系统由上层的联锁机和下层的安全智能 I/O 系统两部分组成。上层联锁机由两套高性能的工业控制计算机系统(主、备联锁机)构成,每套工业控制计算机系统又由主机、从机构成。其工作方式为2取2乘2容错方式(dual duplex modular hot standby)工作。下层的联锁执行表示系统(采集驱动单元)采用新研制的安全智能 I/O 模块(fail-safe intelligent module-input/output,FIMI/O),FIMI/O 模块为2取2乘2冗余结构(dual duplex modular redundancy architecture),它由安全智能采集模块(fail-safe intelligent module-input,FIMI)和安全智能驱动模块(fail-safe intelligent module-output,FIMO)构成,每个安全智能模块通过双套热备的方式提高系统的可用性,一旦其中某一个模块故障,其备用模块可以保证系统无间断地工作。采集驱动单元是 TYJL-Ⅲ型计算机联锁系统的重要组成部分,提高采集驱动单元的安全性、智能性对于提高整个系统的安全性是一种行之有效的解决方案。新研制开发的智能安全输入输出板,由内部双CPU完成控制、通信及自检任务,通过双CPU比较,一致后才执行联锁机的驱动命令,提高了系统的安全性。

联锁控制系统的上层联锁机和下层安全智能I/O系统之间通过高可靠的现场总线CAN进行通信。由于TYJL-Ⅲ型计算机联锁系统属于安全关键系统,因此要求系统各单元间建立实时、可靠、安全有效的通信。CAN总线是一种有效支持分布式控制或实时控制的串行通信网络。系统中采用双CAN总线方式的冗余通信,可以实现安全智能I/O系统与联锁控制系统间的实时、可靠的数据通信。

系统中采用了多种安全保护措施,如故障安全措施、系统自诊断技术、硬件冗余容错技术、编码技术等,具有很高的安全性和可靠性。

1.4.2 车载信号系统

控制中心调度员实时检测列车运行位置,控制列车安全行驶,由调度主机负责将地面位置等数据发送至控制中心进行车辆跟踪。

在通过岔区时,车载控制主机负责与轨旁设备进行通信,通知列车接近、到达、解锁、离去,轨旁设备根据列车行驶状态计算将站场状态反馈回车载。反馈上来的数据通过TOD进行解析,反映在终端设备上,在站场内驾驶员也可在终端设备上进行排路、操作道岔等操作,离开站场时终端会显示车速、前后车距离、过了的站点信息。

车载信号设备主要有车载控制主机、车载调度主机、多功能智能操作终端。

1. 车载控制主机

车载控制主机包括微波识别设备、车地通信设备、正线信号系统核心控制单元、车载电源,其为正线信号系统的主控设备,负责正线信号系统的车地通信、操作命令的解析、操作记录的存储、信标读取等工作。

车载控制主机采用双CAN_BUS总线,与运营调度主机和多功能智能操作终端进行通信,并预留局域网(local area network,LAN)口、RS-485接口、I/O接口。接口丰富,便于日后功能扩展。所有车载设备之间采用通信总线连接,系统结构简单、稳定可靠;所有通信采用循环冗余校验技术,确保通信残余故障率极低;根据运行计划提醒驾驶员即将办理的进路,同时屏蔽其他非法操作、误操作等。

车载控制主机采用双机热备工作,分别设置在驾驶室的电气控制柜内,当其中一台控制主机出现故障时,系统自动无缝切换到另一台控制主机工作,而不影响车辆运营和行车安全。

2. 车载调度主机

车载调度主机包括速度传感器、运营辅助系统核心控制单元、车载电源,其为运营辅助系统车载设备,可以实现电车位置跟踪、行车计划接收、调度命令接收等。它将当前电车位置、车速、控制设备状态等信息通过通信接口发送到控制中心,对电车驾驶员操作记录、相关事件等进行本地记录并将数据通过无线网络发送到控制中心。

运营调度主机根据电车实际运行状态,如电车位置信息、速度信息、运行间隔信息、报警信息等通过总线发送至多功能智能操作终端,由多功能智能操作终端显示给电车驾驶员。

3. 多功能智能操作终端

多功能智能操作终端包括按钮盘、显示终端及车载电源。

1.4.3 轨旁信号系统

有轨电车正线信号控制设备主要安装在有轨电车正线中间折返处与尽头折返处,用于实现车辆、地面、行车操作、行车计划之间的联锁。

轨旁控制柜内的各功能模块相互独立,模块之间采用总线可靠连接,便于扩展和设备更换。

轨旁控制柜内控制主机为正线道岔控制子系统的核心设备,包括电源、地面核心控制单元、无线通信单元、综合监测单元、信号驱动单元、道岔驱动单元。各单元设备之间采用双CAN_BUS通信总线连接,以实现数据的可靠传输。

1. 地面核心控制单元

地面核心控制单元是轨旁控制的核心,CPU采用嵌入式低功耗微处理器,操作系统采用嵌入式Linux操作系统,能够实现道岔、信号、进路、车次等的独立完整联锁控制。

2. 无线通信单元

无线通信单元是实现车地通信的关键设备,地面道岔状态、进路状态、信号表示器状态等都是通过无线通信单元发送到车载设备,车载操作命令也是通过车-地通信单元发送到轨旁控制设备。

由于此通信要求安全可靠,因此除对传送的信息采用特殊的编码和加密外,还采用重复发送和双通道双频段冗余技术,以确保传送的信息安全可靠。

为进一步提高系统的可用性,采用数据校验、应答、重传等方式保证传送的车-地数据包正确可靠,使得该技术能良好地满足车载车-地通信的现场使用要求。

3. 综合监测单元

综合监测单元负责对该控制点范围内的进路表示器、转辙机、核心控制单元、通信设备、电源等设备状态及所有与道岔有关的操作命令等进行在线实时监测、记录和存储,同时所有监测数据都将通过轨旁联网单元发送到控制中心监测服务器,以便于故障分析和历史运行数据回放。

4. 信号驱动单元

信号驱动单元采用2取2设计,通过双CAN_BUS总线和地面核心控制单元通信。信号驱动单元可以实现对进路表示器的驱动和控制,同时对进路表示器的状态进行采集和监测。

5. 道岔驱动单元

道岔驱动单元采用2取2设计,通过双CAN_BUS总线和地面核心控制单元进行通信。道岔驱动单元负责执行地面核心控制单元对道岔的驱动命令,同时将道岔状态信息发送给地面核心控制单元。

6. 轨旁感应环主机

车辆检测主机与轨道上埋入地下的感应环一起构成一套独立的车辆检测系统。车辆检测主机能够根据感应环的状态进行独立运算,判断电车进入或出清道岔区段。

7. 地面联网单元

地面联网单元用于实现轨旁控制柜与控制中心联网与数据传输。联网单元将轨旁控制柜内的LAN接口数据转换成光信号发送到控制中心,同时将控制中心的操作命令由光信号转换成 LAN 接口数据发送到对应的控制板卡。

1.4.4 交通信号接口设备

1. 交通信号接口设备的功能

为提高有轨电车在路口的通行效率,保障行车安全,在部分有轨电车和社会车辆交叉的路口设置有轨电车与公路交通信号接口设备(简称交通信号接口设备),用于给公路交通信号控制系统传递有轨电车到达、离去和行车方向信息。

有轨电车到达、离去和行车方向信息由交通信号接口设备通过无源干接点传递给交通信号控制系统。由交通信号控制系统根据电车在交叉路口的接近信息和行车方向信息,为电车开放相应相位的行车信号,以保证电车安全、高效地通过交叉路口。

2. 交通信号接口设备的组成

1) 车载设备

为节约工程投资,有轨电车交通信号车载设备和现有的信号系统共用车载设备硬件。在有轨电车车载设备上增加交通信号软件接口。

2) 地面设备

有轨电车交通信号接口地面设备由交通信号接口设备和信标组成。

在有道岔的交叉路口,和现有信号系统共用信标,不需增设新的道口信标。在没有道岔的路口需要增设道口信标。

交通信号接口设备安装在交通信号系统控制箱内。交通信号接口设备由核心控制单元、无线通信单元、接口电路、供电电源等组成。

本章小结

本章重点介绍了城市轨道交通系统及其特点,城市轨道交通信号系统的要求、组成及发展,城市轨道交通信号系统与铁路信号系统的异同,以及城市轨道交通信号系统实例。通过本章的学习,学生应掌握城市轨道交通系统的特点,并对城市轨道交通信号的概况、发展和现状有一个基本的了解,为后面的学习打下基础。

习题

1. 填空题

(1) 地铁具有容量大、速度快等特点,它的单向小时最大运输能力为_____万人次。

(2) 磁悬浮交通是一种运用_____的电磁原理,依靠电磁力使车厢悬浮并行走的轨道运输方式。

(3) 城市轨道交通均为_____电力牵引。

(4) 城市轨道交通信号系统通常由_____和_____两部分组成。

(5) 列车运行自动控制系统(ATC)包括_____、_____及_____三个系统,简称"3A"。

2．选择题

(1) 下面对于城市轨道交通的优点叙述错误的是_____。

    A．城市轨道交通的运营速度通常是常规道路交通工具的1~2倍

    B．城市轨道交通与常规道路交通相比，能节省运营所需的人工费用

    C．城市轨道交通采用电力牵引，噪声小，污染轻，对城市环境不造成破坏

    D．城市轨道交通一旦发生自然灾害尤其是火灾，也能快速让人员逃离

(2) ATO子系统主要用于实现_____，即用地面信息实现对列车驱动、制动的控制。

    A．对列车运行进行超速防护

    B．"地对车控制"

    C．对列车运行的监督和控制

    D．辅助调度人员对全线列车进行管理

(3) _____包括ATP和ATO两部分，用来接收轨旁设备传送的ATP信息。

    A．控制中心设备   B．车站及轨旁设备

    C．车辆段设备   D．车载设备

3．简答题

(1) 城市轨道交通的定义是什么？

(2) 与铁路相比，城市轨道交通具有哪些特点？

(3) 城市轨道交通对信号系统的要求有哪些？

4．论述题

时间：2009年12月22日

地点：上海1号线

事件：因信号系统发生故障导致列车侧面冲撞事故。

后果：造成徐家汇至上海火车站双线中断运营3小时，徐家汇至上海火车站单线运营中断5小时，大量乘客长时间被困隧道的严重后果。

结合此案例，根据所学知识论述信号系统在城市轨道交通中所起的作用。

第 2 章 信号基础设备

教学提示

信号基础设备是城市轨道交通中重要的轨旁基础设备,包括信号机、转辙机、计轴器、应答器和轨道电路等。信号基础设备在信号系统中用来指示列车运行的条件、改变列车运行的路线、检查列车的位置以及传输重要的行车信息,是城市轨道交通信号控制系统的室外被控对象,在城市轨道交通中被广泛使用。

学习目标

- 掌握信号机的结构、设置和显示;
- 理解道岔的结构和类型,掌握转辙机的结构;
- 掌握计轴器的结构和原理;
- 掌握应答器的功能、种类及作用;
- 掌握不同类型轨道电路的结构和工作原理。

知识结构

本章知识结构如图 2.1 所示。

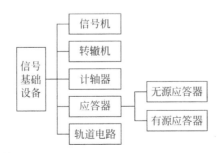

图 2.1 本章知识结构图

2.1 信号机

信号有广义和狭义两种含义。广义的信号是运输系统中,保证行车安全、提高区间和车站通过能力以及编解能力的手动控制、自动控制及远程控制技术的总称,它包括车站信号、区间信号、机车信号、道口信号等。狭义的信号是在行车、调车工作中,为行车有关人员指示运行条件而规定的物理特征符号。本章讲述的信号指的是后者,而且是后者中的固定信号。

2.1.1 信号的含义

信号包括听觉信号和视觉信号。听觉信号又称音响信号,是用音响表示的信号,如用号角、口笛、机车鸣笛、响墩(如图 2.2 所示)等发出的信号,它以音响的强度、频率和时间长短来表达信号含义。

视觉信号是用颜色、形状、位置、显示数目及灯光状况表达的信号。视觉信号按信号机具是否移动分为手信号、移动信号和固定信号。手持信号旗或信号灯发出的信号叫手信号,如图 2.3 所示。在地面上临时设置的可以移动的信号牌叫作移动信号,如为防护线路施工地点临时设置的方形红牌、圆形黄牌等。为防护一定目标,常设于固定地点的信号叫固定信号,如设于地面的信号机和信号表示器等都是固定信号。

图 2.2 响墩

图 2.3 手信号

电务部门负责维护的信号只是固定信号,其他各种信号机均由使用部门负责使用和维护。平时所说的信号一般专指固定信号,本节讲授内容亦是固定信号。

2.1.2 固定信号的分类

固定信号一般有下面几种分类方法。

1. 按设置部位分类

按设置部位分类,可分为地面信号和机车信号。

地面信号是设于车站或区间固定地点的信号机或信号表示器,用来防护站内进路或区间闭塞分区。机车信号是在机车驾驶室内设置的用于指示列车运行前方条件的信号,见图 2.4,用来复示地面信号显示,它对于机车是固定的,也属于固定信号。

2. 按信号机构造分类

按信号机构造分类,可分为色灯信号机和臂板信号机。

色灯信号机是用灯光的颜色、数目及亮灯状态表示信号含义的信号机,如图 2.5 所示。它具有昼夜显示一致、占用空间小等特点,但需可靠的交流电源。色灯信号机按信号机构的构造又分为透镜式色灯信号机、组合式色灯信号机,以及发光二极管(light emitting diode, LED)式色灯信号机。

图 2.4　机车信号

图 2.5　色灯信号机

臂板信号机是以臂板的形状、颜色、数目、位置表达信号含义的信号机。臂板信号机需要通过机械装置由人工开放,如图 2.6 所示。也可以通过电动机开放,后者称为电动臂板信号机。臂板信号机存在较多缺点,难以自动化,不能构成现代化信号系统,正在逐渐被淘汰。

3. 按用途分类

按用途分类,可分为信号机和信号表示器两大类。

信号机是表达固定信号显示所用的机具,用来防护站内进路、区间及危险地点,具有严格的防护意义。信号机按防护用途的不同又可分为进站、出站、进路、调车、驼峰、遮断、预告、复示等信号机。

信号表示器是对行车人员传达行车或调车意图的,或对信号进行某些补充说明所用的器具,没有防护意义,如图 2.7 所示。信号表示器按用途分为发车表示器、调车表示器、进路表示器、发车线路表示器、道岔表示器、脱轨表示器等。

图 2.6　臂板信号机

图 2.7　信号表示器

图 2.8 高柱信号机

4. 按地位分类

按地位分类,可分为主体信号机和从属信号机。

主体信号机是能独立地显示信号,指示列车或调车车列运行条件的信号机,如进站、出站、进路、通过、驼峰、调车等信号机。从属信号机是本身不能独立存在,只能附属于某种信号机的信号机,如预告信号机从属于进站信号机、所间区间的通过信号机。

5. 按安装方式分类

按安装方式分类,可分为高柱信号机、矮型信号机。

高柱信号机的信号机构安装在信号机柱上,如图 2.8 所示,一般用于显示距离要求较远的信号。高柱信号机具有显示距离远、观察位置明确等优点。

矮型信号机设于位于建筑限界下部外侧的信号机基础上,一般用于显示距离要求不远的信号。因为高柱信号机的设置受建筑限界的限制,另外应考虑信号机的设置不影响到发线有效长度,所以站线出站、发车进路信号机和一般情况下的调车信号机等采用矮型信号机,见图 2.5。

2.1.3 色灯信号机

目前我国信号普遍采用色灯信号机,包括广泛使用的透镜式色灯信号机和新型的组合式色灯信号机及 LED 信号机,其他类型的信号机已逐渐被淘汰。

1. 透镜式色灯信号机

1) 高柱和矮型透镜式色灯信号机

透镜式色灯信号机是以凸透镜组为集光器的色灯信号机。从安装方式上来分,透镜式色灯信号机有高柱和矮型两种类型。

高柱透镜式色灯信号机如图 2.9 所示,它由机柱、信号机构、托架、梯子等部分组成。高柱信号机的机柱采用钢筋混凝土结构,用于安装信号机构和梯子。信号机构安装在机柱的最高处,机构上面设置了灯位,每个灯位配备了透镜组和灯泡,用于给出信号显示,信号机有几个灯位代表是几显示。托架包括上、下托架各一个,用来将信号机构固定在机柱上。梯子供信号维修人员攀登及作业使用。

矮型信号机没有机柱,也不需要托架和梯子,它的信号机构是用螺栓固定在水泥基础上,如图 2.10 所示。

高柱和矮型透镜式色灯信号机又各有单机构和双机构之分。单机构只有一个机构,可构成二显示、三显示和单显示信号机。双机构色灯信号机可构成四显示、五显示。

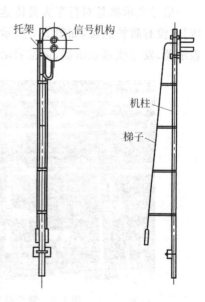

图 2.9 高柱透镜式色灯信号机

2）透镜式色灯信号机灯位

透镜式色灯信号机的每个灯位的灯室包括一组透镜、一个灯座、一个灯泡、遮檐和背板，如图 2.11 所示。

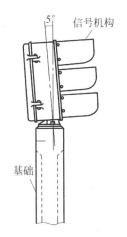
图 2.10　矮型透镜式色灯信号机

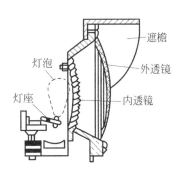
图 2.11　透镜式色灯信号机灯位

灯泡是透镜式色灯信号机的光源，采用直丝信号灯泡，其灯丝为双螺旋直丝，其主灯丝和副灯丝呈直线状且平行。灯座采用定焦盘式灯座，是三维可调的，即上下、左右、前后可调，可以调整光源的位置，使主灯丝位于透镜组的焦点上，获得最佳显示效果。灯座间用隔板分开，以防止相互串光，保证信号显示正确。透镜组装在镜架框上，由两块带棱的凸透镜组成，里面是有色带棱外凸透镜，外面是无色带棱内凸透镜。遮檐是用来防止阳光等光线直射时产生错误的幻影显示。背板是黑色的，如图 2.12 所示，背板作为背景颜色较暗，可以衬托信号灯光的亮度，改善瞭望条件。一般只有高柱信号机才有背板，大多数信号机采用圆形背板。

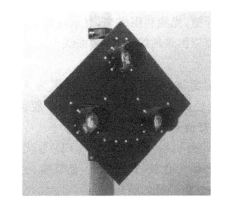

图 2.12　背板

【知识窗：为什么采用两块棱形透镜？】

采用两块透镜组成光学系统，是利用光的折射和反射原理，将光源发出的光线集中射向所需要的方向，即增加该方向的光强。这样，就能满足显示距离远且具有很好的方向性的要求。采用带棱形透镜是因为带棱形透镜比不带棱的透镜轻，且光学效果好。

透镜式色灯信号机的优点在于每一种颜色的光都需要设一组透镜和一个光源,其主要优点是结构简单,便于维修;缺点是光源利用率低,而且在曲线上不能保证连续显示。

2. 组合式色灯信号机

组合式色灯信号机是为了克服透镜式信号机在曲线上不能连续显示的缺点而研制出来的新型信号机。该类型信号机的信号机构采用组合形式,一个灯位为一个独立单元,配一种颜色,使用时根据需要进行组合,故称为组合式色灯信号机。它是信号机比较理想的更新换代产品。

组合式信号机由反光镜、灯泡、色片、非球面镜、偏散镜及前表面玻璃组成,如图2.13所示。灯泡发出的光通过色片、非球面镜汇聚成带有指定颜色的平行光,再经过偏散镜将一部分光偏散到所需方向,使曲线上能连续、准确地看到信号显示。色片具有红、黄、绿、蓝、月白五种颜色,根据曲线需要配备。偏散镜将光系产生的平行光较均匀地汇聚到所需要的可视范围内。可根据曲线特点选用相应种类的偏散镜,以保证连续显示。偏散

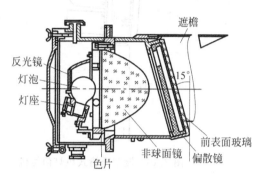

图 2.13 组合式信号机的结构

镜还可增强部分近距离能见度,使得在距信号机 5 m 处也能看到信号显示。

组合式色灯信号机的特点如下。

(1) 组合式信号机每个机构只有一个灯室,按显示要求将若干机构组合起来,使用时根据信号显示要求分别组装成二显示、三显示及单显示机构,由于采用铝合金或玻璃钢材料,每个机构仅 7 kg,便于安装、维护和调整。

(2) 增加了反光镜和偏散镜,曲线折射性能强,偏散角度大,可见光分布均匀,能见度高;采用非球面镜,光能利用率高,显示距离远,改善了曲线区段信号显示连续性。

(3) 适用瞭望困难的线路,能在曲线半径 300~20000 m 的各种曲线和直线上得到连续信号线显示。

(4) 显示距离远,在直线上显示距离为 1500 m 以上,一般弯道上显示距离不小于 1000 m,在小半径的 S 形弯道上显示距离一般也能达到 800 m。

3. LED 色灯信号机

LED 色灯信号机用发光二极管(LED)取代白炽灯泡和透镜组,采用铝合金机构组合而成,其显示距离远,寿命长,安全可靠,是节能、免维护的新型信号机。

1) LED 色灯信号机的结构

LED 色灯信号机有两灯位、三灯位和四灯位机构三种,主要由点灯变压器、超高亮度发光二极管矩阵(发光盘)、光学透镜、固定框架等组成。LED 色灯信号机实物如图 2.14 所示。

(1) 发光盘

LED 色灯信号机的发光盘是圆形盘状结构,如图 2.15 所示,上面安装了上百只发光二极管(见图 2.16)。

图 2.14　LED 色灯信号机实物

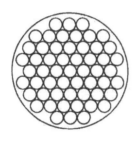
图 2.15　LED 发光盘

图 2.16　发光二极管

(2) 点灯变压器

因 LED 发光管是低能低耗的高效发光器材,在满足相关光学指标的前提下,LED 信号光源的功率不足 25 W 双灯丝灯泡的 1/4,仅 6 W 左右,如果直接采用交流 220 V 向点灯变压器和发光盘供电,则会造成点灯回路中的电流过小而无法达到灯丝继电器工作的要求。所以,供电电路一般会采用低压供电方式,即将信号点灯电源由交流 220 V 降为 110 V 向点灯变压器和发光盘供电。

(3) 报警单元

当发光盘上的二极管损坏数量超过 30%,以及主、备电源一路发生故障时,则发出报警。

2) LED 色灯信号机的特点

LED 色灯信号机具有以下优点。

(1) 可靠性高

发光盘由上百只 LED 和数十条支路并联工作,个别 LED 或支路故障不会影响信号正常显示。

(2) 寿命长

LED 寿命可达 10 万 h,是信号灯泡的 100 倍,有利于实现免维修。

(3) 节省能源

信号灯泡功率为 25 W,发光盘功率不足信号灯泡的 1/4,LED 节能效果显著。

(4) 聚焦稳定

发光盘的焦距在设计和生产中已经确定,并能够始终保持良好的聚焦状态,不需现场调整。

(5) 显示效果好

发光盘除有轴向主光束外,还有多条副光束,有利于增强主光束散角之外的近光显示效果。

(6) 无冲击电流

LED 信号机没有点灯过程中冷丝状态的冲击电流,有利于延长供电装置的使用寿命。

LED 色灯信号机的缺点如下。

(1) 价格昂贵。

(2) 生产厂家多,设计生产标准未完全统一。

(3) 发光盘寿命长,但点灯单元、信号机构寿命不能同样长。

2.1.4 地面信号机的设置

1. 地面信号机的设置原则

1) 设置地点

城市轨道交通除了车辆段和有道岔的车站外,一般不设地面信号。

2) 右侧行车制

城市轨道交通采用右侧行车制,不论在正线还是车辆段,地面信号机应设置于列车运行方向的右侧,地面信号机地下部分一般安装在隧道壁上。特殊情况下,如因设备限界等影响,可以设置在列车运行方向的左侧或其他位置。

3) 信号机柱的选择

车辆段的进段、出段信号机采用高柱信号机。对于显示距离要求不高,或者隧道内安装空间有限的地点,一般采用矮型信号机。

4) 信号机限界

设备限界是用以限制设备安装的轮廓线,信号机不得侵入设备限界。

车辆轮廓线是限制列车横断面最大容许尺寸的轮廓,将其扩大一定尺寸后,构成车辆限界。直线地段设备的限界是在直线地段车辆限界外扩大一定安全间隙后形成的。曲线地段设备限界应在直线地段设备限界的基础上,按平面曲线不同半径过超高或欠超高引起的横向或竖向偏移量以及车辆、轨道参数等因素计算确定。在城市轨道交通公司的《行车组织规则》中对各限界的数据有具体说明。

2. 信号机的设置

1) 正线上的信号机设置

(1) 在正线上出站方向的站台侧,列车停车位置前方适当地点设置发车指示器。也可以根据需要设进站、出站信号机以及进站信号机的预告信号机,或者只设出站信号机。

(2) 正线上的道岔区段应设置防护信号机,防护信号机设于道岔前后的适当地点,如图 2.17 所示。

(3) 采用 ATC 系统的城市轨道交通,自动闭塞通过信号机已经失去主体信号的作用,一般在区间不设置通过信号机。为了便于驾驶员在 ATP 设备发生故障时控制列车运行,可以根据需要设置通过信号机。

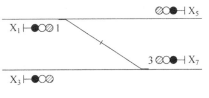

图 2.17　防护信号机设置

(4) 线路尽头应设置阻挡信号机

2) 车辆段的信号机设置

(1) 在车辆段入口和出口处应分别设置进段信号机和出段信号机。

(2) 在车辆段的停车线、洗车线等线路应根据需要设置调车信号机。

(3) 在车辆段同时能存放两列或两列以上列车的停车线中间应设置阻挡信号机,也可以作为调车信号机;在车辆段的线路尽头也应设置阻挡信号机。

3. 信号机命名

(1) 正线上的出站信号机是按列车的运行方向命名的,一般下行方向冠以"X",上行方向冠以"S",其下缀编号方法为:下行方向编为单号,如 X_1,上行方向编为双号,如 S_4,从站外向站内顺序编号。

(2) 正线上的防护信号机冠以"F",其下缀编号方法为:下行方向编为单号,上行方向编为双号,从站外向站内顺序编号。

(3) 车辆段的进段信号机冠以"JD",下缀编号方法为:下行方向编为单号,上行方向编为双号,从段外向段内顺序编号。

(4) 列车阻挡信号机冠以"Z",下缀编号方法为:下行方向编为单号,上行方向编为双号,从段内向段外顺序编号。

(5) 列车调车信号机冠以"D",下缀编号方法为:下行方向编为单号,上行方向编为双号,从段内向段外顺序编号。

2.1.5　信号显示

1. 信号显示颜色

城市轨道交通信号显示颜色类似于城市道路交通和铁路交通的信号显示,有红、黄、绿、蓝色、月白色五种颜色。红、黄、绿三种颜色为基本颜色,蓝色和月白色为辅助颜色。五种信号颜色代表的含义如下所示。

红灯——代表停车信号,列车必须在信号机前停车。

绿灯——代表列车可以通过信号机,且进路中的所有道岔开通直股(只用于正线显示,车辆段一般不设绿色显示)。

黄灯——代表列车可以通过信号机,且进路中的道岔至少有一组开通弯股(用于正线显示),用于车辆段显示时,只代表列车可以通过信号机,不含道岔开通情况。

蓝色——代表禁止调车信号(用于车辆段显示),列车必须在信号机前停车。

月白色——代表允许调车信号(只用于车辆段),列车可以通过信号机进行调车作业。

我国城市轨道交通的信号系统没有对地面信号的显示方式和显示意义进行统一规定,因此不同公司的信号显示存在一定的差异,例如有的城市轨道交通公司采用一个红色灯光和一个黄色灯光构成引导信号。

2. 信号机的灯光配列

1) 正线信号机的灯光配列

（1）防护信号机：防护信号机采用三显示机构，自上而下灯位为黄（或月白）、绿、红。红色代表禁止越过该信号机；绿色代表道岔开通直向位置，允许列车按照规定速度越过该信号机进入区间；黄色代表道岔开通侧向位置，允许列车按照规定速度（一般不超过 30 km/h）越过该信号机；黄色＋红色表示引导信号，允许列车以不超过 25 km/h 的速度越过该信号机。

（2）进站信号机：若设正线进站信号机，进站信号机采用高柱双机构（两个显示机构），带引导信号机构。自上而下灯位为黄、绿、红、黄、月白。红色表示停车，不准越过信号机；黄色表示进正线准备停车；黄色＋黄色表示进到发线准备停车；绿色表示按规定速度由正线通过；绿色＋黄色表示进站内准备停车，表示接车进路信号机在开放状态；红色＋月白色表示引导信号，以不超过 20 km/h 的速度进站或通过接车进路，并随时准备停车。

（3）出站信号机：若设正线出站信号机，在非自动闭塞区段采用三显示机构，自上而下灯位为红、绿、绿。红色代表停车，不准越过信号机；绿色表示准许列车由车站出发；绿色＋绿色表示准许列车由车站出发开往次要线路。在自动闭塞区段采用双机构，自上而下灯位为红、绿、黄、绿。红色表示停车，不准越过信号机；黄色表示准许列车由车站出发，表示前方有一个闭塞分区空闲；绿色表示准许列车由车站出发，表示前方至少两个闭塞分区空闲；绿色＋绿色表示准许列车由车站出发开往非自动闭塞区段。

（4）阻挡信号机：阻挡信号机采用单显示机构，只有一个红灯。当阻挡信号机显示红灯时，列车应在距信号机至少 10 m 的安全距离前停下。

（5）通过信号机：通过信号机在三显示自动闭塞区段采用三显示机构，自上而下灯位为黄、绿、红。黄色表示要求列车注意运行，表示运行前方有一个闭塞分区空闲；绿色表示准许列车按规定速度运行，表示运行前方至少有两个闭塞分区空闲；红色表示列车应在该信号机前停车。在四显示自动闭塞区段采用双机构，自上而下灯位为黄、绿、红、黄。黄色表示要求列车减速运行，按规定限速要求越过该信号机，表示运行前方有一个闭塞分区空闲；绿色表示准许列车按规定速度运行，表示运行前方至少有三个闭塞分区空闲；红色表示列车应在该信号机前停车；绿色＋黄色表示准许列车按规定速度运行，要求注意准备减速，表示运行前方有两个闭塞分区空闲。

（6）发车表示器：发车表示器平时不亮灯，列车停靠后无显示表示不能关闭车门、发车；距发车还有 5 s 时白色闪光，提醒驾驶员关闭车门；显示白色稳定灯光表示可以发车。

2) 车辆段信号机的灯光配列

（1）进段信号机。进段信号机灯光配列可与防护信号机相同，也可以采用双机构（两个二显示）带引导机构，自上而下灯位为黄、绿、红、月白。红色表示禁止列车进入车辆段；黄色表示允许进入车辆段；黄色＋黄色表示允许进入车辆段，经过的道岔开通侧向位置；红色＋月白色表示引导信号。

（2）出段信号机。出段信号机采用三显示机构，红、绿、带调车白灯。红色代表禁止越过该信号机，黄色代表允许出段，月白色代表允许调车。

（3）调车信号机。调车信号机采用二显示机构，自上而下灯位为月白、蓝（或红）。月白色代表准许越过该信号机调车，蓝色代表不准越过该信号机调车。

3. 信号显示距离

各种地面信号机及表示器的显示距离应符合下列规定。

(1) 正线上各类信号机的显示距离原则上不得小于 300 m。
(2) 车辆段各类信号机的显示距离原则上不得小于 200 m。
(3) 对不满足显示距离要求的小半径曲线区段的信号机,应使其达到最远显示距离。

2.2 转辙机

转辙机是道岔的转换和锁闭设备,是直接关系行车安全的关键信号基础设备,对于保证行车安全、提高运输效率起着非常重要的作用。转辙机通过杆件作直线运动,从而使道岔尖轨进行位移来改变道岔的位置,并给出道岔状态的表示。下面先介绍道岔。

2.2.1 道岔

道岔是列车从一股道转向另一股道的转辙设备,它是城市轨道交通线路中最关键的设备,也是信号系统的主要控制对象之一。

1. 道岔结构

道岔由转辙部分、连接部分和辙叉部分组成,如图 2.18 所示,其实物图如图 2.19 所示。

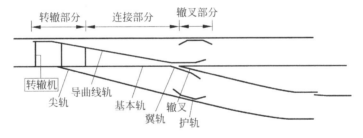

图 2.18 道岔结构

图 2.19 道岔实物图

1) 转辙部分

转辙部分由尖轨、基本轨、连接零件及转辙机械组成。道岔有两根可以移动的尖轨,一根密贴于基本轨,另一根尖轨离开,可以同时改变两根尖轨的位置,使原来密贴的分离,而原来分离的密贴,可见道岔有两个可以改变的位置。通常把道岔经常所处的位置叫作定位,临时需要改变的位置叫反位。为改变道岔的两个位置,在道岔的尖轨处需要安装道岔转辙设备。

2) 连接部分

连接部分指转辙器和辙叉之间的连接线路,由导轨、基本轨组成,它将转辙部分和辙叉部分连成一组完整的道岔。

3) 辙叉部分

辙叉部分是使车轮由一股钢轨越过另一股钢轨的设备,由辙叉心、翼轨、护轨等组成。

2. 道岔号数

由岔心所形成的角叫辙叉角,道岔辙叉角的余切值叫道岔号数或辙叉号码,如图2.20所示。

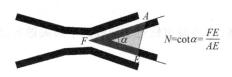

图 2.20 道岔号数计算示意图

由图 2.20 可见,道岔号与辙叉角 α 成反比关系,α 角越小,N 越大,导曲线半径也越大,机车车辆通过该道岔时就越平稳,允许过岔速度也就越高。

地铁线路常用的标准道岔有 7 号、9 号和 12 号。正线及折返线上统一采用 9 号道岔,车辆段基本为 7 号道岔。

为了使行车安全平稳,列车过岔速度应有一定的限制,见表 2.1。

表 2.1 道岔侧向允许通过速度

辙叉号	7	9	12
速度/(km/h)	25	30	50

3. 道岔类型

道岔按用途及平面形状分为单开道岔、对称道岔、三开道岔和交叉道岔四种。

1) 单开道岔

单开道岔是将一条线路分为两条,它的主线为直线,侧线由主线向左侧或右侧岔出。该种道岔在线路连接中较多采用,约占道岔总数的 90% 以上。

单开道岔分左开道岔和右开道岔。站在道岔前端面向尖轨,侧线向左分支的道岔称为左开道岔,如图 2.21 所示;侧线向右分支的道岔称为右开道岔,如图 2.22 所示。

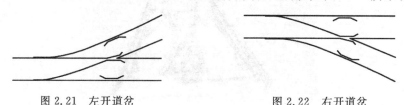

图 2.21 左开道岔 　　　　　　　图 2.22 右开道岔

2) 对称道岔

对称道岔是由主线向两侧分为两条线路,其实物图如图 2.23 所示,道岔各部件均按辙叉角平分线对称排列,两条连接线路的曲线半径相同,无直向或侧向之分,因此两侧线路运行条件相同。

对称道岔具有以下结构特点。

(1) 左右导曲线皆为侧线,且半径相同,无直线、侧线之分。

(2) 整个道岔对称于辙叉角的中心线。

3) 三开道岔

三开道岔是当需要连接的线路较多而地形又受到限制,不能在主线上连续铺设两个单开道岔时铺设的一种道岔,其实物图如图 2.24 所示。

图 2.23　对称道岔　　　　　　　　图 2.24　三开道岔

三开道岔的结构特点如下。

(1) 为两个道岔合成,共有 3 个辙叉。

(2) 可开通 3 个方向。

4) 交叉道岔

交叉道岔是将一个单开道岔纳入另一个道岔内构成的,如图 2.25 所示。它起到了两个道岔的作用,且占地较短,特别是连接几条平行线路时,比单开道岔连接的长度缩短的效果更为显著。

图 2.25　交叉道岔

2.2.2　转辙机概述

转辙机是道岔控制系统的执行机构,用于道岔的转换与锁闭,以及对道岔所处位置和状态的监督。转辙机是转辙装置的核心和主体,除转辙机本身外,还包括锁闭装置和各类杆件、安装装置,它们共同完成道岔的转换和锁闭。由转辙机转换和锁闭道岔,易于集中操纵,实现自动化。

1. 转辙机的作用

在集中联锁设备中,转辙机的作用是接收到命令后带动道岔转换,其主要功能为:转换道岔,锁闭道岔尖轨,表示道岔所在位置。具体表现如下。

(1) 转换道岔:转辙机根据列车运行方向的需要把道岔转换到定位或反位。

(2) 锁闭道岔尖轨:当道岔转换到正确的位置,尖轨与基本轨密贴后,转辙机会锁闭道岔尖轨,以防止由于外力错误转换道岔。

(3) 表示道岔所在位置:转辙机反映道岔的实际位置,并给出相应的表示。如果道岔发生挤岔,及时发出报警。

【知识窗:挤岔】

列车直向通过道岔时,由于道岔位置不正确,尖轨未能与基本轨密贴,车轮碾压时将尖轨与基本轨挤开的过程叫作挤岔。此时道岔既不在正位,也不在反位,而是呈"四开"状态(尖轨与两侧基本轨均不密贴,超过 4 mm),极易导致列车出轨和倾覆。

2. 对转辙机的要求

(1) 作为转换装置,转辙机应具有足够大的牵引力,用以实现道岔尖轨的转换,因故转换不到其极限位置时,应能随时操纵使其返回原来的位置。

(2) 作为锁闭装置,当道岔尖轨转换到一个极限位置时,转辙机对尖轨实施锁闭,不能因外力(列车通过道岔时的震动力等)解除该锁闭;因故转换不到极限位置时,转辙机不应实现锁闭。

(3) 作为监督装置,转辙机需要实时反映道岔的定位、反位或挤岔状态。

(4) 道岔被挤后,在未修复前不应再使道岔转换。

3. 转辙机的分类

(1) 按动作能源和传动方式分类,转辙机可分为电动转辙机、电动液压转辙机和电空转辙机。

电动转辙机由电动机提供动力,采用机械传动,其实物如图 2.26 所示。我国城市轨道交通中大量使用的 ZD6 系列电动转辙机和 S700K 型电动转辙机均属于电动转辙机。

电动液压转辙机简称电液转辙机,由电动机提供动力,采用液力传动,其实物如图 2.27 所示。ZY(J)系列转辙机即为电液转辙机。

电空转辙机由压缩空气作为动力,由电磁换向阀控制,其实物如图 2.28 所示。ZK 系列转辙机即为电空转辙机。

(2) 按供电电源种类分类,转辙机可分为直流转辙机和交流转辙机。

直流转辙机采用直流电动机提供动力,工作电源是直流电。直流电动机的缺点是:由于存在换向器和电刷,易损坏,故障率较高。ZD6 系列电动转辙机就是直流转辙机,它由直流 220 V 供电。电液转辙机和电空转辙机也是直流转辙机,电液转辙机也是由直流 220 V 供电,电空转辙机则由直流 24 V 供电。

图 2.26　电动转辙机

图 2.27　电液转辙机

交流转辙机由三相异步电动机或单相异步电动机（现大多采用三相异步电动机）作为动力，工作电源采用三相交流电源或单相交流电源。一些地铁公司采用的 S700K 型电动转辙机（见图 2.29）即为交流 380 V 转辙机。交流转辙机的特点是，采用感应式交流电动机，不存在换向器和电刷，因此故障率低，而且单芯电缆控制距离远。

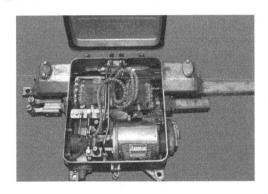
图 2.28　电空转辙机

图 2.29　S700K 型电动转辙机

(3) 按锁闭道岔的方式分类，转辙机可分为内锁闭转辙机和外锁闭转辙机。

道岔的锁闭是把尖轨等可动部分固定在某个开通位置，当列车通过时不受外力作用而改变。内锁闭转辙机的锁闭机构设置在转辙机内部，尖轨通过锁闭杆与锁闭装置连接，如图 2.30 所示。内锁闭方式是尖轨进行间接锁闭。例如 ZD6 等系列电动转辙机大多数采用内锁闭方式。

外锁闭转辙机内部也有锁闭装置，但它主要依靠转辙机外部的外锁闭装置（见图 2.31）来锁闭道岔。外锁闭转辙机的锁闭可靠性程度较高，同时外锁闭装置能隔离列车过岔时对转辙机的振动和冲击，可以提高转换设备的使用寿命和可靠性。S700K 型电动转辙机和 ZYJ7 型电液转辙机均采用外锁闭方式。

由于外锁闭道岔的两根尖轨之间没有连接杆，在道岔转换过程中，两根尖轨是分别动作的，所以又称之为分动外锁闭道岔。

(4) 按是否可挤分类，转辙机分为可挤型转辙机和不可挤型转辙机。

可挤型转辙机设有道岔保护（挤切或挤脱）装置，发生挤岔时，转辙机的动作杆自动解锁，

图 2.30　内锁闭转辙机

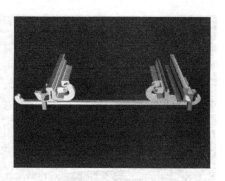
图 2.31　外锁闭装置

可以保护整机不受损坏。

不可挤型转辙机内部不设道岔保护装置，发生挤岔时，会挤坏动作杆与整机的连接结构，需要整机更换。电动转辙机和电液转辙机都有可挤型和不可挤型。

4. 转辙机的设置

转辙机设置数量一般由道岔号来决定。城市轨道交通中，正线多为 9 号道岔，一般采用双机牵引，即一组道岔需要两台转辙机牵引，如图 2.32 所示，锁闭方式为外锁闭。车辆段多为 7 号道岔，一般采用单机牵引，锁闭方式为内锁闭。

图 2.32　两台转辙机牵引

2.2.3　ZD6 系列电动转辙机

ZD6 系列的电动转辙机是我国城市轨道交通中使用最广泛的转辙机之一，是实现有轨交通现代化和自动化的重要信号基础设备。ZD6 系列电动转辙机采用内锁闭方式，包括可挤型、不可挤型和适应双机牵引方式的不同产品，极大地满足了各种道岔的不同需要。它包括 A、D、E、F、G、H、J 等派生型号，ZD6-A 型转辙机是 ZD6 系列的基本型号，其他型号都是以 ZD6-A 型为基础改善得来的。

1. ZD6-A 型转辙机的结构

ZD6-A 型电动转辙机主要由电动机、减速器、摩擦联结器、主轴、动作杆、表示杆、移位接触器、外壳(包括底壳和机盖)等组成，其结构图和实物图分别如图 2.33 和图 2.34 所示。

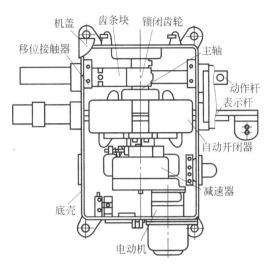 

图 2.33　ZD6-A 型电动转辙机结构图　　图 2.34　ZD6-A 型电动转辙机实物图

2．ZD6-A 型转辙机主要部件及作用

1）电动机

电动机是电动转辙机的动力源，要求具有足够的功率，以获得必要的转矩和转速。电动机要有较大的启动转矩，以克服尖轨与滑床板间的静摩擦。道岔需要向定、反位转换，要求电动机能够逆转。ZD6-A 型转辙机采用直流串激电动机，如图 2.35 所示。

2）减速器

因体积和重量的限制，转辙机所用电动机功率不可能很大，为了得到较大的转矩来带动道岔转换，需要用减速器把转速降下来。减速器由两级齿轮构成，其实物图如图 2.36 所示，第一级由小齿轮带动大齿轮，减速比为 103∶27，第二级为行星传动式减速器，减速比为 41∶1。因此，总减速比为：$\frac{103}{27} \times \frac{41}{1} \approx 156.4$。

图 2.35　直流串激电动机　　　　图 2.36　减速器

3）摩擦联结器

摩擦联结器是保护电动机和吸收转动惯量的联结装置。当道岔因故转不到底时，电动机电路不能断开，如果电动机突然停转，电动机将会因电流过大而烧坏。另外，在正常使用中，道岔转换到位，电动机的惯性将使内部机件受到撞击或毁坏。因此 ZD6-A 型转辙机在

行星传动式减速器中安装了摩擦联结器,如图 2.37 所示。

摩擦联结器是用弹簧和摩擦制动板构成输出轴与主轴之间的摩擦联结,当道岔转换过程中尖轨遇阻时,能够保护电动机。

4) 主轴

主轴主要由主轴套、轴承、止挡栓等组装而成,如图 2.38 所示。主轴由输出轴通过启动片带动旋转,主轴上安装锁闭齿轮,动作时主轴带动锁闭齿轮,通过与齿条块配合完成转换和锁闭道岔。

图 2.37 摩擦联结器

图 2.38 主轴

主轴上的止挡栓用来限制主轴的转角,使锁闭齿轮和齿条块达到规定的锁闭角,并保证每次解锁以后都能使两者保持最佳的啮合状态,使整机动作协调。

5) 锁闭齿轮和齿条块

锁闭齿轮和齿条块用来将转动变为平动,通过动作杆带动尖轨运动,转换到位后进行内部锁闭。锁闭齿轮如图 2.39(a)所示,共有 7 个齿,其中齿 1 和 7 是位于中间的动小齿,在它们之间是锁闭圆弧。齿条块上有 6 个齿、7 个齿槽,如图 2.39(b)所示。中间 4 个是完整的齿,两边的两个是中间有缺槽的削尖齿。缺槽是为了使锁闭齿轮上的启动小齿能顺利通过而设的。

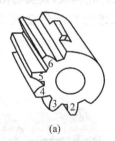 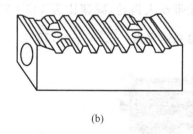
(a)   (b)

图 2.39 锁闭齿轮和齿条块
(a)锁闭齿轮;(b)齿条块

当道岔在定位或反位,尖轨与基本轨密贴时,锁闭齿轮的圆弧正好与齿条块的削尖齿弧面重合,如图 2.40 所示。这时如果密切好的尖轨受到外力,或列车经过道岔使齿条块受到水平作用力,这些力只能沿锁闭圆弧的半径方向传给锁闭齿轮,锁闭齿不会转动,齿条块及固定在其圆孔中的动作杆也不能移动,这样就实现了对道岔的锁闭。电动转辙机每转换一次,锁闭齿轮与齿条块要完成解锁、转换、锁闭三个过程。

(1) 解锁

假设图 2.40(a)所示为定位锁闭状态,若要将道岔转至反位,电动机必须逆时针旋转,输入轴顺时针旋转,使输出轴逆时针旋转,通过启动片带动主轴及锁闭齿轮作逆时针转动。

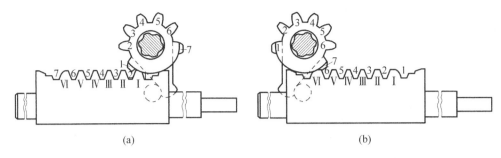

图 2.40 转辙机的内锁闭
(a) 定位锁闭状态；(b) 反位锁闭状态

此时,锁闭齿轮的锁闭圆弧面首先在齿条块的削尖齿上滑退,锁闭齿轮上的启动小齿 1 从削尖齿 I 旁经过。当主轴旋转 32.9°时,锁闭圆弧面全部从削尖齿上滑开,启动小齿 1 与齿条块齿槽 1 的右侧接触,解锁完毕。

（2）转换

启动小齿拨动齿条块,锁闭齿轮带动齿条块移动,即将转动变为平动。锁闭齿轮转至 306.1°时,齿条块及动作杆向右移动了 165 mm,使原斥离尖轨转换到反位与另一基本轨密贴。

（3）锁闭

道岔转换完毕必须进行锁闭,否则齿条块及动作杆在外力作用下可倒退,造成"四开"的危险。道岔转换完毕后,锁闭齿轮继续转动到 339°,锁闭齿轮的启动小齿 7 在削尖齿 Ⅵ 旁经过,锁闭齿轮上的圆弧面与齿条块削尖齿弧面重合,实现了锁闭,如图 2.40(b)所示。此时,主轴上的止挡栓碰到底壳上的止挡桩,锁闭齿轮停止转动。

6）动作杆

动作杆是转辙机转换道岔的最后执行部件,如图 2.41 所示。动作杆和齿条块用挤切销相连,正常动作时,齿条块带动动作杆一起移动；挤岔时,挤切销被折断,动作杆和齿条块快速分离,使转辙机内部机件不受损坏。

挤切销分主销和副销,分别装于锁闭齿轮削尖齿中间开口处的挤切孔内。主销挤切孔为圆形,主销能顺利插入起主要联结作用。副销挤切孔为扁圆

图 2.41 动作杆

形,副销插入起备用联结作用。如果是非挤岔原因使主销折断,副销还能起到联结作用,这是因为副销挤切孔为扁圆形,齿条块在动作杆上有 3 mm 的随窜动量。

7）自动开闭器

自动开闭器用来及时、正确地反映道岔尖轨的位置,并实现电动机控制和挤岔表示的功能,其实物如图 2.42 所示。自动开闭器通过表示杆与尖轨连接,表示杆随尖轨移动,只有当尖轨密贴并锁闭后,才能接通道岔表示电路,并断开道岔转换电路。

在解锁过程中,由自动开闭器接点断开原表示电路,接通准备反转的动作电路；锁闭后,由自动开闭器接点自动断开电动机动作电路,接通表示电路。

自动开闭器有两排动接点,四排静接点。它们的编号是,站在电动机处观察,自左至右

分别为第1排、第2排、第3排、第4排接点,如图2.43所示。每排接点有3组接点,自上而下顺序编号,第1排接点为11—12、13—14、15—16,其余类推。

图2.42 自动开闭器

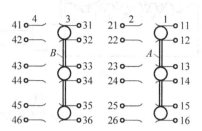

图2.43 自动开闭器接点

若转辙机定位时1、3排接点闭合,则转辙机向反位动作,解锁时,左动接点先动作,断开第3排接点,切断道岔定位表示电路;接通第4排接点,为反转做好准备。转换至反位后,右动接点动作,断开第1排接点,切断电动机动作电路;接通第2排接点,接通道岔反位表示电路。

若转辙机定位时2、4排接点闭合,则转向反位时右动接点先动作,断开第2排接点,接通第1排接点;转换到反位时,左动接点动作,断开第4排接点,接通第3排接点。

从反位转向定位时,接点动作情况与上述相反。

8) 表示杆

转辙机的表示杆(如图2.44所示)与道岔的表示连接杆相连随道岔动作,用来检查尖轨是否密贴,以及在定位还是在反位。表示杆由前、后表示杆以及两个检查块组成,两杆通过并紧螺栓和调整螺母固定在一起。为检查道岔是否密贴,在前后表示杆的腹部空腔内分别设一个检查块,每个检查块上有一个缺口。随着尖轨移动,只有当尖轨密贴且锁闭后,自动开闭器的检查柱才能落入表示杆的缺口之中,接通表示电路。挤岔

图2.44 表示杆

时,表示杆被推动,顶起检查柱,从而断开表示电路。

9) 挤切销

挤切销和后面要讲的移位接触器是用来进行挤岔保护,并给出挤岔表示的装置。两个挤切销(主销和副销)把动作杆与齿条块连成一体,如图2.45所示。

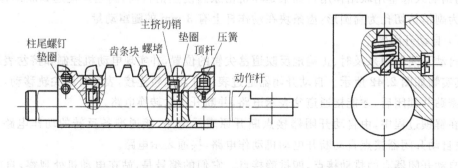

图2.45 挤切销

道岔在定位或反位时,齿条块被锁闭齿轮锁住,道岔也就被锁住。挤岔时,来自尖轨的挤岔力推动动作杆,当此力超过挤切销能承受的机械力时,主、副挤切销先后被挤断,动作杆在齿条内移动,道岔即与电动转辙机脱离机械联系,保护转辙机主要机件和尖轨不被损坏。挤岔后,只要更换挤切销即可恢复使用。

10) 移位接触器

移位接触器安装于机壳内侧,动作杆上方,其实物如图2.46所示。移位接触器的作用是监督挤切销的受损状态,道岔被挤或挤切削折断时,断开道岔表示电路,并接通挤岔报警电路。当发生挤岔时,齿条块不动,挤切销被挤断,动作杆在齿条块内产生位移,顶杆下端被挤出圆坑,使顶杆上升,将移位接触器的顶销顶起,断开它的接点,从而断开道岔表示电路。

11) 安全接点

安全接点(也叫遮断器或遮断开关)位于电动机一侧,如图2.47所示。遮断器用于断开电动机的电路。只有打开遮断器,才能插入手摇把人工转换道岔,或者打开机盖进行维修。

图2.46 移位接触器

12) 壳体

ZD6-A型转辙机的壳体(见图2.48)的作用是固定转辙机各部件,防护内部机件免受机械损伤和雨水、防止尘土侵入,并提供整机安装条件。

图2.47 安全接点

图2.48 壳体

3. ZD6-A型电动转辙机动作过程

ZD6-A型电动转辙机的整体动作过程是对道岔解锁、转换和锁闭的过程,动作如下。

(1) 电动机得电旋转。

(2) 电动机通过齿轮带动减速器。

(3) 输出轴通过启动片带动主轴。

(4) 锁闭齿轮随主轴逆时针方向旋转。

(5) 拨动齿条块,使动作杆带动道岔尖轨运动。

(6) 转换过程中,通过自动开闭器的接点完成表示。

2.2.4 S700K型电动转辙机

S700K型电动转辙机是从德国西门子公司引进设备和技术,经消化吸收和改进后投入使用,在城市轨道交通领域应用广泛,其代号来自德文"Simens-700-Kugelgewinde",含义为"西门子-具有 6860 N(700 kg·m)保持力-带有滚珠丝杠"的电动转辙机。S700K 型电动转辙机采用外锁闭装置,主要特点是采用精密加工的滚珠丝杠传动结构实现对道岔的转换,并且使用三相交流电动机提供动力,属于交流转辙机。

1. S700K 转辙机分类

S700K 转辙机按照安装方式可以分为左装转辙机和右装转辙机。区分的方法为,面向道岔的尖轨观察转辙机,安装在直股左侧为左装(见图 2.49),装在右侧为右装(见图 2.50)。

图 2.49 左装转辙机

图 2.50 右装转辙机

左装转辙机的型号是用字母"A"加上某个奇数表示,如 A13、A15;右装转辙机的型号是用字母"A"加上某个偶数表示,如 A14、A16。

2. S700K 电动转辙机的结构

S700K 型电动转辙机由外壳、动力传动机构、检测和锁闭机构、安全装置、配线接口五大部分组成,其结构图和实物图分别如图 2.51 和图 2.52 所示。

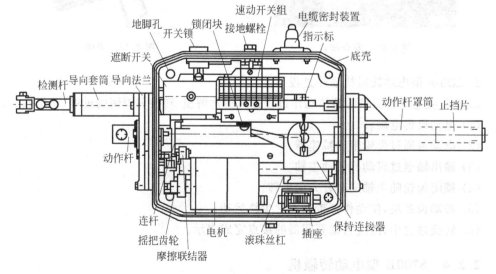

图 2.51 S700K 电动转辙机结构图

图 2.52　S700K 电动转辙机实物图

（1）外壳。外壳主要由铸铁底壳、机盖、动作杆套筒、导向套筒、导向法兰等构成。

（2）动力传动机构。动力传动机构主要由三相交流电机、齿轮组、摩擦联结器、滚珠丝杠、保持连接器、动作杆等构成。

（3）检测和锁闭机构。检测和锁闭机构主要由检测杆、叉形接头（用于内、外检测杆的连接）、速动开关组、锁闭块和锁舌、指示标等构成。

（4）安全装置。安全装置主要由开关锁、遮断开关、连杆、摇把孔挡板等构成。

（5）配线接口。配线接口主要由电缆密封装置、接插件插座等构成。

3．S700K 型转辙机主要部件及作用

1）三相交流电动机

S700K 型转辙机的电动机为三相交流电动机，主要为转辙机提供动力，其实物如图 2.53 所示。电动机采用 380 V 交流三相电动机，可以从根本上解决原直流电动机换相碳刷需要定期维护的问题。

由于采用交流电动机，没有直流电动机的整流子，自然消除了电机电枢断线、枢间混线、碳刷与整流子接触不良等惯性故障，从而提高了设备的可靠性和使用寿命，减少了维修量。

2）齿轮组

齿轮组由摇把齿轮、电机齿轮、中间齿轮及摩擦联结器齿轮组成，如图 2.54 所示。其中摇把齿轮与电机齿轮是一个传递系统，使得能用摇把对转辙机进行人工操纵。电机齿轮、中间齿轮、摩擦联结器齿轮是一个传递系统，将电机的旋转驱动力传递到摩擦联结器上，并将电动机的高速转速降低，以增大旋转驱动力，适应道岔转换的需要，这是转辙机的第一级降速。

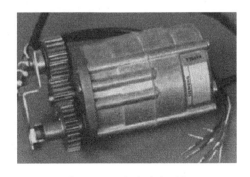

图 2.53　三相交流电动机

图 2.54　齿轮组

3) 摩擦联结器

摩擦联结器将齿轮组变速后的旋转力传递给滚珠丝杠,能够带动转辙机的工作,如图 2.55 所示。摩擦联结器内有三对主被金属摩擦片,分别固定在外壳和滚珠丝杠上,摩擦片的端面有若干压力弹簧,通过调整弹簧压力,可以使主被摩擦片之间的摩擦结合力大小发生变化,实现了电动机和传动机构之间的软联结,以吸收电机转动惯性消耗剩余动力。当滚珠丝杠上的转换阻力大于摩擦联结器结合力时,主被摩擦片之间相对打滑空转,起到保护三相电机的作用。

图 2.55 摩擦联结器

4) 滚珠丝杠

滚珠丝杠相当于 32 mm 的螺栓和螺母,其结构图和实物图分别如图 2.56 和图 2.57 所示。滚珠丝杠正向或反向旋转一周,螺母前进或后退一个螺距。它在将电动机的旋转运动转化为丝杠的直线运动的同时,还起到减速作用。

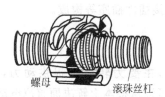

图 2.56 滚珠丝杠结构图

图 2.57 滚珠丝杠实物图

5) 保持连接器

保持连接器是转辙机的挤脱装置,利用弹簧的压力通过槽口式结构将滚珠丝杠与动作杆连接在一起,如图 2.58 所示。当道岔的挤岔力超过弹簧压力时,动作杆滑脱,起到整机不被损坏的保护作用,相当于 ZD6 型电动转辙机的挤岔装置。

保持连接器的顶盖是加封的,维修人员不得随意打开。铅封打开后,必须由专职人员重新施封,以保证其安全可靠地运用。

6) 检测杆和表示杆

S700K 除了具有转换道岔位置的功能以外,还拥有一套精密的检测系统,用以检测转辙机的工作情况和道岔的状态位置等因素。检测杆随着尖轨的转换而移动,用以检测道岔在终端位置时的状态。如图 2.59 所示,S700K 电动转辙机的检测杆分为上、下两层,上层检测杆用于检测缩进的密贴尖轨的工作状态,下层检测杆则用来检测伸出密贴尖轨的工作状态。

图 2.58 保持连接器

检测杆外接两根表示杆,如图 2.60 所示,通过位于表示杆上的丝扣调整装置分别进行转辙机检测杆的指示标调整和钢轨密贴调整。道岔转换时由尖轨带动检测杆,当密贴尖轨、斥离尖轨到达规定位置,上、下检测杆的大小缺口对准转辙机锁块时锁舌弹出,给出表示。

图 2.59 检测杆

图 2.60 表示杆

7) 锁闭块和锁舌

锁闭块和锁舌如图 2.61 所示。道岔在终端位置,当检测杆指示缺口与指示标对中时,锁闭块及锁舌应能正常弹出,锁闭块的正常弹出使速动开关的有关启动接点闭合或断开表示接点。锁舌的弹出用于阻挡转辙机的保持连接器移动,实现转辙机的内部锁闭。当转辙机开始动作时,锁舌在锁闭块的连带作用下,能够正常缩入,锁闭块缩入应可靠断开表示电路,锁舌的缩入应完成转辙机的解锁。

图 2.61 锁闭块和锁舌

8) 外锁闭装置

S700K 电动转辙机采用钩式外锁闭装置,外锁闭装置由锁闭杆、锁钩、锁轴、锁闭铁、锁闭框等组成,如图 2.62 所示。

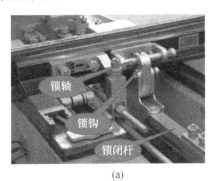
(a)

(b)

图 2.62 外锁闭装置实物图
(a) 锁钩、锁轴和锁闭杆实物图;(b) 锁闭铁实物图

外锁闭装置的动作原理如图 2.63 所示,转辙机动作杆带动锁闭杆移动,密贴尖轨处的锁钩缺口随之入槽并移动,当动作到另一侧尖轨与基本轨密贴时,锁钩沿锁闭铁斜面向上爬起,锁钩升至锁闭杆凸块顶面时锁钩同时被锁闭铁和锁闭杆卡住不能落下,从而实现锁闭。

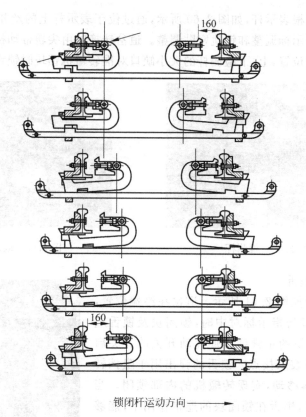

图 2.63 外锁闭装置动作过程

4．S700K 型电动转辙机的优点

S700K 型电动转辙机的优点包括以下三个方面。

（1）由于采用三相交流电动机，线路上的电能损失大大减少。

（2）由于采用滚珠丝杠传动装置，摩擦力小，机械效率高。

（3）由于三相电动机没有直流电动机的整流装置，维修工作量大大减少。

5．S700K 型电动转辙机的动作过程

S700K 型电动转辙机的动作过程如下。

（1）电动机的转动通过减速齿轮组，传递给摩擦联结器。

（2）摩擦联结器带动滚珠丝杠转动。

（3）滚珠丝杠的转动带动丝杠上的螺母水平移动。

（4）螺母通过保持连接器经动作杆、外锁闭杆带动道岔转换。

（5）道岔的尖轨经外表示杆带动检测杆移动。

2.3　计轴器

计轴器是一种通过检测和比较进入和离开轨道区段的列车车轮轮轴数，来判断相应轨道区段的空闲或占用的状态，并将判断的结果经继电器输出的轨道空闲检测设备。下面对其进行详细介绍。

2.3.1 计轴器的定义

计轴器与 2.5 节介绍的轨道电路一样,是用来检查区间是否有列车或车辆的检查监督设备,其实物图如图 2.64 所示。它具有检查区段是否有车占用与空闲的功能,而不受道床、轨道状态和气候条件影响,其控制距离可达 20 km。

计轴器的最大优势在于它与轨道和道床状况的无关性,这不仅使其具备检查长大区间的能力,而且也解决了长期因道床潮湿和钢轨生锈影响地铁安全运行的困扰。

图 2.64 计轴器

2.3.2 计轴器的结构

计轴器包括室内设备和室外设备,如图 2.65 所示。室外设备由轮轴传感器和电子单元组成,室内设备为计轴核算器(axle counter evaluator,ACE)。

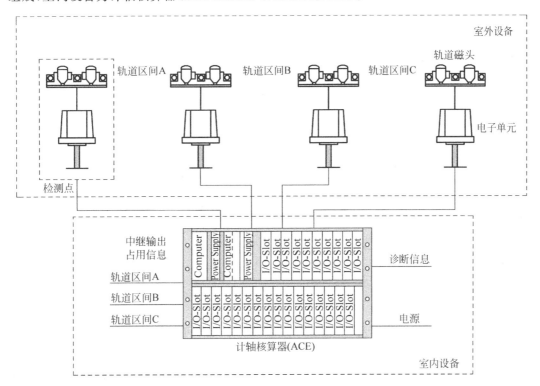

图 2.65 计轴器结构图

1. 室外设备

1) 轮轴传感器

轮轴传感器又称磁头,它实际上是电磁式有源传感器。磁头包括发送磁头和接收磁头,磁头由两套物理上分离的线圈组构,安装在同一根钢轨上,发送磁头安装在钢轨外侧,接收磁头安装在钢轨内侧,如图 2.66 所示。利用车轮铁磁体改变二者之间的耦合关系,使电感或互感在车轮通过时发生变化,而产生轮轴信号。

设 T_X 为发送磁头，R_X 为接收磁头，发送磁头和接收磁头由绕在铁氧体磁芯上的线圈和一并联电容组成。发送磁头的信号来自电子单元的发送接收板，由于电磁感应的作用，发送线圈和接收线圈所产生的磁通绕过钢轨后会形成两个磁通 Φ_1 和 Φ_2，在接收磁头中感应出交流信号。当列车远离计轴器，即车轮距磁头中心线 200 mm 以外时，磁通 Φ_1 远大于磁通 Φ_2，在接收线圈感应出与发送电压同相的交流电压信号，并且感应电压最大，如图 2.67 所示。

图 2.66　轮轴传感器

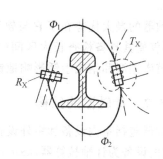

图 2.67　列车远离计轴器

当列车靠近计轴器，即车轮进入距磁头中心线 200 mm 范围以内时，磁通 Φ_1 近似等于磁通 Φ_2，此时接收线圈中感应电压为零，如图 2.68 所示。

当列车经过计轴器，列车车轮压在磁头的中心线上时，感应出与发送电压反相的交流电压信号，并且感应电压达到负的最大值，如图 2.69 所示。

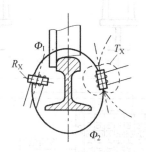

图 2.68　列车靠近计轴器

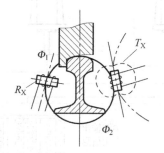

图 2.69　列车经过计轴器

2）电子单元

电子单元又称计轴检测盒（examine ark，EAK）。电子单元安装在轮轴传感器同侧，箱盒向所属线路外侧打开，盒内装有预处理传感器信息所需的电子元件，主要包括数字信息处理模块、处理器模块、电源模块和调制解调器模块。其功能是：将室内提供的电源，转化为单元模块所需电源，并向计轴器的发送磁头提供信号电压；另外，电子单元将计轴器传感器的接收磁头中感应的模拟车轮脉冲信号，转换成便于远距离传输的数字车轮脉冲信号，再传输至车站信号设备室的计轴核算器。电子单元的实物图和内部连接图分别如图 2.70 和图 2.71 所示。

2．室内设备

室内设备计轴核算器（ACE）的主要作用是从室外设备取得计轴数据，对计轴数据进行运算，确定计轴区段的状态，判定区段占用状况，向计算机联锁设备输出所有计轴区段的占用或空闲的信息,以及发送诊断信息。ACE 由安全计算机模块、电源模块、串行 I/O 口、并行 I/O 口组成,ACE 面板如图 2.72 所示。

图 2.70 电子单元实物图

图 2.71 电子单元内部连接图

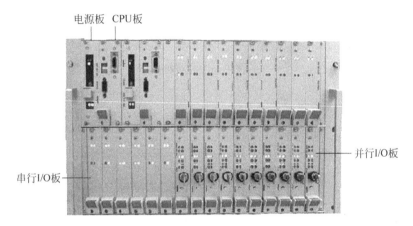

图 2.72 计轴核算器面板

1) 安全计算机模块

安全计算机模块的每个主机可处理并计算 32 个轨道区段的计轴数据。双 CPU 接收来自计轴点的带有计轴信息的报文,对同一区段的两个计轴点的轮轴信息进行比较处理,根据计轴数量是否一致来确定区段的占用或空闲状态。安全计算机模块面板如图 2.73 所示。

2) 电源模块

每个 CPU 通道都有自己的 DC/DC 转换器,它向设备提供 5 V 和 12 V 电源。电源模块面板如图 2.74 所示。电源模块面板有 3 个工作状态指示灯,分别是 LED IN、LED OUT1 和 LED OUT2,其中 LED IN 为输入电压指示灯,正常情况下为亮绿色;LED

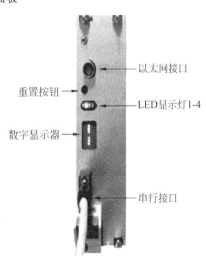

图 2.73 安全计算机模块面板

OUT1 和 LED OUT2 为输出指示灯，正常情况下为亮绿色。

3) 串行 I/O 模块

轨旁设备发出的数据由串行 I/O 模块接收，并通过预处理器对来自 EAK 的数据进行处理，将其转换成报文信息传送给安全 CPU 模块。预处理器与安全 CPU 模块之间的接口使用现场 CAN 总线。室内主机与检测点设备之间采用容错的 ISDN 通信方式。串行 I/O 模块面板如图 2.75 所示。

4) 并行 I/O 模块

安全 CPU 对区段状态的报文信息经过逻辑运算及判断比较后，将区段占用信息通过并行 I/O 预处理器模块从安全模块输出，它同样使用 CAN 总线传输。并行 I/O 模块面板如图 2.76 所示。

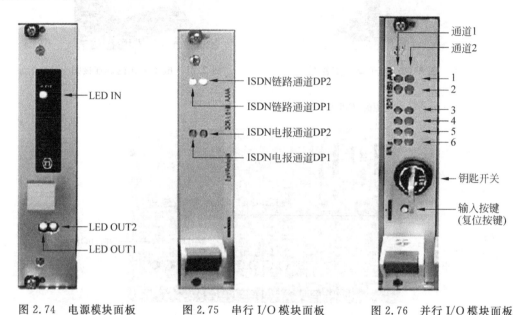

图 2.74　电源模块面板　　图 2.75　串行 I/O 模块面板　　图 2.76　并行 I/O 模块面板

2.3.3　计轴器的工作原理

计轴器利用轮轴传感器、计轴核算器来记录、计算和比较计轴区段的轮轴数，确定计轴区段的状态，给出区段的占用信息。其工作原理为：当列车驶入，车轮进入轨道传感器作用区时，轮对经过传感器磁头时向驶入端处理器传送轴脉冲，轨道区段驶入端处理器开始计轴，驶入端处理器首先判定运行方向，确定对轴数是累加计数还是递减计数。列车进入轨道区段，驶入端计轴器对轮轴进行累加计数，并发出区段占用信息，同时，驶入端处理器经传输线向驶出端处理器发送驶入轮轴数，列车全部通过驶入端计轴点时停止计数。当列车到达区段驶出端计轴点时，由于列车是驶离区段，驶出端计轴器进行减轴运算，同时再传送给驶入端处理器。列车全部通过后，两站的微机同时对驶入区段和驶离区段的轮轴数进行比较运算，两站一致时，证明进入区段的轮轴数等于离开区段的轮轴数，可以认为区段已经空闲，发出区段空闲信息表示。当无法证明进入区段的轮轴数等于离开区段的轮轴数，则认为区段仍将处于占用状态。

计轴器计数举例：以一节车厢为例（四组轮对），当列车驶入区段时，计轴系统会记录轮轴数为 4，只要列车车轮没有经过前方磁头，系统会认为该车仍在区段内行驶。计轴过程如图 2.77 所示。

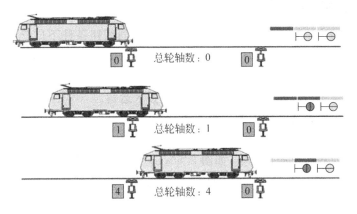

图 2.77　列车驶入区段计轴过程

当列车驶出区段时，经过前方计轴磁头时计轴系统会再次记录 4 个轮轴，此时标志着列车已驶出该区段，进入下一个区段，如图 2.78 所示。

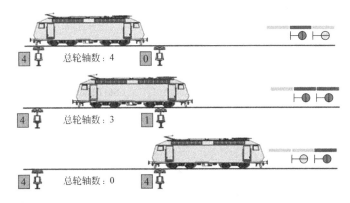

图 2.78　列车驶出区段计轴过程

每一组磁头既是新区段开始的标志，也是前一个区段结束的标志。计轴器由两组磁头组成，其主要功能是判别列车运行方向。正常情况下，列车车轮会先切割磁头 K_1，向处理器传送轴脉冲 A，再切割磁头 K_2，向处理器传送轴脉冲 B，如图 2.79 所示。当发生特殊情况时（例如反向行车），列车轮对会先切割磁头 K_2，再切割第一个磁头 K_1。通过处理器接收到

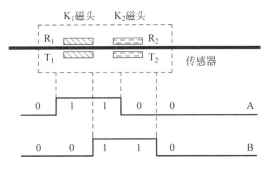

图 2.79　两个磁头的轴脉冲

的脉冲对即可判定列车运行的方向。

2.3.4 计轴器的应用

计轴器作为城市轨道交通信号的基础设备,在不同线路条件下广泛应用。计轴器作为轨道电路的替代品,当列车运行自动控制系统故障的情况下,由其构成联锁、闭塞系统,以确保列车运行安全。有些城市轨道交通在运营初期,ATC系统的ATP子系统还不能运用,基于计轴器的信号系统可以作为后备的信号系统,投入运营。

不同的线路区段设置计轴点的位置不同,在没有道岔的区段,区段两端应各设一个计轴点,如图2.80(a)所示;在多个无岔区段构成的带形区段,区段交汇端只需设置一个计轴点,此计轴点可兼做两侧区段的计轴点,如图2.80(b)所示;在无岔区段构成的重叠区段,重叠区段端点也只需设置一个计轴点,此计轴点兼做两个重叠区段的计轴点,如图2.80(c)所示。

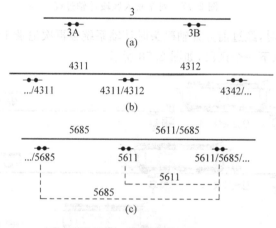

图 2.80 无岔计轴区段

在道岔区段,在岔前、岔后直向和岔后侧向各需设置一个计轴点,如图2.81(a)所示;在渡线交叉点,四个线路分支均需设置一个计轴点,如图2.81(b)所示;在交叉渡线,计轴点的设置如图2.81(c)所示。

【知识窗:渡线和交叉渡线】

渡线是指用以连接两条平行钢轨的一段铁轨,使行驶于某路线的列车可以换轨至另一条路线。交叉渡线是由四副辙叉号码相同的单开道岔和一副菱形交叉组成。在需要连续铺设两条方向相反的普通渡线而受地面长度限制时,可以采用这种渡线。

2.3.5 计轴器的特点

计轴器与轨道电路相比,具有以下优点:
(1) 具有高可靠性,每年只有0.1%的故障率;
(2) 由于计轴器具有一定独立性,所以大大降低了维护成本;
(3) 设备简单,易于维修;

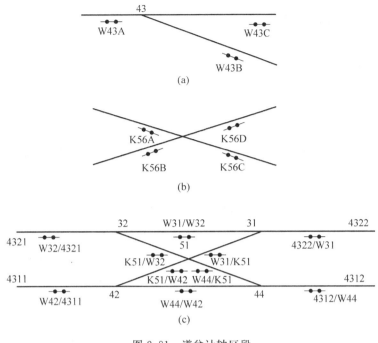

图 2.81 道岔计轴区段

(4) 易于根据实际情况改变计轴设备布局;
(5) 传输距离远,在没有分支的情况下,最长可传送 20 km;
(6) 通过输出口可将信息传输给计算机联锁部分和信号机;
(7) 适用于道床状态差、道床泄漏电阻过低的轨道区段;
(8) 可以检测钢轨生锈及轻车情况下的轨道区段占用/空闲;
(9) 可以避免轨道电路由传输距离的限制而需设置多个轨道电路;
(10) 不需要绝缘节。

计轴器与轨道电路相比,具有以下缺点:
(1) 如果作为站内多区段轨道电路的替代,投资较轨道电路大;
(2) 电源部分必须可靠,确保不因电源瞬间中断造成轴信息的丢失;
(3) 无法检测钢轨断轨;
(4) 由于其他铁器在磁头上的动作可能造成错误计轴;
(5) 由于维修车轮对的非标准化,计轴设备将无法可靠地检测到维修车;
(6) 设备维修后需要重新复位。

2.4 应答器

应答器是一种用于地面向列车传输信息的点式设备,一种能向车载子系统发送报文信息的传输设备,既可以传送固定信息,也可连接轨旁单元传送可变信息。应答器也称信标,它也是信号系统的基础设备,随着 ATC 系统的普及,应答器在城市轨道交通中得到广泛的应用。

2.4.1 应答器的功能

应答器在城市轨道交通中的主要功能是列车定位、定位停车和点式列控。

1．列车定位

应答器内可存储地理位置信息,当列车上的查询器经过应答器耦合以后,可以得到列车的精确位置。

2．定位停车

在城市轨道交通车站中,一般由一组应答器向列车提供至定点停车点的距离信息,以实现精确定位停车。

3．点式列控

应答器设备向列车自动控制系统的车载设备传送以下点式信息。

(1) 线路基本参数。线路基本参数如线路坡度、轨道区段长度等参数。

(2) 线路速度信息。线路速度信息如线路最大允许速度、列车最大允许速度等。

(3) 临时限速信息。当由于施工等原因需要对列车运行速度进行限制时,向列车提供临时限速信息。

(4) 车站进路信息。根据车站接发车进路,向列车提供"线路坡度""轨道区段"等线路参数。

(5) 道岔信息。给出前方道岔侧向允许列车运行速度。

(6) 特殊定位信息。特殊定位信息如升降弓、进出隧道、鸣笛、列车定位等。

(7) 其他信息。其他信息包括固定障碍物信息、列车运行目标数据等。

【知识窗：升降弓】

　　受电弓是城市轨道交通列车从接触网取得电能的电气设备,它安装在列车顶上,靠跟接触网的滑动接触而使列车获得牵引电流。升降弓即是在列车运行过程中为了取得电流对受电弓的自动升降。

在点式 ATP 子系统中,利用设置在每个车站出站信号机处的应答器,向列车传送 ATP 信息;在基于模拟轨道电路的 ATC 系统中,利用设于区间和车站的应答器(也称为标志器),实现列车在车站的程序对位停车控制;在基于"距离定位"制式的 ATC 系统中,用无源应答器进行列车定位校核,有源应答器用于车地信息交换。CBTC 系统中无源应答器主要用于列车定位校准,而有源应答器主要用于信号后备系统中向列车传送点式信息。

2.4.2 应答器的分类

应答器由地面、车载两部分设备构成,如图 2.82 所示。其中各个设备通过不同的接口连接。

1．地面应答器设备

地面应答器是一种可以发送数据报文的高速数据传输设备。地面应答器应能提供上行数据链路,实现地对车的数据传输。地面应答器应具有足够的、可用的固定信息容量,当与地面电子单元连接时,能提供实时可变的数据信息。地面应答器的主要功能是:接收车载应答器天线传递的载频能量和向车载天线发送数据信息。信号系统为每一个地面应答器分

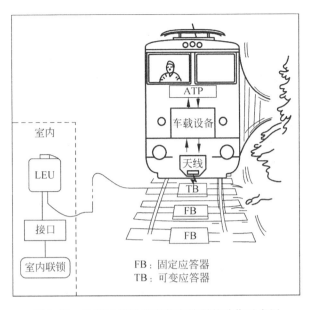

图 2.82　地面应答器和车载应答器的动作示意图

配一个固定的坐标。地面应答器设备又包括地面应答器和轨旁电子单元(lineside electronic unit,LEU)。

1) 地面应答器

地面应答器按照供电来源分类可分为无源应答器和有源应答器两种,也分别称为"无源信标"和"有源信标"。

(1) 无源应答器

无源应答器没有外接电源供电,平时处于静止休眠状态;当列车经过无源应答器上方时,地面应答器接收到车载天线传递的载频能量,获得电能量使地面应答器中的信号发生器工作。无源应答器实物如图 2.83 所示。

图 2.83　无源应答器

无源应答器预先固定写入报文,列车经过该应答器时,可以发送预先写入的固定报文数据,如线路坐标、线路坡度、线路最大允许速度、轨道电路参数、链接信息、列控等级切换等。

【知识窗：报文】

报文是网络中交换与传输的数据单元，即站点一次性要发送的数据块。报文包含了将要发送的完整的数据信息，其长短很不一致，长度不限且可变。

无源应答器的工作原理如下：无源应答器存储固定信息，当列车经过其上方时，它接收到车载天线发射的电磁能量后，将其转换成电能，使地面应答器中的电子电路工作，把存储在地面应答器中的数据循环发送出去，直至电能消失（即车载天线已经离去）。它平常处于休眠状态。

（2）有源应答器

有源应答器一般采用电池供电，其实物如图 2.84 所示。有源应答器通过专用的应答器电缆与轨旁电子单元（LEU）连接，可实时更新地面有源应答器中存储的数据，并实时发送 LEU 传送的数据报文。有源应答器内的数据报文可以随外部控制条件的改变发生变化，如信号机显示信息、道岔位置信息和临时限速信息。

有源应答器传输可变信息，必须通过专用的应答器电缆与 LEU 设备连接，可以根据 LEU 设备所发送的报文，变化地向列车传送应答器报文信息。有源应答器设置在车站进站端和出站端，主要发送进路信息和临时限速信息。如有的城市轨道交通在车站的出站信号机处设置的出站有源应答器，它根据车站联锁确定的列车发车进路状况，向列车传送包括列车运行方向及进路状态等信息。

2）轨旁电子单元

轨旁电子单元（LEU）是一种数据采集与处理单元，如图 2.85 所示。它根据外界条件的变化，选择存储在 LEU 中的其中一条报文传送给地面有源应答器，或将外部发送的应答器报文直接向有源应答器传送。

图 2.84　有源应答器　　　　　图 2.85　轨旁电子单元

3）地面应答器的其他分类方法

（1）根据安装位置分类

应答器根据安装位置分类，可分为中心安装式、侧面安装式和立杆安装式。

① 中心安装式

应答器安装在两条钢轨的中心部位,而查询器安装在机车底下的中间位置,与应答器相对应耦合。

② 侧面安装式

查询器安装在机车的侧面,与之对应,应答器也安装在一根钢轨的侧面,与通过机车的查询器相对应耦合。

③ 立杆安装式

应答器安装于路旁立杆上,其作用的无线电波可为无方向性,也可为有方向性,因此,道路上通过装有查询器的移动车辆时,立即可与它起耦合作用,传递相应信息。

(2) 根据位置和功能分类

应答器根据位置和功能分类,可分为进路信标和信号信标。

① 进路信标

进路信标设置于前方进路有道岔的轨道区域,将道岔的状态,如定位状态或反位状态告知列车。

② 信号信标

信号信标设置于信号机附近,用于反映信号机的显示,将显示信息告知经过列车。

4) 地面应答器的设置

地面应答器可以单个设置,也可以按编组形式设置,组内每个应答器均发送一组报文,所有报文综合定义了该应答器组所代表的信息含义。

2. 车载应答器设备

车载应答器又称为查询器,如图 2.86 所示。它向地面无源应答器发送电能,接收地面应答器发来的信息。

车载应答器设备包括车载天线、解码器、载频发生器与功率放大器等。

(1) 车载天线是一个双工的收发天线,既要向地面发送激活地面应答器的功率载波,还要接收地面应答器发送的数据报文。

(2) 载频发生器与功率放大器用于产生激活地面应答器所需的载频能量信号,并通过车载天线传递给地面应答器。

(3) 车载解码器是用于对地面应答器的数据进行处理的模块,由微处理器、滤波器和

图 2.86 车载应答器

其他相关单元组成。解码器用于对地面应答器信息的接收、滤波、数字解调与处理,经处理的数据通过相应的接口传送至相关的设备,如车载 ATP 设备、驾驶员显示单元或无线设备。

每个地面应答器对应于线路的某一个固定的坐标,所以列车收到地面应答器信息后可以对列车行走里程进行精确的定位及校正。列车收到前一个地面应答器的信息后,可判断该应答器的特性、位置。这些信息包括地面应答器所处的位置、位置参数的精度、列车的运行方向等;如果接收到的地面应答器的信息与预期的不同,车载应答器解码设备应有相应的表示或相应的输出,以便车载 ATP 设备做出相应的反应,并采取相应的安全措施。

车载接收器的主要功能有:发送地面应答器需要的能量;接收来自地面应答器的信息;分析接收到的数据流,找出完整的报文,形成处理好的无错码报文,确定定位参考点,从车上向地面发送包括检查码在内的各种信息。

2.5 轨道电路

轨道电路是由钢轨线路和钢轨绝缘构成的电路,它将列车的运行和信号设备联系起来,自动地、连续地检测线路的占用情况,以保证行车安全。

2.5.1 轨道电路概述

1. 轨道电路的结构

轨道电路是以城市轨道交通线路的两根钢轨作为导体,并用引接线连接电源和接收设备所构成的电气回路。轨道电路的基本结构如图2.87所示。

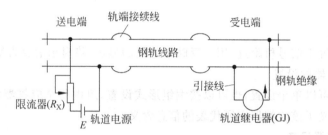

图2.87 轨道电路结构图

轨道电路由送电端、受电端、引接线、钢轨线路、轨端接续线和钢轨绝缘组成。

1) 送电端

轨道电路的送电端设置了轨道电源E、限流器R_X等送电设备。轨道电源用于向轨道电路供电,也可以是能够发送一定信息的电子设备。限流器采用可调变阻器,也可以采用电抗器,用于保护电源设备不因过负荷而损坏,并保证在列车占用轨道电路时,轨道继电器能可靠地落下,对于某些交流轨道电路,它还兼有相位调整的功能。轨道电源采用由电子器件组成的信号发生器时,一般不设限流器。

2) 受电端

轨道电路的受电端设置了接收设备,主要采用的是继电器,称为轨道继电器(GJ),由它来接收轨道信号电流,主要作用是反映轨道的状况。电子轨道电路的接收设备一般都采用电子器件,其作用和轨道继电器相同。

3) 引接线

引接线的作用是将送、受电设备直接或通过电缆过轨后接向钢轨。

4) 钢轨线路

钢轨的主要作用是传输电信息。在电力牵引区段的两条钢轨,既作为轨道电路的通道来传输信号电流,又作为牵引电流的回路来传送牵引电流。

5) 轨端接续线

轨端接续线的主要作用是减小钢轨接头的接触电阻,保持电信息的延续。

6）钢轨绝缘

钢轨绝缘也叫作绝缘节，其主要作用是用来划分相邻的轨道区段，从电的方面加以绝缘。一般，两组绝缘节之间的钢轨线路（即从送电端到受电端之间），称为轨道电路的控制区段，也就是轨道电路的长度。

2. 轨道电路的作用

轨道电路有以下三个作用。

（1）监督列车的占用，反映线路的空闲状况，为开放信号、建立进路或构成闭塞提供依据。

（2）传递行车信息，如移频自动闭塞利用轨道电路传递不同的频率信息来反映列车的位置，决定通过信号机的显示或决定列车运行的目标速度，从而控制列车运行。

（3）检查线路的完整性。通过轨道电路中的轨道继电器状态，可以自动检查轨道的完整性，提高了行车安全程度。

3. 轨道电路的工作原理

当轨道电路区段空闲时，轨道电源 E 输出的电流经过一根钢轨线路，送至轨道继电器（GJ），再经另一根钢轨线路、限流器回到轨道电源，使轨道继电器得到电流，从而使衔铁励磁吸起。当轨道电路区段有机车车辆占用时，电流同时通过轮对和轨道继电器线圈，但由于轮对电阻比轨道继电器线圈电阻小得多，使轨道电路形成短路状态，因而流经轨道继电器线圈的电流减小到它的落下值，使衔铁失磁落下。轨道电路能否正常工作，直接关系到列车安全和行车效率。

当轨道电路内钢轨完整，且没有列车占用时，轨道继电器吸起，表示轨道电路空闲。轨道电路被列车占用时，它被列车轮对分路，轮对电阻远小于轨道继电器线圈电阻，流经轨道继电器的电流大大减小，轨道继电器落下，表示轨道电路被占用。

总结来说，轨道电路在工作过程中有三种工作状态。

1）调整状态

当轨道空闲时，轨道电路处于调整状态，此时保证轨道继电器可靠吸起，如图 2.88 所示。

2）分路状态

当列车占用时，轨道电路处于分路状态，此时轨道继电器可靠落下，如图 2.89 所示。

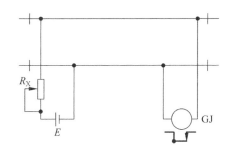
图 2.88 轨道电路调整状态

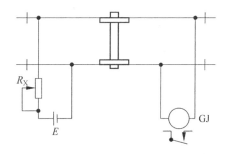
图 2.89 轨道电路分路状态

3）断轨状态

当轨道电路故障时，如钢轨断轨、绝缘破损，轨道电路处于断轨状态，此时轨道继电器立即失磁,可靠落下,如图 2.90 所示。

4. 轨道电路分类

轨道电路根据不同的分类方法,可以分为不同的类型。

1) 按工作方式分类

轨道电路按工作方式分类,可以分为开路式轨道电路和闭路式轨道电路。

闭路式轨道电路中,平时构成闭合回路,当轨道电路没有车时,继电器吸起。当有车占用时,由于车辆分路,继电器落下。当发生断轨、断线等故障时,继电器落下,能保证列车运行的安全。此种轨道电路在城市轨道交通中广泛采用。

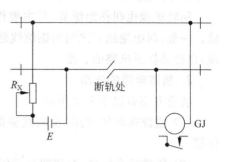

图 2.90 轨道电路断轨状态

开路式轨道电路的发送端、接收端在同端。当轨道电路没有车时,不构成回路,继电器落下,如图 2.91(a)所示。当有车占用时,列车的车辆轮对构成回路,继电器吸起,如图 2.91(b)所示。开路式轨道电路的继电器经常落下,因此不能监督轨道电路的完整性。断轨后有车也不能显示,此种轨道电路在城市轨道交通中极少采用。

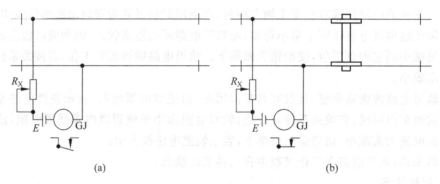

图 2.91 开路式轨道电路
(a) 无车时;(b) 有车时

2) 按供电方式分类

轨道电路按供电方式分类,可以分为直流式轨道电路和交流式轨道电路。

直流式轨道电路又分为直流连续式轨道电路和直流脉冲式轨道电路(包括极性脉冲轨道电路、极频脉冲轨道电路和不对称脉冲轨道电路);交流式轨道电路又分为交流连续式轨道电路(包括工频 50 Hz 整流轨道电路、25 Hz 相敏轨道电路、工频二元二位感应式轨道电路、75 Hz 轨道电路、音频轨道电路(也叫移频或无绝缘轨道电路))和交流电码式轨道电路(包括 50 Hz 交流计数电码轨道电路、75 Hz 交流计数电码轨道电路、25 Hz 电码调制轨道电路)。

用于城市轨道交通的交流工频轨道电路有 50 Hz 相敏轨道电路(包括继电式和微电子式)、PF 轨道电路。它们只有监督列车占用的功能,不能传输其他信息。

城市轨道交通一般采用直流牵引,所以轨道电路可以采用 50 Hz 电源,这与铁路不同(铁路采用交流工频牵引,轨道电路只能采用 50 Hz 以外的电源,一般为 25 Hz)。

3) 按所传送的电流特性分类

轨道电路按所传送的电流特性分类,可以分为工频连续式轨道电路和音频轨道电路,音频轨道电路又分为模拟式和数字编码式。

工频连续式轨道电路中传送的是连续的交流电流。这种轨道电路的唯一功能是监督轨道的占用与否，而不能传送更多信息。

模拟式音频轨道电路采用调幅或调频方式，用低频调制载频，除监督轨道的占用外，还可以传输较多信息，主要传输列车运行前方三个或四个闭塞分区的占用与否的信息。

数字编码式音频轨道电路采用数字调频方式，但它采用的不是单一低频调制频率，而是若干个不同比特的调制频率，根据编码去调制载频，编码包含速度码、线路坡度码、闭塞分区长度码、纠错码等，它可以传输更多的信息。

4) 按设置地点分类

轨道电路按设置地点分类，可以分为区间轨道电路和车辆段内轨道电路。

区间轨道电路用于正线，不仅要监督各闭塞分区是否空闲，还要传输有关行车信息，并能满足闭塞分区长度的要求，其结构比较复杂。

车辆段内轨道电路是用于车辆段内各个区段，一般只有监督区段是否空闲的功能，不能传输行车信息。

5) 按分割方式分类

轨道电路按分割方式分类，可以分为有绝缘轨道电路和无绝缘轨道电路。

有绝缘轨道电路是用钢轨绝缘，也就是绝缘节，将相邻的轨道区段实现电气绝缘的轨道电路。在有绝缘轨道电路中，绝缘节作为分隔设备，要承受车辆行走时的冲击力、剪切力，所以很容易破损，这种电气隔离性能就会消失。此外，绝缘节的安装，给长轨无缝线路的应用带来麻烦，在轨道电路的分割处，为了安装绝缘节一定要把长轨锯断，从而降低了轨道强度，使线路维护工作复杂化。另外，当绝缘节安装在电气化区段时，沿钢轨构成的牵引电流回路的连续性会被破坏，因此需增设扼流变压器等特殊器件，以便让牵引电流绕过绝缘节。因此无缝线路和电气化轨道交通希望采用无绝缘轨道电路。

无绝缘轨道电路是指相邻轨道电路分界点不设钢轨绝缘节的轨道电路制式，其特点是取消传统的划分轨道电路区段的绝缘节，而是采用电气隔离的方式实现相邻区段的绝缘。无绝缘轨道电路又分为自然衰耗式（无电气分割点）和电气隔离式（又称谐振式，有电气分割点）。自然衰耗式轨道电路是利用轨道电路的自然衰耗和不同的信号特征（频率、相位等），实现轨道电路的相互隔离，在接收端直接接收或通过电流传感器接收，钢轨中的电流可沿正反两个方向自由传输，基本上靠轨道的自然衰耗作用来衰减信号。电气隔离式轨道电路是利用谐振槽路，采用不同的信号频率，谐振回路对不同频率呈现不同阻抗，来实现相邻轨道电路间的电气隔离。城市轨道交通的正线多采用无缝线路，因此一般采用无绝缘轨道电路。

6) 按轨道电路内有无道岔分类

轨道电路按轨道电路内有无道岔分类，可以分为无岔区段轨道电路和道岔区段轨道电路，一般车辆段内存在这两种类型的轨道电路。

无岔区段轨道电路的内钢轨没有分支，结构简单，用于停车线、检车线、尽头线调车信号接近区段，以及两个差置调车信号机之间的线路。

道岔区段轨道电路的信号结构比较复杂，包含了岔前线路、岔后直向位置线路和岔后侧向位置线路。道岔区段轨道电路与无岔区段轨道电路的不同之处在于钢轨线路被分开产生分支，为此需增加道岔绝缘和道岔跳线。道岔区段轨道电路按有无分支分，分为一送一受和一送多受轨道电路,如图2.92所示,道岔区段均为一送多受区段。

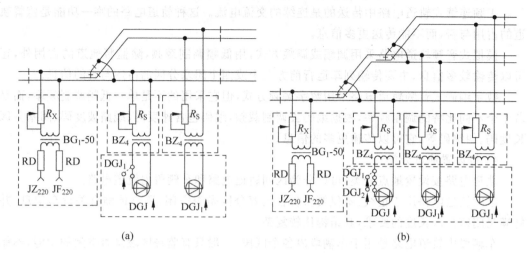

图2.92 一送多受轨道电路
(a)一送两受;(b)一送三受

① 道岔绝缘

道岔区段除各种杆件、转辙机安装装置等要加装绝缘外,还要加装切割绝缘,称为道岔绝缘,以防止辙叉将轨道电路短路。道岔绝缘视需要,可设在道岔直股钢轨上,也可设在道岔侧股钢轨上。

② 道岔跳线

为了保证信号电流的畅通,道岔区段除轨端接续线外,还需装设道岔跳线。道岔跳线由塞钉和镀锌低碳钢绞线组成,两端焊在圆锥形塞钉上。

7)按牵引电流的通过路径分类

轨道电路按牵引电流的通过路径分类,可以分为单轨条轨道电路和双轨条轨道电路。

单轨条轨道电路是以一根钢轨作为牵引电流回线,在绝缘处用抗流线引向相邻轨道电路的钢轨上的一条轨道电路,如图2.93所示。因其牵引电流过钢轨时在钢轨间产生较大的电位差,成为信号电路外界的主要干扰源,牵引电流越大,钢轨阻抗越大,对信号电路造成的干扰也越大,并且由于单轨条轨道电路轨抗较大,传输距离相对缩短。但单轨条轨道电路构造简单,建设成本低,相对功耗小。

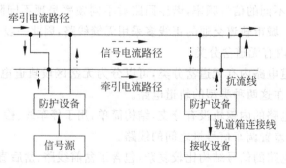

图2.93 单轨条轨道电路

双轨条轨道电路是针对单轨条轨道电路不利于信号设备稳定的缺点而设计的又一种轨道电路。双轨条轨道电路的牵引电流是沿着两根钢轨流通的,在钢轨绝缘处为导通牵引电流而设置了扼流变压器,信号设备通过扼流变压器接向轨道,如图 2.94 所示。双轨条轨道电路是由两根钢轨并联传递牵引电流的,两钢轨间产生的不平衡电流比单轨条要小得多,因此对于牵引电流的阻抗较低,利于信号的传输,设备运行也相对稳定,其缺点是造价较高,维修较复杂。

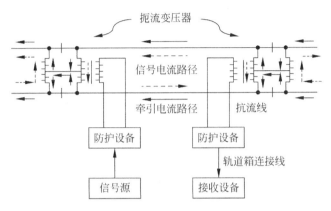

图 2.94　双轨条轨道电路

5. 轨道电路的极性交叉

1) 极性交叉

用钢轨绝缘来分割的轨道电路,为了实现对钢轨绝缘破损的防护,还要求绝缘节两侧的轨面电压具有不同的极性或相反的相位,这就是轨道电路的极性交叉,如图 2.95 所示。

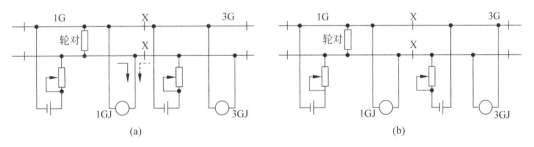

图 2.95　极性交叉
(a) 未实现极性交叉;(b) 实现极性交叉

2) 极性交叉的作用

极性交叉具有以下两点作用。

(1) 当相邻轨道电路间的绝缘节破损时,会引起轨道继电器的错误动作(见图 2.95(a)),极性交叉可以防止此种情况的发生。

(2) 交流轨道电路必须采用极性交叉,对于计数电码、频率电码轨道电路而言,由于其相邻轨道区段的编码不同,无法实现极性交叉,可以采用周期防护或频率防护的方法。

3) 极性交叉的配置

极性交叉的配置方法如下。

(1) 在一个闭合的回路中,绝缘节的数量必须达到偶数才能实现极性交叉。

(2) 无分支线路上,极性道岔配置比较容易,只要依次变换轨道电路供电电源的极性。

(3) 有分支线路上,即有道岔处,极性交叉的配置较复杂。因为道岔绝缘节可以设在道岔直股,也可设在弯股,不同的设置,将影响整个车站极性交叉的配置。

6. 轨道电路的基本要求

轨道电路的基本要求如下。

(1) 当轨道电路上没有车且设备完整时,轨道继电器应该可靠吸起。

(2) 当轨道电路上有车占用或钢轨断轨或轨道电路的有关元件发生故障时,轨道继电器应该可靠落下。

2.5.2 50 Hz 相敏轨道电路

随着城市轨道交通的大力发展,50 Hz 相敏轨道电路以其抗干扰性能好、设备简单、维修方便,以及在直流电力机车牵引区段安全可靠等特点,在上海、广州地铁,长春、大连、北京轻轨,广州、深圳、南京等城市轨道交通的车辆段或正线得到广泛应用。50 Hz 相敏轨道电路属于交流工频轨道电路,分为继电式和微电子式,继电式可不注明,即 50 Hz 相敏轨道电路一般专指继电式。它们只有监督列车占用的功能,不能传输其他信息。下面分别介绍这两种相敏轨道电路。

1. 50 Hz 继电式相敏轨道电路

50 Hz 继电式相敏轨道电路为有绝缘双轨条轨道电路,牵引回流为单轨条流通。城市轨道交通一般采用直流牵引,所以轨道电路可以采用 50 Hz 电源。

1) 50 Hz 继电式相敏轨道电路的组成

50 Hz 继电式相敏轨道电路的组成如图 2.96 所示。它由送电端、受电端、钢轨绝缘、钢轨引接线、钢轨接续线、回流线和钢轨等组成。

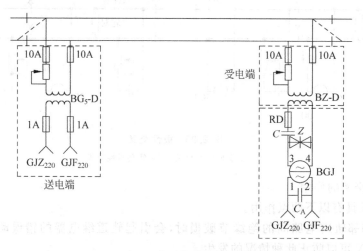

图 2.96 50 Hz 相敏轨道电路组成

(1) 送电端

送电端一般安装在室外的变压器箱内,包括 BG_5-D 型轨道变压器、R-2.2/220 型变阻器以及断路器(或熔断器),轨道电源从室内通过电缆送至送电端。

(2) 受电端

受电端包括安装在室外变压器箱内的 BZ-D 型中继变压器、R-2.2/220 型变阻器、断路器(或熔断器)、交流二元继电器、电容器、防雷元件等。其中中继变压器、变阻器及 10 A 断路器(或熔断器)安装在室外的变压器箱或电缆盒内,交流二元继电器、电容器、防雷元件安装在室内的组合架上。

(3) 钢轨引接线

送、受电端视相邻轨道电路的不同组合,有双送、一送一受、双受以及单送、单受等不同情况,除双受、单受可采用电缆盒外,其他情况必须采用变压器箱。变压器箱或电缆盒用钢轨引接线接向钢轨。

(4) 钢轨接续线

钢轨接续线用于轨道电路相邻钢轨接缝处的连接,以减小接触电阻。

(5) 钢轨绝缘

钢轨绝缘设于轨道电路分界处,以达到轨道电路中需绝缘区段的隔离作用。

(6) 回流线

在每个轨道电路的分割点,回流线连接相邻的不同侧钢轨,为牵引电流的回流提供越过钢轨绝缘节的通路,并送回至牵引变电所。

2) 50 Hz 相敏轨道电路的部件

(1) 钢轨绝缘

钢轨绝缘安装在相邻两个轨道电路衔接处,以保证相邻轨道电路在电气上的可靠隔离。除了钢轨绝缘外,轨道电路区段的轨距保持杆、道岔连接杆、道岔连接垫板、尖端杆、转辙机的安装装置以及其他有导电性能的连接两钢轨的配件,均应装设绝缘并应保持绝缘良好。否则,任一连接杆件绝缘不良,都会破坏轨道电路的正常工作。

钢轨绝缘的结构,应能保证在钢轨爬行的情况下,以及在列车运行中产生的压力、冲击力和气温变化时产生的膨胀力的作用下,不致被损坏;钢轨绝缘应采用机械强度高、绝缘性能好的材料,以保证绝缘性能和使用寿命。

制作钢轨绝缘的材料很多,主要有钢纸板、玻璃布板、尼龙塑料板等。钢轨绝缘由轨端绝缘、槽形绝缘板、绝缘套管、绝缘垫圈等组成,槽形绝缘按分段形式,可分为一段(整体)、二段、三段三种,按轨型分为 P43 kg、P50 kg 和 P60 kg 三种,其结构图和实物图如图 2.97 所示。在钢轨与夹板间垫有槽形绝缘板,夹板螺栓与夹板之间装有绝缘套管和绝缘垫圈,在两个钢轨衔接的断面间还夹有与钢轨断面相同的轨端绝缘。

(a) (b)

图 2.97 钢轨绝缘

(a) 结构图;(b) 实物图

(2)轨道电路连接线

轨道电路连接线包括引接线、钢轨接续线和道岔跳线。

① YG 型钢轨引接线(简称引接线)是连接轨道电路送/受端变压器箱或电缆盒与钢轨的导线,如图 2.98 所示,一般用涂有防腐油的多股钢丝绳(低碳素钢镀锌绞线)制成。它的一端焊在塞钉上,固定在钢轨上的塞钉孔内;另一端焊接在螺柱上,固定在变压器箱或电缆盒上。

② 钢轨接续线用于轨道电路接缝处的连接,以减小接触电阻。钢轨接续线分塞钉式和焊接式两种。JS 型塞钉式钢轨接续线由两根直径 5 mm 的镀锌钢线与两端的圆锥形塞钉焊接而成,铁线两端绕成螺旋形,如图 2.99 所示。钢轨接续线一般装在钢轨外侧,并与鱼尾板密贴,高度不得超过轨头底部。塞钉式钢轨接续线的缺点是它与钢轨间的接触电阻较大且不稳定,为了保证轨道电路稳定地工作,推出焊接式钢轨接续线。焊接式钢轨接续线采用多股镀锌钢绞线,其截面积不小于 25 mm^2,长 200 mm,接头间的距离为 110 mm,采用铝热剂法或电弧焊钎焊、冷挤压焊接、爆压速焊技术等,将其焊在钢轨两端。为保证钢轨接续线的可靠性,现场使用中多采用双塞钉式钢轨接续线或一塞一焊接续线。

图 2.98　引接线　　　　　　　　图 2.99　塞钉式钢轨接续线

电气化区段的钢轨接续线,除应保证通过一定电流外,还要尽量减小钢轨接头的接触电阻,减小牵引电流对轨道电路的干扰及牵引电能的损耗,以及保证设备和人身安全。因此,要求钢轨接续线有一定的截面积(常采用多根),且必须双套。

③ 道岔跳线

为了保证信号电流的畅通,要把道岔外部两根钢轨用跳线连接起来,使道岔区段形成两个并联的电路,共用一套电源,如图 2.100 所示。

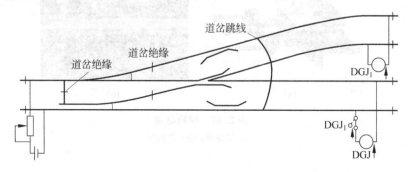

图 2.100　道岔跳线

(3) 轨道变压器

轨道变压器用于轨道电路供电,为 BG_5-D 型。其一次侧电压为 220 V,频率为 50 Hz,功率为 5 W,二次侧最大输出电压为 12 V,允许电流为 10 A。依据所连接的端子不同,可以获得各种不同的电压值。

(4) 中继变压器

中继变压器用于轨道电路受电端,为 BZ_4 型。中继变压器和前面介绍的轨道变压器的实物图如图 2.101 所示,中继变压器与轨道继电器配合使用,可使钢轨阻抗与轨道变压器相匹配。中继变压器的一次侧输入电压为 1～2 V,允许电流为 10 A,频率为 50 Hz,功率为 5 W,匝比为 1:70。

(5) 电容器

受电端有两个电容器,电容器 C_A 主要用于隔离直流,不使牵引电流进入轨道继电器轨道线圈,并且对 50 Hz 信号电流的无功分量进行补偿,起着减少轨道电路传输衰耗和相移的作用;电容器 C 起补偿作用,以提高轨道继电器局部线圈的功率因数,减少输入电流。

(6) 防雷元件

防雷元件 Z 采用对接的硒片,称为浪涌抑制器,用于防雷。

(7) 变阻器

变阻器是一个可调电阻器,如图 2.102 所示,用来调整轨道电路的电压。当轨道电路被列车、车辆的轮对分路时,能够防止输出电流过大而损坏电源。轨道电路变阻器为 R-2.2/220 型,其阻值为 2.2 Ω,功率为 220 W,容许电流为 10 A,容许温度为 105℃。

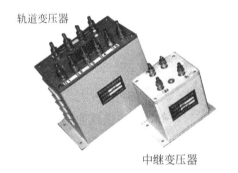

图 2.101 轨道变压器和中继变压器

图 2.102 变阻器

(8) 交流二元二位继电器

交流二元二位继电器中的二元指有两个相互独立而又相互作用的交变电磁系统,二位指继电器有吸起和落下两种状态。根据频率的不同,交流二元二位继电器分为 25 Hz 和 50 Hz 两种。50 Hz 交流二元二位继电器主要用于城市轨道交通等直流电气化牵引区段的轨道电路中,作为接收端轨道继电器使用,有 JRJC-40/265、JRJC-42/275、JRJC-45/300 三种型号。它们的结构相同,电气特性参数和接点组数不同,三者的参数见表 2.2。

JRJC-45/300 型交流二元继电器的结构如图 2.103 所示,主要组成部件有电磁系统、翼板、接点等。

电磁系统由局部电磁系统和轨道电磁系统组成,如图 2.104 所示。局部电磁系统由局部线圈和局部铁芯组成,轨道电磁系统由轨道线圈和轨道铁芯组成。在主轴上安有翼板,翼

表 2.2　三种交流二元二位继电器电气特性参数

型　号	接点组数		线圈电阻/Ω	电气特性					轨道电流滞后局部电压相位角/(°)
				额定值		工作电压最大值/V	工作电流最大值/A	释放电压最小值/V	
				电压/V	电流/A				
JRJC-40/265	局部	4组转换	265	220	0.11				162±5
	轨道		40			14	0.028	7	
JRJC-42/275	局部	2Q	275	220	0.1				160±5
	轨道	2H	42			14	0.026	7	
JRJC-45/300	局部	2Q	265	220	0.08				162±5
	轨道	2H	45			14	0.028	7	

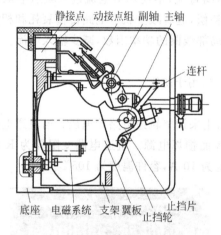

图 2.103　JRJC-45/300 型交流二元继电器结构

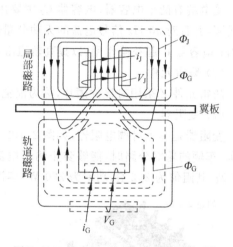

图 2.104　交流二元二位继电器电磁系统

板是将电磁系统的能量转换为机械能的关键部件,由 1.2 mm 厚的铝板冲裁而成。在副轴上安装有动接点组,副轴通过连杆受主轴推动。在主轴上还安装有一块 2.0 mm 厚由钢板制成的止挡片,与轴成一整体,为了限制翼板上下活动的极限位置,在支架上安装有上、下止挡轮。电磁系统、静接点组也安装在支架上,而支架安装在底座上。

交流二元二位继电器的工作原理包括相位选择性和频率选择性。

① 相位的选择性

由图 2.104 可见,当交流二元二位继电器电磁系统的局部线圈和轨道线圈中分别通以一定相位差的交变电流 i_J 和 i_G 时,形成了交变磁通 Φ_J 和 Φ_G,交变磁通穿过翼板时就形成了磁极 J 和 G,在翼板中分别产生感应电流,将其看作由许多环绕磁通的电流环所组成,故可称为涡流,以 i_{WJ} 和 i_{WG} 表示。

由于载流导体在磁场中所受的电磁力 F 与电流 I 和磁感应强度 B 成正比,而磁感应强度 $B=\Phi/S$(S 为面积),则电磁力 F 与电流和磁通成正比。根据左手法则,涡流 i_{WJ} 和 i_{WG} 在磁极 J 和 G 下将产生电磁力 F_1 和 F_2,即由轨道线圈的磁通 Φ_G 在翼板中产生的涡流 i_{WG} 在局部线圈磁通 Φ_J 作用下所产生的电磁力为 F_1,由局部线圈的磁通 Φ_J 在翼板中产生的涡流 i_{WJ} 在轨道线圈磁通 Φ_G 作用下所产生的电磁力为 F_2,如图 2.105 所示。

由图 2.105 可以看出,若使 F_1 和 F_2 同方向,则必须要求 Φ_J 和 Φ_G 方向相反,而涡流 i_{WJ} 和 i_{WG} 方向相同,或者涡流 i_{WJ} 和 i_{WG} 方向相反,而 Φ_J 和 Φ_G 方向相同。只要在 Φ_J 和 Φ_G 方向相差 90°的条件下,F_1 和 F_2 是同方向的,即任何瞬间翼板总是受一个方向的转动力的作用。也就是当局部电流相位超前轨道电流相位 90°时,翼板得到正方向的力而上升,接通前接点;当局部电流相位滞后轨道电流相位 90°时,翼板得到反方向的力而不能动作,接通后接点。如果局部电流相位超前轨道电流相位不是 90°,或仅对任一线圈通电,又或两线圈接入同一电源时,翼板均不能产生转矩而动作,这就是交流二元继电器的相位选择性。

② 频率的选择性

当两根钢轨上的牵引电流不平衡时,将有其他频率的电压加在轨道线圈上,其产生的转矩在一个周期内的平均值为零。因此,若干扰电流混入,与 50 Hz 的局部线圈相作用,并且有列车占用轨道电路时,翼板不产生转矩,不会使继电器错误动作。无论牵引电流

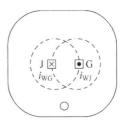

图 2.105 翼板受力图

的波形和局部电流波形处于任何交错位置,并且混入的连续牵引电流有多大,都不会使继电器误动,只有当轨道线圈流入与局部电源相同频率的电流时,翼板上的平均转矩力才能有一固定值。这就是交流二元继电器的频率选择性。同时,由于翼板的惯性较大,致使继电器的动作跟不上转矩力变化的速率,因此继电器会保持原来的位置而不致误动。

3) 50 Hz 继电式相敏轨道电路的工作原理

50 Hz 继电式相敏轨道电路的电源屏由室内分别供出 50 Hz 轨道电源和局部电源。轨道电源 GJZ_{220}、GJF_{220} 由室内提供,供向室外,经由送电端的轨道变压器降压后送至钢轨,由钢轨来的电压再经受电端的中继变压器升压后送回室内的二元二位轨道继电器 RGJ 的轨道线圈 3-4 端子。局部电源 GJZ_{220}、GJF_{220} 由室内提供,送到室内轨道继电器 RGJ 的局部线圈 2-1 端子。

当轨道线圈和局部线圈电源满足规定的相位和频率要求时,二元二位继电器 RGJ 吸起,轨道电路处于调整状态,表示轨道电路空闲。当列车占用时,二元二位继电器 RGJ 落下,轨道电路处于分路状态。若相位和频率不符合要求时,RGJ 也落下。(当 Φ_J 超前 Φ_G 90°时,在翼板上得到正方向转矩,接通前接点;而当 Φ_J 滞后 Φ_G 90°时,则在翼板上得到反方向转矩,使后接点闭合。)

由于 50 Hz 相敏轨道电路采用了二元二位继电器,该继电器具有可靠的频率选择性和相位选择性,因此该轨道电路工作稳定,抗干扰性能较高,能够满足故障-安全要求。

2. 50 Hz 微电子相敏轨道电路

50 Hz 继电式相敏轨道电路虽然得到了广泛应用,但由于其接收设备为交流二元继电器,因此也存在如下问题。

① 继电器返还系数较低,约为 50%,对提高轨道电路传输性能不利;

② 由于其机械结构的原因,在现场使用过程中,曾发生多起接点卡阻现象,当列车进入该轨道电路区段时,轨道继电器不能可靠落下,曾造成多起重大行车事故;

③ 50 Hz 继电式相敏轨道继电器抗干扰能力差。当电力机车升弓、降弓、加速或减速时,在轨道电路中产生较大的脉冲干扰,可能造成继电器错误吸起或落下,直接危及行车安全。

50 Hz 微电子相敏轨道电路接收器取代了原 50 Hz 继电式相敏轨道电路中 JRJC 型二元二位相敏继电器,解决了原继电器接点卡阻、抗电气化干扰能力不强、返还系统低等问题,与原继电器的接收阻抗、接收灵敏度相同,可以确保城市轨道交通信号系统安全可靠地运行。

1) 50 Hz 微电子相敏轨道电路的结构

城市轨道交通中 50 Hz 微电子相敏轨道电路常以 WXJ50 接收器作为接收设备,WXJ50 接收器以微处理器为基础,采用数字处理技术对轨道电路中的信息进行分析,除去干扰信息,检测出有用信息,完成 50 Hz 相敏轨道电路的接收功能。因此下面主要介绍 WXJ50 型微电子相敏轨道电路。WXJ50 型微电子相敏轨道电路结构图如图 2.106 所示。

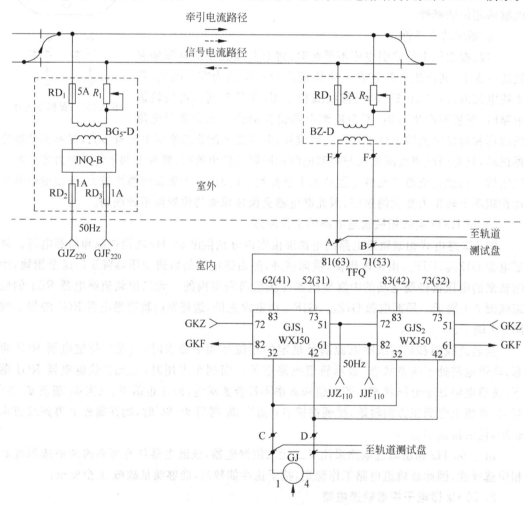

图 2.106 50 Hz 微电子相敏轨道电路

WXJ50 型微电子相敏轨道电路包括室内设备和室外设备,室内设备包括 WXJ50 型微电子相敏接收器 GJS_1 和 GJS_2、防雷补偿器 TFQ(也称调相防雷变压器)。室外设备包括送电端电源变压器 BG_5-D、节能器 JNQ-B、受电端中继变压器 BZ-D、送电端防护电阻 R_1(同时又是限流电阻)、受电端防护电阻 R_2、熔断器 RD。

2) WXJ50 型微电子相敏轨道电路的原理

WXJ50 型微电子相敏轨道电路的原理为:电源屏的电源直接取自 50 Hz 工频电源,电源屏内部设置变频机及定相电路,确保提供的局部电源电压相位超前轨道电源电压相位90°。送电端的轨道电源 GJZ_{220}、GJF_{220} 经节能器 JNQ-B 和电源变压器(轨道变压器)BG_5-D 降压后送至钢轨。受电端经中继变压器 BZ-D 升压后送至室内的防雷补偿器 TFQ,再送至 WXJ50 型微电子相敏接收器 GJS_1 和 GJS_2。两台接收器双机并用,只要有一台接收器有输出,轨道继电器 GJ 即吸起,以提高轨道电路的可靠性。当 WXJ50 型微电子相敏接收器接收到 50 Hz 轨道信号,且局部电源电压超前轨道电源电压一定范围的角度时,WXJ50 型微电子接收器使轨道继电器 GJ 吸起。当局部电源电压超前轨道电源电压正好 90°时,WXJ50 型微电子接收器处于最佳接收状态。当收到的信号不能完全满足以上条件时,轨道继电器 GJ 落下。

3) WXJ50 型微电子相敏轨道电路的技术特点

WXJ50 型微电子相敏轨道电路的技术特点如下。

(1) WXJ50 型微电子相敏轨道接收器的返还系数大于 85%。

(2) WXJ50 型微电子相敏接收器轨道输入信号与局部电源相位角为 0°或 −90°。

(3) WXJ50 型微电子相敏轨道电路接收器的应变时间小于 0.5 s。

(4) WXJ50 型微电子相敏接收器采用软、硬件多重防护措施,保证满足故障-安全要求。

(5) WXJ50 型微电子相敏接收器具有良好的防雷电冲击能力。

(6) 电源采用直流 (24 ± 3.6)V。

(7) 当环境温度为 −25~60℃时,微电子设备能可靠工作。

4) WXJ50 型微电子相敏轨道电路接收器的技术条件

WXJ50 型微电子相敏轨道电路接收器的技术条件如下。

(1) WXJ50 型微电子相敏轨道电路接收器安装在安全型继电器罩内,采用继电器插座。

(2) WXJ50 型微电子相敏轨道电路接收器工作电源为直流 (24 ± 3.6)V,交流分量不大于 1 V,可由电源屏供给,也可另加独立整流电源供给。每套接收器耗电小于 100 mA(包括驱动 JWXC-1700 型轨道继电器的电流)。

(3) WXJ50 型微电子相敏轨道电路接收器局部电源为 110 V/50 Hz,由电源屏或另加独立电源供给。每套接收器局部输入阻抗为 30 kΩ,输入电流约为 3.7 mA。

(4) WXJ50 型微电子相敏轨道电路接收器的最后执行继电器为 JWXC-1700 安全型继电器。

(5) 轨道接收阻抗:$Z=(500\pm20)\Omega$,$\theta=160°\pm8°$。

(6) 轨道接收信号与局部电源为理想相位 0°时,工作值为 (12.5 ± 1)V,返还系数大于 85%。

(7) 具有可靠的绝缘破损防护性能。

(8) 轨道输入采用调相防雷变压器(TFQ),具有较强的雷电防护能力。

(9) 调相防雷变压器也安装在安全型继电器罩内,每个继电器罩安装两套设备,供两段轨道电路使用。

2.5.3 音频无绝缘轨道电路

音频轨道电路在保留工频轨道电路可以检测列车占用的基本功能之外,还实现了车-地之间连续传递信号的功能,可以可靠地传递 ATP/ATO 信息,因此在我国的城市轨道交通正线上得到了广泛的应用。音频轨道电路皆为无绝缘轨道电路，用电气隔离的方式形成电气绝缘节，取代机械绝缘节，进行两相邻轨道电路的隔离和划分。

1. 音频无绝缘轨道电路的基本工作原理

音频无绝缘数字轨道电路的结构如图 2.107 所示，它由多个分段组成，每个分段都有各自的发送器和接收器两个部分，二者通过各自的调谐单元与轨道相连接。调谐单元具有阻抗匹配作用，它和短路棒与轨道电路终端短钢轨的等效电感对本区段使用的信号载频构成并联谐振，通过谐振使得相邻轨道区段形成电气绝缘。由于相邻区段采用不同的载频，同时短路棒对本区段的信号呈低感抗，因此减少了对相邻区段的干扰。轨道电路结构分为轨旁设备和信号室内设备两部分。轨旁设备由 S 形电缆（S 棒）和耦合单元组成；信号室内设备主要由发送、接收部分和电源等设备组成。发送部分由发送器、调制器、放大器和滤波器组成；接收部分由接收器 1、接收器 2 和解调器组成。

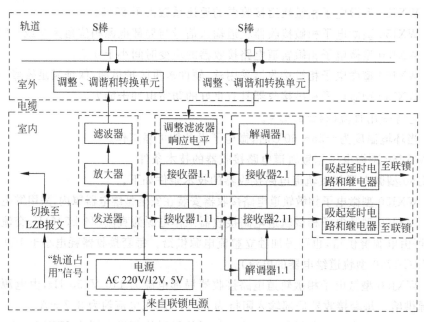

图 2.107 音频无绝缘数字轨道电路的结构

发送端经过对晶振频率的多级分频达到需求值，经过滤波、放大，用电缆传送到轨旁的连接盒，再利用轨旁连接盒调整谐振频率和选择输出幅值，再发送到轨道，通过轨道将信号传送到接收端，在接收端的轨旁连接盒内调整谐振频率及选择输出电压，然后由电缆传送到室内。信号输入到接收器，经过解调、整形、放大等步骤，驱动轨道继电器吸起，并将信息传送给联锁计算机及 ATP 电路。频率不正确或解调不正确等其他原因都会导致轨道继电器不能吸起，导致轨道处于"占用"状态。轨道电路的空闲检测过程可分为以下三个步骤。

（1）幅值计算。接收器对幅值进行计算，接收器计算出接收到了足够高的轨道电压幅值。

（2）调制检测。检验频率是否正确。为了提高对牵引回流谐波的抗干扰能力，要求相邻轨道电路区段的工作频率相差 2 kHz 以上。

（3）编码检验。通过调制解调器鉴别接收的编码调制是否正确。采用不同的编码模式，频率偏移为 ±64 Hz，发送和调制频率以 15 ms 为一格，并带有位模式。通过调制轨道电路的频率,保证发送器和接收器之间的对应关系,同时提高了抗干扰能力。

经过以上三步检测,符合要求时,接收器发送"轨道空闲"信号,此时轨道继电器吸起。当车辆进入轨道区段时,由于车辆轮对起分路作用,对该区段短路,使接收端的接收电压减小,轨道继电器落下,接收器发送"轨道占用"信号。

通过轨旁传输电缆、钢轨和列车感应式接收线圈,向车载 ATC 系统传输数字式 ATP 控制数据,包括速度命令、轨道电路 ID、下一轨道电路区段的频率、门控命令、特别运行数据及循环冗余校验(cyclic redundancy check, CRC)码等信息。为了抵抗钢轨牵引回流中谐波电流的干扰,采用移频键控方式(frequency-shift keying, FSK),频差 Δf 为 150 Hz。采用连续式发送方式,传输速率为 200 b/s,这样可以保证车载 ATP 至少 3 s 接收一个新的 ATP 数据块,列车连续接收上述数据,使其在 ATP 控制曲线下安全、持续运行。

2. 短路连接音频轨道电路

早期的音频无绝缘轨道电路采用短路连接式,图 2.108 所示为短路连接音频轨道电路的原理图。在发送端和接收端,由电容器 C 和两段钢轨(4.2 m×2)组成并联谐振电路,使该轨道区段中只有固定频率的信号被接收。该轨道区段两侧的短路钢条的第一个作用是确保相邻轨道区段的音频信号互不干扰(另一项确保相邻轨道区段互不干扰的措施是使之具有不同的信号频率);第二个作用是保证两条钢轨共同平衡地作为牵引电流的回线。

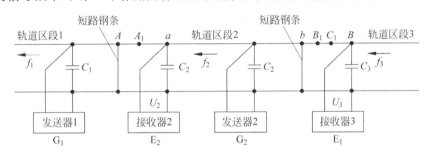

图 2.108 短路连接音频轨道电路原理

在短路连接音频轨道电路中存在一段"盲区",如图 2.109 中的阴影所示,当有车轴停留在盲区内时,区段 2 及区段 3 的接收电压 U_2 和 U_3 均高于额定电压,因此,同时向控制中心发出错误的"空闲"通报,而这将导致极大的行车危险。从理论上讲升高音频信号的频率将缩短盲区的长度,但是,随着信号频率的升高,必须相应提高信号发生器的功率,以补偿钢轨上的损耗。在信号频率为 10 kHz 左右时,盲区的长度为 3 m 左右,具有一定的危险性。

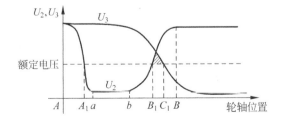

图 2.109 短路连接音频轨道电路盲区

3. S 形连接式音频轨道电路

20 世纪 70 年代中期,国外一些公司研制成功了能克服上述弊端的 S 形连接音频轨道电路,其原理图如图 2.110 所示。该电路与短路连接不同,是把短路钢条连成 S 形方式,发送器的一个输出端和接收器的一个输入端接在 S 形导线的中间。电容器 C_1 与钢轨 L_1 及 S 形电缆的一半组成谐振于轨道区段 1 音频频率 f_1 的并联谐振电路;电容器 C_2 与钢轨 L_2 及 S 形电缆的另一半组成谐振于轨道区段 2 音频频率 f_2 的并联谐振电路。两个并联谐振回路分别对 f_1、f_2 信号呈现高阻抗,以使信号能够发送、接收。C_3 与 L_3 组成谐振于轨道区段 3 音频频率 f_3 的并联谐振电路。

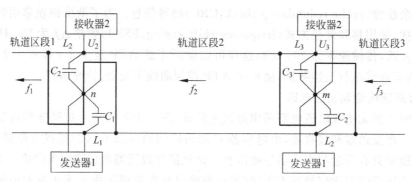

图 2.110 S 形连接音频轨道电路

S 形电缆将信号 f_1 与 f_2 阻隔,使它们不能向相邻区段传输。这样,就实现了 f_1 区段(轨道区段 1)与 f_2 区段(轨道区段 2)的相互隔离。列车驶入及离开轨道区段 2 时,接收器 2、3 的端电压 U_2、U_3 的变化情况如图 2.111 所示。由图可见,相邻轨道电路区段在电气绝缘节区域存在重叠区,因此在整个轨道电路传输区域不存在"死区"。

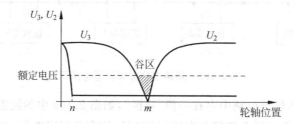

图 2.111 S 形连接音频轨道电路的端电压变化

4. FTGS 型音频无绝缘轨道电路

FTGS 型音频无绝缘轨道电路是西门子公司研制的遥供无绝缘音频轨道电路,主要应用于广州地铁 1 号线、2 号线以及深圳地铁、南京地铁。FTGS 型是用电气绝缘节来划分区段的,为了防止相邻区段之间串频,使用了不同中心频率和不同位模式进行区分,对于同一轨道区段来说,只有收到与本区段相同的频率和位模式的信息才被响应。

【知识窗:中心频率和位模式】

FTGS 型轨道电路中,使用不同的频率作为相邻区段的中心频率,如 FTGS-917 型轨道电路共使用 8 种频率(9.5 kHz、10.5 kHz、11.5 kHz、12.5 kHz、13.5 kHz、14.5 kHz、15.5 kHz、16.5 kHz)作为中心频率。

位模式是用 $X.Y$ 表示,它是把一小段时间分为八等份,在一个周期内,先是 X 份时间的高电平,然后是 Y 份时间的低电平,并且要求 X 与 Y 的和不大于 8,FTGS 型轨道电路的相邻区段使用不同的位模式,如 FTGS-917 型轨道电路采用 15 种不同的位模式(2.2、2.3、2.4、2.5、2.6；3.2、3.3、3.4、3.5；4.2、4.3、4.4；5.2、5.3；6.2)。

1) FTGS 型轨道电路的组成概述

FTGS 型轨道电路包括室内设备和室外设备两部分,中间通过电缆连接,如图 2.112 所示,室内到室外的最大传输距离为 6.5 km。室内设备由发送器和接收器组成,室外设备由连接到钢轨的电气绝缘节和轨旁连接盒(简称轨旁盒)组成。

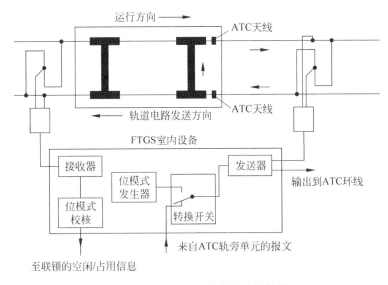

图 2.112 FTGS 型轨道电路结构图

(1) 室内设备

发送器由发送、放大、滤波等电路组成,接收器由接收、解调、轨道继电器等电路组成。发送器和接收器组成一个轨道电路组合,每一个组合有 2 个专门电源分别提供 12 V 和 5 V 电压,轨道电路组合和轨道继电器组件设计成即插即用单元,安装在联锁站机械室的轨道组合架上。组合架分为 13 层,其中 A 层为电源层及熔断器层；B 层为电缆补偿电阻设置层；C 层为信息输入、输出及方向转换层；D~N 层为轨道电路标准层,每层即为一个轨道电路组合,一个轨道电路只需一个组合。每个组合架可安装 10 套轨道电路。

FTGS 型轨道电路有一送一受型(标准型)、一送二受型(用于道岔区段)、中间馈电型(用于长轨道区段,一般是站台)三种结构,它们的轨道电路组合框架分别如图 2.113(a)、图 2.113(b)、图 2.113(c)所示。

标准型组合框架由 7 块电路板组成,自左而右分别为放大滤波板、发送器板、接收器 1 板、解调板、接收器 2 板、继电器板、报文转接板。道岔型组合框架比标准型组合框架多了一块接收器 1 板和一块解调板,这是因为道岔型多了一个接收端的原因。中间馈电型组合框架比道岔型多了一块中间馈电转换板,用来实现发送端的切换。

(2) 室外设备

电气绝缘节指的是由短路线(S 棒)和轨旁盒内的调谐单元组成的谐振回路,它是利用电磁谐振原理来实现绝缘的。电气绝缘节是划分 FTGS 轨道区段,实现相邻轨道电路中信

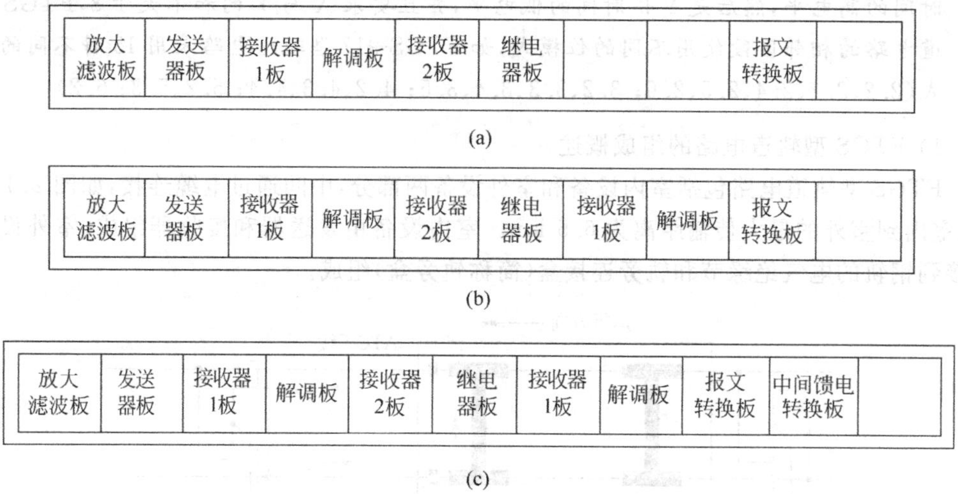

放大滤波板
发送器板
接收器1板
解调板
接收器2板
继电器板
报文转换板
(a)
放大滤波板
发送器板
接收器1板
解调板
接收器2板
继电器板
接收器1板
解调板
报文转换板
(b)
放大滤波板
发送器板
接收器1板
解调板
接收器2板
继电器板
接收器1板
解调板
报文转换板
中间馈电转换板
(c)

图 2.113 FTGS 型轨道电路组合框架

(a) 标准型组合框架；(b) 道岔型组合框架；(c) 中间馈电型组合框架

息隔离的重要设备。它区别于一般的机械绝缘节，不需要安装在轨缝中，因此可以用于无缝钢轨。FTGS 型轨道电路除道岔必须采用机械绝缘节外，其他轨道电路都采用电气绝缘节分割。

轨旁盒是用以连接电气绝缘节与室内设备的中间设备。每个轨旁盒内一般可分为两部分，对称布置。一部分作为一个区段的发送端时，另一部分则作为相邻区段的接收端。每部分由一个调谐单元和一个转换单元组成，调谐单元接电气绝缘节，转换单元接室内设备。每个轨旁盒用一根电缆与室内设备连接，有 4 根电缆与电气绝缘节相连，另有一根地线。

轨旁盒有两种结构，一种是 S 棒结构，另一种是双轨条牵引回流区段的终端棒结构，分别如图 2.114(a)和图 2.114(b)所示。

调谐单元
调谐单元
转换单元
转换单元
轨旁盒
到室内
(a)
非调谐单元
非调谐单元
转换单元
转换单元
轨旁盒
到室内
(b)

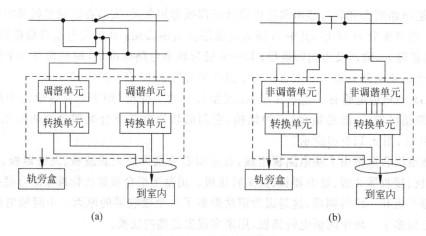

图 2.114 轨旁盒结构图

(a) S 棒结构轨旁盒；(b) 终端棒结构轨旁盒

S 棒和终端棒实物图分别如图 2.115(a) 和图 2.115(b) 所示。

(a)　　　　　　　　　　　　　　　　(b)

图 2.115　S 棒和终端棒实物图

(a) S 棒实物图；(b) 终端棒实物图

2) FTGS 标准型轨道电路组合框架的结构和功能

FTGS-917 型轨道电路是 FTGS 型轨道电路中应用广泛的一种，在我国广州地铁 2 号线、8 号线，南京地铁 1 号线及深圳地铁 1 号线、4 号线都有应用。此处对 FTGS-917 型轨道电路的标准型轨道电路组合框架具体介绍，其结构图和实物图分别如图 2.116 和图 2.117 所示。组合框架由 B40 放大滤波板、B30 发送板、B33 接收 1 板、B35 解调板、B39 或 B34 接收 2 板、B36 继电器板、B44 报文转换板组成。

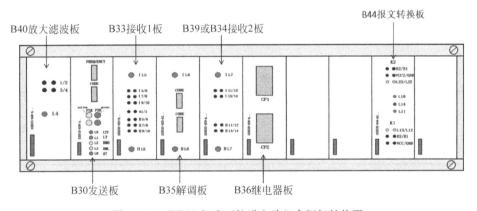

图 2.116　FTGS 标准型轨道电路组合框架结构图

(1) B40 放大滤波板

B40 放大滤波板的结构图如图 2.118 所示。B40 放大滤波板的输入是由发送板送来的 FSK 信息，输出是经调制的 FSK 信息，具体功能如下。

① 对发送板发来的调制音频电压进行放大。

② 滤除发送信号中的高次谐波，仅将本区段频率的信号馈入发送电缆中。

B40 放大滤波板上测量插孔的意义见表 2.3。

B40 放大滤波板上表示灯的意义见表 2.4。

 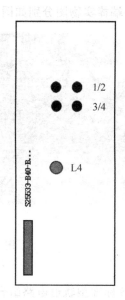

图 2.117　FTGS 标准型轨道电路组合框架实物图　　图 2.118　B40 放大滤波板的结构图

表 2.3　B40 放大滤波板上测量插孔的意义

测量插孔	测量值	备注
1/2	9～12 V	
3/4	50～60 V	输出到轨道(在平衡电阻前的电压)

表 2.4　B40 放大滤波板上表示灯的意义

板上各表示灯的意义	显示	正常状态	
		占用	空闲
L4：放大滤波板工作有电压输出	绿	亮	亮

(2) B30 发送板

B30 发送板的结构图如图 2.119 所示。B30 发送板的输入包括轨道占用时由报文转换板输入的触发信号、轨道占用时由报文转换板输入的报文,输出包括送入放大滤波板的 FSK 信息、送至接收 2 板的驱动脉冲、送入报文转换板的时钟脉冲,具体功能如下。

① 产生各种频率的音频电压。

② 位模式调制和 ATP 报文调制的切换。

③ 向接收 2 板提供 16.33 kHz 的驱动脉冲。

B30 发送板上表示灯的意义见表 2.5。

(3) B33 接收 1 板

B33 接收 1 板把从室外接收到的信号分为两个通道,并分别进行检测,其结构图如图 2.120 所示。具体功能如下。

第2章 信号基础设备

表 2.5 B30 发送板上表示灯的意义

板上各表示灯的意义		显 示	正 常 状 态	
			占 用	空 闲
FSK	GFM：轨道空闲检测信号是使用 FSK 调制方式	黄	亮	亮
	LZB：报文信号是使用 FSK 调制方式	黄	亮	亮
PSK	GFM：轨道空闲检测信号是使用 PSK 调制方式	绿	灭	灭
	LZB：报文信号是使用 PSK 调制方式	绿	灭	灭
	L9：一送两受芯线混线显示	绿	亮	亮
	L1：发送器有输出	绿	亮	亮
	L2：位模式正常（仅当需发位模式时检测）	黄	亮	亮
	L3：ATP 报文正常（仅当需发报文时检测）	黄	亮	亮
	L8：电码转换显示	绿	亮	亮

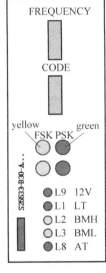

图 2.119 B30 发送板的结构图

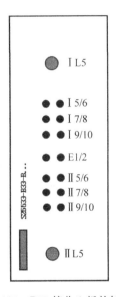

图 2.120 B33 接收 1 板的结构图

① 检测接收回来的电压的中心频率及电压幅值。
② 对接收回来的电压进行放大。
③ 轨道空闲时向解调板提供脉冲电压。
④ 轨道空闲时向接收 2 板提供 14.8 V 的控制电压。
⑤ 轨道占用时向报文转换板提供"占用"信息。

B33 接收 1 板上测量插孔的意义见表 2.6。

表 2.6 B33 接收 1 板上测量插孔的意义

测量插孔	测 量 值	备 注
Ⅰ5/Ⅱ8 Ⅱ5/Ⅱ8	≥6.5 V	轨道电路空闲状态
	约 4.5 V	继电器处于临界状态（反复吸起和落下）
	≤4 V	轨道电路占用状态

续表

测量插孔	测量值	备注
Ⅰ6/Ⅱ8 Ⅱ6/Ⅱ8	12～15 V	接收1输出
Ⅰ7/Ⅱ8	1.3～2 V	解调器输入
Ⅰ8/Ⅱ8	12 V	12 V供电单元,电源电压。其中Ⅰ8接12 V,Ⅱ8接0 V
Ⅰ10/Ⅱ8 Ⅱ10/Ⅱ8	5.6 V	
E1/E2	0.3～2 V	接收1输入(空闲状态)

B33接收1板上表示灯的意义见表2.7。

表2.7 B33接收1板上表示灯的意义

板上各表示灯的意义	显示	正常状态	
		占用	空闲
Ⅰ L5:接收器1的Ⅰ路正常工作	绿	灭	亮
Ⅱ L5:接收器1的Ⅱ路正常工作	绿	灭	亮

(4) B35解调板

B35解调板把从接收1板接收到的信号也分为两个通道,并分别进行检测,其结构图如图2.121所示。具体功能如下。

① 检测接收回来的音频电压所携带的位模式。

② 当位模式检测正确时向接收2板提供控制低电平。

B35解调板上表示灯的意义见表2.8。

表2.8 B35解调板上表示灯的意义

板上各表示灯的意义	显示	正常状态	
		占用	空闲
Ⅰ L6:解调器的Ⅰ路正常工作	绿	灭	亮
Ⅱ L6:接收器的Ⅱ路正常工作	绿	灭	亮

(5) B39(B34)接收2板

B39(B34)接收2板的结构图如图2.122所示。B39(B34)接收2板的输入来自接收1板和解调板,输出送至继电器板,具体功能如下。

① 将接收1板的输出信号和解调板送出的TTL电平进行动态AND运算。

② 如果接收1板输出14.8 V高电位且解调板输出低电位,则发送板输出的16.33 kHz驱动脉冲可以通过板上的安全触发电路,形成16 V电压提供给继电器板。

B39(B34)接收2板上测量插孔的意义见表2.9。

B39(B34)接收2板上表示灯的意义见表2.10。

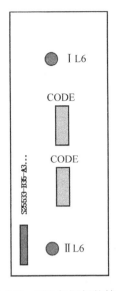

图 2.121　B35 解调板的结构图

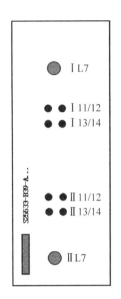

图 2.122　B39(B34)接收 2 板的结构图

表 2.9　B39(B34)接收 2 板上测量插孔的意义

测量插孔	测量值/V	备　注
Ⅰ11/Ⅰ12 Ⅱ11/Ⅱ12	16.5±1	继电器电压
Ⅰ13/Ⅰ14 Ⅱ13/Ⅱ14	4～5	级联

表 2.10　B39(B34)接收 2 板上表示灯的意义

板上各表示灯的意义	显　示	正常状态	
		占　用	空　闲
ⅠL7：接收器 2 的Ⅰ路正常工作	绿	灭	亮
ⅡL7：接收器 2 的Ⅱ路正常工作	绿	灭	亮

(6) B36 继电器板

B36 继电器板有两个一样的继电器通道，联锁定时检查开关状态，两组继电器的开关状态必须一致，其结构图如图 2.123 所示。B36 继电器板的输入是接收 2 板输出的直流 16 V 电压，输出是发送到联锁和 LZB 的"轨道占用"或"空闲"信号，具体功能如下。

① 两个继电器双通道工作。

② 根据接收 2 板提供的控制电压，使继电器吸起或落下，从而判断轨道区段的占用和空闲状态。

B36 继电器板上表示灯的意义见表 2.11。

表 2.11　B36 继电器板上表示灯的意义

板上各表示灯的意义	显　示	正常状态	
		占　用	空　闲
CF1/CF2 吸起表示空闲；落下表示占用	—	落下	吸起

（7）B44 报文转换板

B44 报文转换板的结构图如图 2.124 所示。列车占用轨道区段时,发送 ATP 报文,并使发送方向迎着列车方向;在有列车占用轨道区段时,FTGS 的位模式无效,同时,ATP 报文被激活;发送板执行一个报文转换信号进行开关切换,再通过一个光耦合器,ATP 报文就从报文转换板传送到发送板。B44 报文转换板的功能是在 FTGS 的位模式和 ATP 报文之间转换。

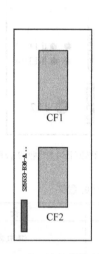

图 2.123 B36 继电器板的结构图

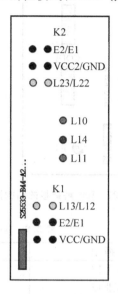

图 2.124 B44 报文转换板的结构图

B44 报文转换板上测量插孔的意义见表 2.12。

表 2.12 **B44 报文转换板上测量插孔的意义**

测量插孔	测量值/V	备注
E1/GND	≥2.4 ≤0.7	接收 1.1 输出(分别切换电源通道 1、2 的空闲、占用)
E2/GND	≥2.4 ≤0.7	接收 1.2 输出(分别切换电源通道 1、2 的空闲、占用)
VCC/GND	5±0.5	"-B44-"5 V 供电
VCC/GND	5±0.5	"-B44-"5 V 供电(稳压)

B44 报文转换板上表示灯的意义见表 2.13。

表 2.13 **B44 报文转换板上表示灯的意义**

板上各表示灯的意义	显示	正常状态	
		占用	空闲
L14：允许进行电码切换显示	黄	灭	灭
L12：通道 1 报文延时关	黄	灭	灭
L13：通道 1 报文延时开	黄	灭	灭
L22：通道 2 报文延时关	黄	灭	灭
L23：通道 2 报文延时开	黄	灭	灭

3) FTGS 轨道电路的工作原理

为提高对牵引回流的谐波干扰,FTGS 采用 FSK 方式。

当区段空闲时,由室内发送设备传来 FSK 信号。FSK 信号是由位模式脉冲把具有一定中心频率的载波信号进行频率调制,上偏频为中心频率＋64 Hz,下偏频为中心频率－64 Hz。通过轨旁单元在轨道电路始端馈入轨道,并由轨道电路终端接收传至室内接收设备,经过信号鉴别判断(幅值计算、调制检验、编码检验),当接收器计算出接收的轨道电压的幅值足够高,并且解调器鉴别到发送的编码调制正确时,接收器产生一个"轨道空闲"状态信息,这时轨道继电器吸起表示"轨道空闲"。

FTGS 检测轨道空闲的顺序如下。

(1) 幅值计算,检测接收回来的电压;

(2) 调制检验,检测接收回来的电压的中心频率是否正确;

(3) 编码检验,检测接收回来的电压所带的模式是否正确。

当列车占用时,由于列车车轮分路,降低了终端接收电压,以致接收器不再响应,轨道继电器达不到相应的响应值而落下,发出一个"轨道占用"状态信息。当轨道区段被占用时,发送器将 ATP 报文送入轨道,供车上接收。

为了确保 ATP 报文的发送和接收,FTGS 必须能够根据列车的运行方向进行送端和受端的转换,即发送方向的切换。定义了三个发送方向:G 方向(正常)、A 方向(与 G 方向相反)、B 方向(一送两受区段,反方向侧向运行)。报文式数字编码从 ATP 轨旁设备向 ATP 车载设备传输,传输速率为 200 Bd(波特)。电码有效长度136 位,包括车站停车点、下一个轨道电路的制动曲线、运行方向、开门、入口速度、允许速度、紧急停车、限速区段速度、目标速度、目标距离、当前轨道电路识别、下一个轨道电路识别、轨道电路长度、下一个轨道电路的坡度、下一个轨道电路的频率等信息。

4) FTGS 型轨道电路的特点

(1) 可用于无岔区段和道岔区段,并针对轨道电路的不同位置,分别采用不同类型的电气绝缘节。

(2) 可以根据列车运行方向,自动转换轨道电路的发送端和接收端。

(3) 列车占用某区段时,其发送设备转发用于控制列车运行的报文。

(4) 有电缆混线监督功能。

(5) 安全、可靠性较高,在接收设备中采用了双通道结构,以避免系统因潜在的元件故障而导致瘫痪。

(6) 它能与精确停车设备、车地通信设备在同一个轨道区段内使用。

(7) 对使用环境要求较高,例如,要求轨道光洁,一般需经打磨后才能正常使用。

(8) 投资较高。

5. 其他几种音频无绝缘轨道电路简介

1) DTC921 型轨道电路

上海轨道交通 3 号线采用法国阿尔斯通的 DTC921 轨道电路为数字无绝缘轨道电路,它以频率划分各段轨道电路,其工作频率范围为 9.5～20.7 kHz。调制方式为 MSK(最小频移键控),频偏±100 Hz,调制速率 400 b/s,具有调制效率高、传输信息量大等特点。轨道电路分路灵敏度 0.5 Ω,轨道电路长度 20～400 m。ATP 信息采用与轨道电路同样的频率,调制方式为 MSK,调制速率 500 b/s。

DTC921 型轨道电路由室内处理单元、室外调谐单元、S 棒、连接电缆以及钢轨构成,如图 2.125 所示。

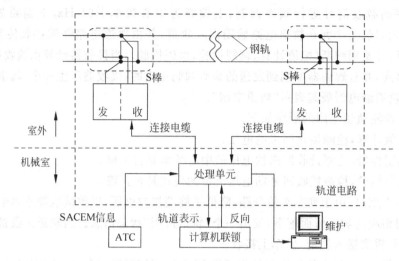

图 2.125　DTC921 型轨道电路框图

处理单元设于车站信号机械室内,用于发送、接收及处理信号;两个调谐单元谐振于本段轨道电路工作频率;S 棒和调谐单元共同把发送信号耦合到钢轨上。处理单元具有与ATC、VPI(计算机联锁)设备的接口,ATC 设备提供轨道电路发送给列车的 SA-CEM 报文信息(机车信号),另外还提供维护用的接口。

2) AF-904 型轨道电路

AF-904 型数字(音频)轨道电路是美国 US&S 公司 ATC 系统的基础设备之一。AF-904 是联锁逻辑处理单元和车载设备之间的通信接口,实现了正线区段轨道占用检测以及地对车的 ATP 数字信号传输双重功能,智能化程度高。AF-904 型轨道电路在上海地铁 2号线和天津滨海线运用。AF-904 的分路灵敏度,在轨道电路的发射端、接收端和中间点为 0.25 Ω。

(1) AF-904 型轨道电路的设备构成

AF-904 系统的主要设备包括控制机箱、轨道耦合单元和轨道连接器(S 棒),按地点可分为轨旁设备和信号室内设备两部分。

① 轨旁设备

轨旁设备由轨道耦合单元、500MCM 连接器(S 形电缆)和环线三部分组成,在轨道之间或沿轨旁安装,采用的是互耦方式。

② 信号室内设备

控制机箱以微处理器为基础,测量轨道信号的幅度以检测列车的存在,发送和接收ATP 信息的移频信号,以及进行内部或本地系统的连续诊断等。控制机箱装在 TM 柜内,每个 TM 柜最多可安装 3 个机笼,每个机笼可配置 4 段非冗余轨道电路。由于每段轨道电路的应用程序存在一个独立的位于机笼母板上的 EPROM 中,所以在定期更换控制板时无须重新设置。任何一段轨道电路的单盘都相同,使得轨道电路的故障诊断和维护更便捷。

每段轨道电路由两套设备构成"热备用",备用设备处于"热备用"状态,不需经过启动程序即可转至在线状态。

(2) AF-904系统的工作原理

AF-904系统不间断地向轨道发送数字编码信息,并监视其接收器感应到的信号,作为对列车占用的检测。

AF-904系统与联锁系统之间通过RS-485接口进行通信。AF-904系统接收来自联锁系统的串行信息(目标速度、目标距离等),再加上本轨道区段信息(轨道电路ID号、线路速度等),形成复合信息;然后将复合信息用NPZI格式编码形成报文帧,结合机笼后面的方向继电器以FSK调制方式把报文送至相应的耦合电路,经单匝环线与"S"棒耦合;再由车载ATP接收、解码并校验信息的正确性,验证完毕执行ATP功能,完成数字车载信号的传输功能。

3) AF-902型轨道电路

AF-902型数字编码无绝缘轨道电路简称AF-902,采用FSK调制解调方式,双套冗余配置,可以满足故障切换的需要。它提供列车检测和向车载设备传送数字编码机车信号数据的功能,这些数据可用于完成列车自动防护(ATP)。

AF-902由室内处理设备和轨旁设备构成,如图2.126所示。室内处理设备包括主设备和备份设备,每个设备均包括主处理板、辅助处理板和电源板;轨旁设备由轨道耦合单元、导接线等构成。室内处理设备、联锁系统MICROLOK Ⅱ单元均采用主备冗余结构,以满足故障切换的需要。

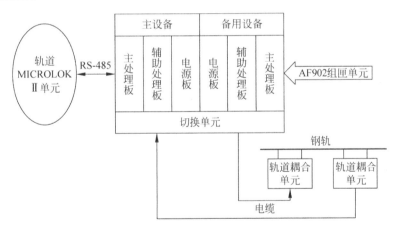

图2.126 AF-902结构图

AF-902从联锁系统获得数据并进行编码,然后将编码数据帧发送到钢轨上,车载ATP通过感应器接收并解码该数据帧,完成列车控制功能。该数据帧中包含线路限速、目标速度、区段长度、坡度、运行方向、门控信号、下一区段载频、编组/解编组等信息。

AF-902轨道电路的载频为9.5 kHz、10.5 kHz、11.5 kHz、12.5 kHz、13.5 kHz、14.5 kHz、15.5 kHz、16.5 kHz,频率偏移为±200 Hz;调制方式采用BFSK(二进制频移键控);速率为200 b/s。机车信号数据传送的信息帧为71 b,其中帧头8 b,数据37 b,填充0～10 b,CRC校验16 b。

2.5.4 国产化试验型数字轨道电路

数字轨道电路(digital track circuit,DTC)的主要功能是:传输的信号应使区间和站内轨道电路满足调整、分路、断轨检查及 ATP 车载设备接收四种状态的要求;发送信号的载频、调制信息内容受控于 ATP 联锁控制设备;把轨道电路占用或空闲状态信息实时传送给 ATP 联锁控制设备;把轨道电路受端信号电压、设备故障状态等维护信息实时传送给 ATP 联锁控制设备。

在数字化轨道电路中,对轨道电路的要求是:轨道电路间无机械绝缘节,采用谐振式电气绝缘方式;区间轨道电路采用音频数字调制信号,载波频率为 4 种,区间上、下行各两种,按交叉原则设置;满足区间列车双方向运行的使用要求;满足交流电力牵引区段使用。

数字轨道电路在 ATP 子系统中起着信息传递的作用,数字轨道电路把区域控制中心发出的命令传递给列车,同时将列车的位置信息(以轨道电路区段为单位)返回给区域控制中心,区域控制中心以此形成后续列车的控制命令。

1. 结构及工作原理

数字轨道电路设备的结构如图 2.127 所示。通信板接收区域控制中心发出的列控命令,将数据解包后,分送给各个轨道电路发送、接收设备。发送板根据通信板送来的列控命令形成 DTC 信息,调制后送功放,经传输设备、钢轨回送至接收板,接收板对信号解调并判断轨道电路区段是否有列车占用,将此信息报告给通信板,通信板把轨道电路状态报告给区域控制中心。同时,为了使区域控制中心及时了解 DTC 设备的工作情况,各单元设备将自身的工作状态报告给通信板,然后由通信板将数据打包发送给区域控制中心。列车进入轨道区段后,通过机车装设在前部的传感器接收控制命令。

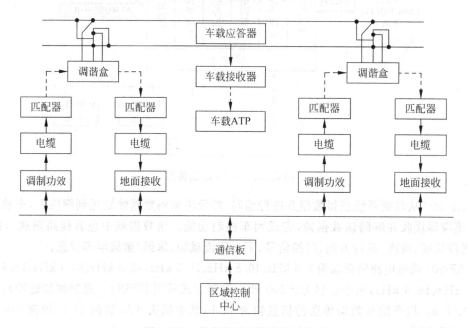

图 2.127 数字轨道电路设备结构图

数字轨道电路采用谐振式电气隔离方式,设备集中在机械室,信号由电缆传送到钢轨。轨道电路与区域控制中心的接口采用数字方式,信息编码及轨道区段列车占用或空闲检测均为无接点方式。

2．技术条件

信号载频共有 8 种：9.5 kHz、10.5 kHz、11.5 kHz、12.5 kHz、13.5 kHz、14.5 kHz、15.5 kHz、16.5 kHz。

频偏：±100 Hz。

调制方式：MSK。

传输速率：400 b/s。

信息量：最大允许 48 b。

最小机车信号电流：不小于 70 mA。

最大电缆长度：2.5 km。

最大轨道电路长度：350 m。

调谐单元阻抗：不小于 3 Ω。

最大分路电阻：0.15 Ω。

系统返还系数：0.6。

设备返还系数：不小于 0.85。

功放输出：50 V·A。

电源：DC48V。

接收设备最小工作值：200 mV。

系统正常工作值：不低于 240 mV。

系统工作时的牵引方式：直流(1500 V/750 V),交流(50 Hz)。

本章小结

本章主要介绍城市轨道交通的信号基础设备,详细介绍了信号机、转辙机、计轴器、应答器和轨道电路这五种基础设备。通过本章的学习,学生应了解几种信号基础设备的结构,掌握基础设备的作用、功能和工作原理等,从而为后面的学习打下基础。

习题

1．填空题

(1) 城市轨道交通中一般用信号机的_____色灯光指示列车经过道岔需要改变方向。

(2) 无绝缘轨道电路在分界处不设钢轨绝缘,而采用_____的方法予以隔离。

(3) 通常把道岔经常所处的位置叫作_____,临时需要改变的位置叫反位。

(4) 应答器的点式列控功能是指在特定地点向 ATP 车载设备传送_____、_____、_____信息。

(5) 透镜式色灯信号机的灯位由灯泡、灯座、_____、遮檐和背板组成。

2．选择题

(1) _____设置在道岔岔前和岔后的适当地点。

　　A．通过信号机　　　　　　　　　B．防护信号机

　　C．预告信号机　　　　　　　　　D．阻挡信号机

(2) S700K 型电动转辙机中滚珠丝杠的作用是_____。

　　A．将电动机的旋转运动变成丝杠的直线运动

　　B．保护电动机

　　C．外锁闭道岔

　　D．保护转辙机的内部结构

(3) _____可以防止在相邻轨道电路间的绝缘节破损时引起轨道继电器的错误工作。

　　A．极性交叉　　　B．跳线　　　C．道岔绝缘　　　D．绝缘节

(4) 高柱透镜式色灯信号机的机柱的作用是_____。

　　A．配备透镜组和单独点亮的灯泡　　B．将机构固定在机柱上

　　C．安装机构和梯子　　　　　　　　D．让信号维修人员攀登及作业

(5) 轨道电路中绝缘节的作用是_____。

　　A．传送电信息　　　　　　　　　B．划分各轨道区段

　　C．保持电信息延续　　　　　　　D．反映轨道的状况

3．简答题

(1) 城市轨道交通中正线上的信号机包括哪几种，分别起的作用是什么？

(2) 应答器的点式列控功能包括哪些内容？并举例说明。

(3) 结合图 2.128 叙述 50 Hz 相敏轨道电路的组成。

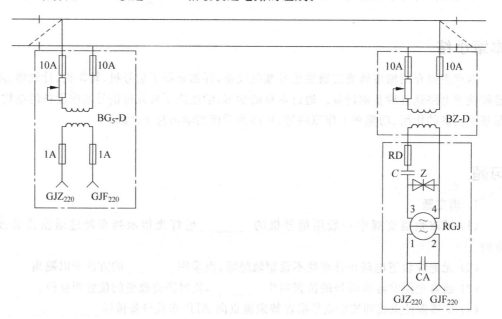

图 2.128

(4) 轨道电路的作用有哪些?

(5) 结合图 2.129 叙述计轴器的工作原理。

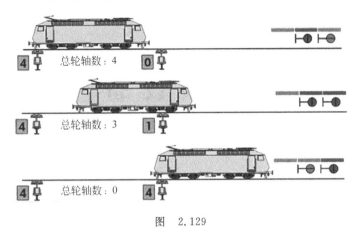

图 2.129

第 3 章

联 锁 设 备

教学提示

城市轨道交通车站大多数仅有列车到达、停靠、上下乘客、出发等作业,没有调车作业,因此,车站线路只需设置两条运行线,无须配备其他线路。但在部分需要折返作业的车站,或需要进行调车作业的车站,以及在车辆段等需要进行调车作业的地点则需要设有较多的线路。在这些具有较多道岔的线路,为了保证调车作业的安全,避免造成冲撞、追尾等事故,城市轨道交通系统采用联锁设备来保障列车安全运行。

学习目标

- 掌握联锁的定义和内容;
- 理解 6502 电气集中联锁的组成及功能;
- 了解国内外计算机联锁设备的发展状况;
- 掌握常用计算机联锁设备的结构及工作原理。

知识结构

本章知识结构如图 3.1 所示。

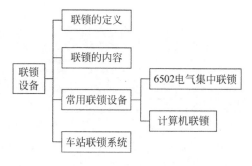

图 3.1 本章知识结构图

3.1 联锁

在城市轨道交通车站,列车或车列在站内运行时所经过的路径称为进路。每一条进路都有一组或若干组道岔,道岔的位置不同,则进路不同。每一条进路必须有信号机防护。为保证列车运行及调车作业的安全,站内相关信号、道岔、进路之间必须建立一定相互制约的关系,这种关系称为联锁关系,简称联锁。实现联锁关系的控制设备被称为车站信号联锁系统。

3.1.1 联锁的定义

在城市轨道交通运营的车站上,为保证行车安全,有效地利用站内线路,高效地指挥行车和调车,改善行车人员的劳作条件,将轨道交通线路中的所有信号机、轨道电路及道岔等相对独立的信号设备构成一种相互制约、互为控制的连带环扣关系,即"联锁"关系。联锁是城市轨道交通车站联锁的简称,是城市轨道交通信号设备的重要组成部分。

联锁的概念分为广义的概念和狭义的概念两种。广义的联锁泛指各种信号设备所存在的互相制约关系;狭义的联锁专指车站范围内进路、信号、道岔之间的相互制约关系,如图3.2所示。

(1) 进路是指列车运行的路径。
(2) 道岔决定列车运行的进路。
(3) 信号机用于防护列车运行的进路。

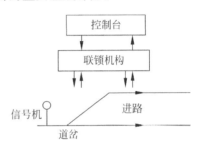

图3.2 联锁关系

3.1.2 进路

联锁的三个主要因素为进路、道岔和信号机,道岔和信号机在第2章已经介绍过,下面主要介绍进路。

1. 进路的定义

通常,我们把列车或调车车列在站内运行时所经由的路径称为进路。在理解进路概念时需要注意以下几点。

(1) 只能是站内运行时通过的路径。
(2) 车列在站内不能在没有进路的路径上运行。
(3) 要保证车列在站内运行安全,必须保证车列所运行进路的安全。
(4) 进路的划分需要确定进路的始端和终端,每条进路始端都有一架信号机来防护该进路。当信号机为禁止灯光时,如红色灯光,此时代表进路不安全,车列不能进入进路;当信号机为允许灯光时,如绿色灯光,此时代表进路安全,车列可以进入进路。
(5) 进路的终端以同向或反向的信号机为界,没信号机时以车挡、站界标为界。一条进路的终端往往是下一条进路的始端。

2. 进路的状态

依据进路是否建立,可以将进路状态分成锁闭状态和解锁状态。

1) 锁闭状态

建立了进路,即指利用该进路排列了进路,称该进路处于锁闭状态,此时列车可进入进路。

2) 解锁状态

没有建立进路,即指没有利用该进路排列进路,称该进路处于解锁状态,列车不可进入进路。

3. 进路的类型

1) 平行进路和敌对进路

平行进路是可以平行作业的进路,平行进路可以同时排列。敌对进路是有交叉,不可以平行作业的进路,敌对进路绝对不可以同时排列。平行进路和敌对进路如图 3.3 所示。

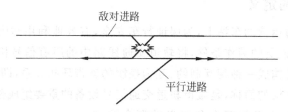

图 3.3　平行进路和敌对进路

敌对进路包括以下情况:

(1) 同一到发线上对向的列车进路与列车进路;

(2) 同一到发线上对向的列车进路与调车进路;

(3) 同一咽喉区对向重叠的列车进路;

(4) 同一咽喉区对向重叠或顺向重叠的列车进路与调车进路;

(5) 同一咽喉区对向重叠的调车进路;

(6) 进站信号机外方,列车制动距离内接车方向为超过 6‰ 的下坡道,而在该下坡道方向的接车线末端未设线路隔开设备时,该下坡道方向的接车进路与对方咽喉的接车进路、非同一到发线顺向的发车进路以及对方咽喉调车进路;

(7) 由于防护进路的信号机设在侵限绝缘节处,而禁止同时开通的进路。

2) 单列车进路和多列车进路

单列车进路是指一条进路中一辆列车运行,如图 3.4 所示。

图 3.4　单列车进路

多列车进路是指一条进路中允许多辆列车运行,如图 3.5 所示。

图 3.5　多列车进路

3）追踪进路

追踪进路是联锁系统本身的一种自动排列进路功能,如图 3.6 所示。这种进路的防护信号机具有自动信号属性。当列车接近信号机,占用触发区段时(触发区段是指列车占用区段时引起进路排列的区段,触发进路可能是信号机前方第一个接近区段,也可能是第二个接近区段,触发区段根据信号机布置和通过能力而定),列车运行所要通过的进路自动排列。

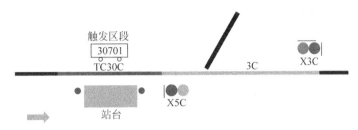

图 3.6　追踪进路

4）折返进路

折返进路是列车折返时建立的进路,进入折返线前建立的进路如图 3.7(a)所示,进入折返线后建立的进路如图 3.7(b)所示。

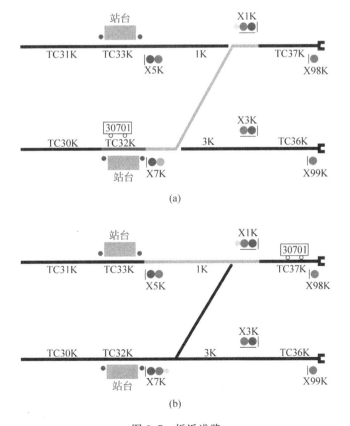

图 3.7　折返进路
(a) 进入折返线前建立进路；(b) 进入折返线后建立进路

5）保护区段

为了保证列车安全运行,避免列车因种种原因不能在信号机后方停住而导致事故的发生,应充分考虑列车的制动距离及线路等因素,在停车点前设置保护区段,如图3.8所示,即终端信号机后方的一至两个区段为保护区段。

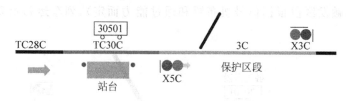

图3.8 保护区段

6）侧面防护进路

侧面防护是指为避免列车侧面进入,通过信号机或道岔进行防护,这类似铁路的双动道岔和带动道岔的处理,如图3.9所示。道岔位置防护是为防止侧面冲突,有时需要使不在所排进路上的道岔处于防护的位置,并予以锁闭。

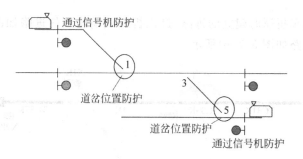

图3.9 侧面防护进路

3.1.3 联锁的基本内容及技术条件

联锁的基本内容包括以下三个方面。

（1）防止建立会导致机车车辆相冲突的进路。

（2）必须使列车或调车车列经过的所有道岔均锁闭在与进路开通方向相符的位置。

（3）必须使信号机的显示与所建立进路相符。

实现联锁的基本技术条件如下。

（1）进路上各区段必须空闲（无车占用）时才能开放信号。如果进路上有车占用,却能开放信号,则会引起列车、调车车列与原停留车的冲突,这是绝对不允许的。所以,进路的信号开放前必须检查进路空闲情况。

（2）进路上有关道岔在规定位置才能开放信号。如果进路上有关道岔开通位置不对却能开放信号,则会引起列车、调车车列进入异线或挤坏道岔,从而造成行车事故。所以,进路的信号开放必须确保进路上道岔位置正确。

（3）一旦信号开放,其防护进路上的有关道岔必须被锁闭在规定位置,且不能转动。信号开放后,进路上任何道岔的转动或松动,都将会危及运行中的列车和车列的安全。

（4）敌对信号未关闭时,防护该进路的信号机不能开放。防护进路信号机开放后,与其敌对的信号必须被锁闭在关闭状态,不能开放,否则列车或调车车列可能造成正面冲突,危及行车安全。所以,对进路的信号开放必须进行检查并确保敌对信号处于关闭状态。

3.1.4 车站联锁系统

1. 车站联锁系统概述

车站联锁系统是确保列车在车站运行安全的信号设备,如图3.10所示,它的主要功能是用于实现对车站内信号机、道岔、轨道电路等基本信号设备进行实时控制,以保证车站内行车作业安全。

图3.10 车站联锁系统

车站联锁系统一般可分为人机会话层(控制台)、联锁层(联锁机构)和监控层三层结构,如图3.11所示。

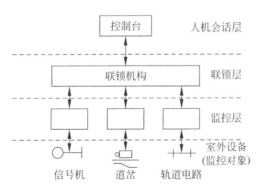

图3.11 车站联锁系统结构图

1)人机会话层的功能

操作人员通过在控制台的操作向联锁机构输入进路操作信息,并接收联锁机构输出的反映设备工作状态和行车作业情况的表示信息。

2)联锁层的功能

其功能是实现联锁逻辑处理(或运算),对输入的操作信息和状态信息及联锁机构的当前内部信息进行处理,进行联锁逻辑运算,改变内部信息,产生相应的输出信息,即进路控制命令(建立、锁闭和解锁进路)、信号控制命令(确定信号显示、关闭,开放信号机)和道岔控制命令(解锁、转换和锁闭道岔),并交付监控层的控制电路予以执行。

3) 监控层的功能

其功能为接收来自联锁层的联锁控制命令,通过信号机和转辙机控制电路,控制信号机的显示和驱动道岔转换;向联锁机构传输信号状态信息、道岔状态信息以及轨道电路状态信息。

2. 车站联锁系统的功能

车站联锁系统主要完成以下四个功能。

1) 进路的建立

进路的建立即控制道岔到进路所需要的位置,并将进路上的所有道岔锁闭。

2) 开放信号机

检查信号开放为允许信号的条件以后,开放相应的信号机。信号机显示允许信号,必须满足以下条件:

(1) 进路上的道岔都已经处于进路所要求的位置并已经被锁闭;
(2) 进路上所有的轨道区段都处于空闲状态;
(3) 与所建立进路的敌对进路没有建立;
(4) 列车进入信号机内方后,信号自动关闭;
(5) 不允许信号自动重复开放;
(6) 进站信号机的红灯灯丝必须完好;
(7) 取消或人工解锁时信号随之关闭等。

3) 信号自动关闭

列车进入信号机内方以后,信号自动关闭,变为红色显示。

4) 道岔逐段解锁

列车按所建立的进路通过以后,在满足"三点检查"的前提下,使进路上的道岔自动地"逐段解锁"。三点检查如下:

(1) 列车对该道岔区段后方的区段的占用和出清;
(2) 列车对该道岔区段的占用和出清;
(3) 列车全部出清该道岔区段,占用前方区段。

3. 车站联锁系统的联锁关系

车站联锁系统的控制对象包括道岔、进路和信号机,如图 3.12 所示,联锁关系包括以下四个方面。

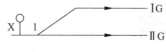

图 3.12 道岔、进路和信号机

1) 道岔与进路间的联锁

道岔和进路之间的基本联锁关系可以用表 3.1 表示。

表 3.1 道岔和进路的联锁关系

进 路 号	进 路 名 称	道 岔
1	Ⅰ 道下行接车进路	(1)
2	Ⅱ 道下行接车进路	1

道岔与进路间的解锁包括：
(1) 道岔有定位和反位两个工作位置(此处表示为1和(1))；
(2) 进路有锁闭和解锁两个状态；
(3) 道岔位置正确，进路才能锁闭；
(4) 进路解锁后，道岔才能改变其工作位置。

2) 道岔与信号机之间的联锁

因为进路是由信号机防护的，因此道岔与进路之间的联锁也可以用道岔与信号机之间的联锁来描述。道岔与信号机之间的联锁关系如表3.2所示。

表3.2 道岔和信号机的联锁关系

信 号 机	信号机名称	道 岔
X	下行进站信号机	(1)
		1

信号机X防护着两条进路：一条是Ⅰ道下行接车进路，要求1号道岔在定位，另一条要求在反位。因此信号机X与道岔1之间既有定位锁闭关系又有反位锁闭关系。

3) 进路与信号机之间的联锁

进路与信号机之间的联锁关系如表3.3所示。

表3.3 进路和信号机的联锁关系

信 号 机	进路名称
X	Ⅰ道下行接车进路
	Ⅱ道下行接车进路

4) 进路与进路之间的联锁

任何一条进路锁闭以后，在其未解锁以前，因为把有关的道岔锁住了，所以不可能再建立其他进路了，这样互相抵触的进路叫抵触进路。抵触进路之间没有必要采取锁闭措施。

4. 车站联锁系统的控制

进路控制过程(不管是列车进路还是调车进路)可分为进路的建立和解锁(或解除)两个过程，控制过程如图3.13所示。

1) 进路建立过程

进路建立过程是指进路由解锁状态变到锁闭状态的过程，也就是从车站操作人员办理进路开始到防护该条进路的信号机开放这一阶段。进路建立过程可进一步分解成以下六个阶段。

(1) 操作阶段

办理进路时，操作人员按压进路的始端按钮和终端按钮，以确定进路的范围、方向和性质。

(2) 选岔(路)阶段

根据已确定的进路范围，自动选出一条相应的进路和与进路有关的道岔，并确定其符合进路开通的位置。

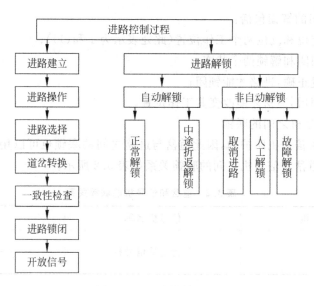

图 3.13 进路控制过程

(3) 道岔转换阶段

检查已选出的道岔的实际位置是否符合进路要求,不符合时要转换到所需的位置。

(4) 一致性检查

一致性检查也称作选排一致性检查。即检查进路中各个道岔位置是否已符合进路要求,为锁闭道岔做准备。

(5) 进路锁闭阶段

道岔转换完毕后,将道岔和敌对进路锁闭,使道岔不能转换,使敌对进路不能再建立,以确保行车安全。

(6) 开放信号阶段

在进路锁闭后,检查有关开放信号联锁条件,使防护进路的信号机开放,指示列车或车列驶入进路。在信号机开放期间需不间断地检查进路是否空闲和道岔状态,一旦出现有非法车辆进入进路,或者道岔位置发生变化危及行车安全的情况,信号应立即关闭。列车一旦驶入进路,信号立即自动关闭。对于调车信号机来说,考虑调车作业一般由调车机车推送运行,所以规定当车列全部进入进路后信号才关闭。

2) 进路解锁过程

进路解锁过程是指进路由锁闭状态变为解锁状态的过程,也就是从列车或车列驶入信号机内直到出清进路中全部道岔区段为止的这一阶段。根据列车或车列是否驶入进路为分界,以及解锁的条件和时机的不同,有正常解锁、调车中途折返解锁、取消进路、人工解锁以及故障解锁这五种解锁方式。其中,正常解锁和调车中途折返解锁属于列车或车列未驶入进路的解锁方式,即自动解锁;而取消进路、人工解锁和故障解锁属于列车或车列驶入进路的解锁方式,即非自动解锁。

(1) 正常解锁

正常解锁是指列车或车列通过进路中的道岔区段后,进路自动解锁。正常解锁分为一次解锁和逐段解锁两种形式。一次解锁是指列车或车列出清了进路中全部道岔区段后,各个道岔区段同时解锁的形式；逐段解锁是指列车或车列每驶过一段道岔区段，道岔区段逐段自动解锁的形式。逐段解锁形式有利于提高线路的利用率。

（2）调车中途折返解锁

调车中途折返解锁是调车进路的一种自动解锁方式。当进行转线调车作业时，其完成整个调车作业过程，包括牵出作业和折返作业。为牵出作业而建立的进路称为牵出进路，为折返作业建立的进路称为折返进路。当调车车列驶入牵出进路后，往往在牵出的中途根据折返进路信号开放车列而返回。由于车列没有完全通过牵出进路上的道岔区段而中途折返以致牵出进路上的部分道岔区段不能按正常解锁方式解锁，为此，需要用一种特殊的解锁方式，使牵出进路上未能正常解锁的区段予以自动解锁。这种特殊的自动解锁方式称为调车中途折返解锁。

（3）取消进路

在进路锁闭后，信号由于某种原因没有开放，或者信号已经开放而列车或车列尚未驶入接近区段时，操作人员办理取消手续解锁进路，这种解锁方式称为取消进路。

（4）人工解锁

列车或车列已驶入接近区段，根据需要允许操作人员办理人工延迟解锁，但必须从信号关闭时算起，延迟一定时间后进路才能解锁。应防止列车停不住而冲进进路时道岔仍处在锁闭状态。

（5）故障解锁

随着列车或车列通过进路，各道岔区段应按正常解锁方式自动解锁，然而由于轨道电路故障，工作不正常，破坏了三点检查自动解锁的条件，而使进路因故障不能自动解锁时，需操作人员介入使进路解锁，称为故障解锁。故障解锁是以道岔区段为单位实施的。

5. 车站联锁系统的技术要求

车站联锁系统具有以下技术要求。

（1）确保进路上进路、道岔、信号机的联锁，联锁条件不符时，禁止进路开通。敌对进路必须相互照查，不得同时开通。

（2）装设引导信号的信号机因故障不能开放时，应通过引导信号实现列车的引导作业。

（3）应能办理列车调车进路，根据需要设置相应的防护进路。

（4）联锁设备宜采用进路操纵方式。根据需要，联锁设备可实现车站有关进路、端站折返进路的自动排列。

（5）进路解锁宜采用分段解锁方式。锁闭的进路应能随列车正常运行自动解锁，以及可以人工办理取消进路和限时解锁并应防止错误解锁。限时解锁时间应确保行车安全。

（6）联锁道岔应能单独操纵和进路选动。影响行车效率的联动道岔宜采用同时启动方式。

（7）车站站台及车站控制室应设站台紧急关闭按钮。站台紧急关闭按钮电路应符合故障-安全原则。

（8）联锁设备的操纵宜选用控制台方式。控制台上应设有意义明确的各种标识，用以监督线路及道岔区段占用、进路锁闭及开通、信号开放和挤岔、遥控和站控等。

（9）车站联锁控制项目应包括：列车进路、引导进路、进路的解锁和取消、信号机关闭和开放、道岔操纵及锁闭、区间临时限速、扣车和取消、遥控和站控、站台紧急关闭和取消。

3.1.5 联锁设备概述

联锁设备为控制车站的道岔、进路和信号,并实现它们之间的联锁关系的设备。联锁设备是城市轨道交通的重要信号设备,用来在车站或车辆段/停车场实现联锁关系,建立进路、控制道岔的转换和信号机的开放,以及进路解锁,以保证行车安全。联锁设备可以采用机械的、继电的或电气的方法来控制,可以分散控制也可以集中控制。

城市轨道交通正线上的集中控制站和车辆段/停车场设有联锁设备。正线上的集中控制站包括本站及其所控制的非集中站的道岔和信号机由设于该站的联锁设备控制,除了实现联锁关系外,还将其联锁的有关信息传送至 ATP/ATO 子系统,并接收 ATS 子系统的命令。通常,正线上集中控制站的联锁设备与 ATC 设备结合在一起。车辆段/停车场设一套联锁设备,用以实现车辆段/停车场的进路控制,并通过 ATS 车辆段/停车场分机与行车指挥中心交换信息。

由于所采用的技术不同,车站信号联锁系统先后经历了人工联锁、机械联锁、继电联锁、电气集中联锁和计算机联锁等几个发展阶段。目前,我国广泛应用的是 6502 电气集中联锁系统和计算机联锁系统。

1. 6502 电气集中联锁系统

6502 电气集中联锁系统是以继电联锁电路为基础来实现车站信号设备联锁关系的实时控制系统。它主要由室外色灯信号机、动力转辙机、轨道电路和室内的联锁机构、控制台及电源、电缆等设备组成,其联锁机构主要由继电电路组成。随着电子技术和计算机技术的飞速发展,继电联锁设备的缺点愈趋明显:建设投资大;设备庞大,占用面积大;通用性差;造成设计施工复杂;维修复杂且工作量大。伴随着计算机的引入和计算机技术的应用,6502 电气集中联锁系统已逐步为计算机联锁系统所替代。

2. 计算机联锁系统

计算机联锁系统是建立在计算机技术基础上的实时控制系统。其联锁机构由计算机及外围设备构成,通过计算机系统的实时运行来完成联锁功能。计算机联锁系统具有以下优点:减少了检修、维护的工作量;减少建筑使用面积;若采用分布式结构则可以节省电缆,降低工程造价;系统可靠性和安全性得到提高;便于改造,便于增加新功能。城市轨道交通联锁设备早期采用继电集中联锁,现在多采用计算机联锁。当前,计算机联锁有国产的,也有从国外引进的。

3.2 6502 电气集中联锁

6502 电气集中电路自 1965 年设计以来,几经改进和完善,因其具有操作简便、办理迅速、表示完善、安全可靠等一系列优点,几十年来得到广泛的应用。在计算机联锁设备应用之前,全国绝大多数车站都使用这种联锁设备。但随着计算机联锁技术的发展,继电联锁设备正被计算机联锁设备逐步取代。

6502 电气集中联锁的主要技术特征是采用组合式电路,即将道岔、信号机和轨道电路集中起来控制,将各种组合按站场形状平装起来。

3.2.1 6502 电气集中联锁设备的组成

6502 电气集中联锁设备包括室内设备和室外设备,其结构如图 3.14 所示。其中室内设备包括控制台、区段人工解锁按钮盘、继电器组合及组合架、电源屏和分线盘;室外设备包括信号机、转辙机、轨道电路和电缆线路。

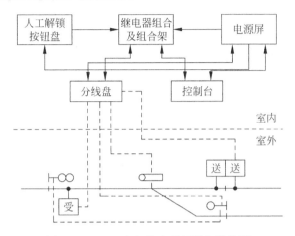

图 3.14　6502 电气集中联锁设备结构图

1. 控制台

在控制台上设有进路按钮、道岔按钮以及其他各种不同用途的按钮,如图 3.15 所示。原则上采用按压两个按钮生成一个有效操作信息的方式,因此在控制台的模拟站场图上,在进路始端和终端部位都设有进路按钮。根据按压始、终端按钮的先后顺序就能将进路中有关道岔转换到规定位置,且防护该进路的信号机也根据这种操作而自动开放,这种始、终端按钮操作又称为进路式操作方式。

图 3.15　控制台

控制台上的主要表示器件是表示灯。表示灯的用途大致分为三个方面:一是正确反映室外监控对象的状态及线路运用情况;二是表示操作手续是否完成;三是反映继电器电路的工作状态以便发生故障时及时发现并判明故障出处。为了省电和便于察觉起见,除了平时需要观察的信号复示器表示灯和电源表示灯外,一般表示灯采用经常不点灯方式。

表示灯是一种视觉信号,对某些情况,如列车接近车站、道岔挤岔等除了有表示灯外,还采用音响信号(如电钟)以提醒操作人员注意。

2. 区段人工解锁按钮盘

在离开控制台一定距离的室内,装设区段人工解锁按钮盘,如图 3.16 所示。盘上设有 40~120 个带铅封的事故按钮,每个道岔区段和设置区段组合的无岔区段设一个事故按钮。人工解锁按钮盘是控制台操作时的辅助设备,当轨道电路区段因故障不能正常解锁时,用它办理故障解锁;在更换继电器或停电恢复后,用来使设备恢复正常状态;在用取消进路办法不能关闭信号时,可用它关闭信号。在办理区段故障解锁时,首先要破铅封登记,然后由两人协同操作,一人在控制台按压总人工解锁按钮,另一人在区段人工解锁盘上按压故障区段事故按钮。这样规定的目的是使值班员加强确认,避免人为的事故操作。

3. 继电器组合及组合架

在电气集中车站需要大量各种类型和规格的继电器,一个规模较大的区段站可有多达几千个继电器,由它们构成的继电电路是十分复杂的。通过长期实践,人们发现继电电路中的大部分可以设计成一些定型标准电路模块,这些模块与具体的站场无关或关联很少,这样就可以把这些标准模块中所用的继电器及其电路在工厂预先进行工厂化生产,从而可以缩短设计周期,在设计时不易产生错误,节省施工时间,达到设计周期短、施工快的效果。

把具有相同控制对象的继电器按照定型电路模块组合在一起,叫作继电器组合,如图 3.17 所示,这些定型电路模块为组合单元。用组合单元拼装构成的电气集中,又称组合式电气集中。

图 3.16 区段人工解锁按钮盘　　　　　　图 3.17 继电器组合

6502 电气集中的定型组合是根据车站信号平面布置图上的道岔、信号机和道岔区段设计的。组合架分 11 层,1~10 层安装继电器组合,每层安装一个继电器组合,11 层为电源和配线。继电器按组合放置在组合架上,每个组合包括的继电器数不超过 10 个。继电器组合是实现电气集中联锁的设备。

6502 组合式电气集中的定型组合可分为三类:一是信号组合类,共有 6 种,即调车信号组合 DX、调车信号辅助组合 DXF、列车信号主组合 LXZ、列车信号辅助组合 LXF、一方向列车信号辅助组合 1LXF 和二方向列车信号辅助组合 2LXF;二是道岔组合类,共有 3 种,即单动道岔组合 DD、双动道岔主组合 SDZ 和双动道岔辅助组合 SDF;三是道岔轨道电路区段类,有 1 种,即区段组合 Q。另外不参加拼贴的定型组合有 2 种(方向组合 F 和电源组合 DY)。总计 12 种定型组合。

图 3.18 所示为局部站场的信号平面布置图选用的各种定型组合的例子。图中除各种定型组合外,还包括两个零散组合。所谓零散组合,就是根据站场具体情况设计的一些非定型电路用的组合。

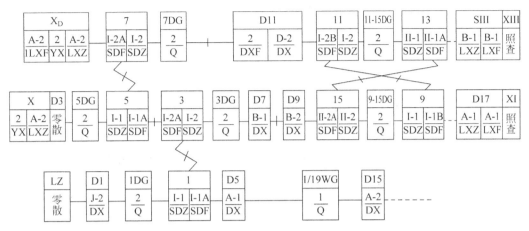

图 3.18 定型组合

4. 分线盘

在室内电缆引出处还设有分线盘,如图 3.19 所示。电气集中的室内与室外联系导线都必须经过分线盘端子,它是室内外电缆汇接处。色灯信号机、电动转辙机和轨道电路等室外设备,是 6502 电气集中联锁控制和监督的主要对象设备。

5. 电源设备

电气集中电源的系统框图如图 3.20 所示。电气集中联锁系统是一个实时控制系统,它的电源必须稳定可靠。6502 电气集中车站一般设置一套电源屏,其中包括转换屏一面、调压屏一面、交流屏两面(其中一面备用)、直流屏两面(其中一面备用)。

图 3.19 分线盘

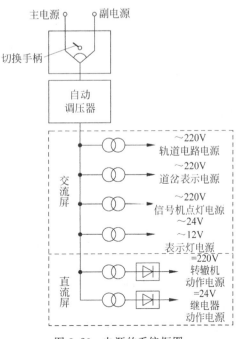

图 3.20 电源的系统框图

我国电气集中联锁设备对电源的要求如下。

(1) 为了可靠和不间断供电，原则上应由两路工业电网分别作为主、副总电源。主、副电源必须能自动或手动切换，在转换过程中断电时间不应超过 0.15 s，以保证处在吸起状态的继电器不致因瞬间断电而失磁落下。

(2) 工业电网电压(380 V/220 V)在＋15％～－20％范围内波动时，经由稳(调)压器，使其稳定在±3％精度内。

(3) 要有短路和过载保护措施。

3.2.2　6502 电气集中的工作原理

6502 电气集中采用双按钮进路办理方式，只需按压两个进路按钮，就能转换道岔，开放信号，而且不论进路中有多少组道岔均能一次转换，简化了操作手续。在解锁方式上，6502 电气集中采用的是逐段解锁方式，即列车出清一段解锁一段，提高了车站作业效率。假如所有区段均为空闲，办理Ⅱ股道接车进路的步骤如图 3.21 所示。

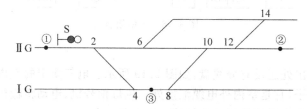

图 3.21　6502 电气集中办理进路

图 3.21 所示办理Ⅱ股道接车进路分为以下四个步骤。

第一步：办理基本进路，即在控制台上顺序按下进路始端按钮①和进路末端按钮②。

在控制台的轨道表示盘上，所选出的基本进路(经由 2、6、10、12 号道岔的进路)从始端到终端自动呈现一条白色光带，即表示进路已被选出并已经锁闭。这时与基本进路有关的道岔(2、6、10、12 号道岔)应转换到符合进路要求的规定位置，防护该进路的信号机 S 自动开放，进路已经建立，可以进行接车作业。如基本进路因故障不能排通时，应转入第二步操作，否则转第三步操作。

第二步：办理迂回进路。当基本进路因故障不能排通时，可以改为排列绕行的迂回进路。

如图 3.21 所示，当Ⅱ股道接车基本进路上的 6 号道岔故障时，则应排列经由 2、4、8、10、12 号道岔的迂回接车进路。即在控制台上依次按下进路始端按钮①、变更按钮③和进路末端按钮②，排通迂回接车进路。

第三步：如有必要，可办理人工取消进路(解锁)。即列车没到达信号机的接近区段时，拔出始端按钮①，使信号机自动关闭，进路解锁。当列车接近时，拔出始端按钮①后，信号机自动关闭，但进路还要延续一段时间后才解锁，以保证安全。

第四步：列车驶入该进路后，信号机自动关闭，列车经过每一个轨道电路区段后，白光带自动变成红光带，表示列车已占用该区段，然后又由红光带变为灭灯状态，表示列车已经出清该区段并解锁，此时，可以利用该区段内的道岔建立新的进路。当列车通过接车进路进入Ⅱ股道后，所有区段顺序解锁完毕；进路解除。

3.3 计算机联锁

随着计算机技术的迅速发展,尤其是对于可靠性技术和兼容技术的深入研究,出现了计算机联锁,它正渐趋成熟并推广使用。计算机联锁系统是利用计算机对车站进路操作命令及现场设备状态和表示信息进行联锁逻辑运算,从而对进路、信号机及道岔等进行集中控制的车站联锁设备。计算机联锁系统以计算机技术为核心,综合采用通信、控制、容错、故障-安全等技术实现车站联锁功能,是具有较高的可靠性和安全性的实时控制系统。

3.3.1 计算机联锁概述

1. 计算机联锁的组成

计算机联锁系统由硬件设备和软件设备构成。硬件设备包括人机会话计算机、联锁计算机、安全检验计算机(用以检验联锁计算机的运行情况,发现故障可导向安全)、彩色监视器、微型集中操纵台、安全继电输入输出接口柜、计算机联锁专用电源屏以及现场信号机、转辙机、轨道电路等室外设备。软件设备是实现进路、信号机和道岔联锁逻辑的核心部分,由两部分组成:一是参与联锁运算的车站数据库;二是进行联锁逻辑运算,完成联锁功能的应用程序。车站数据库包括车站赋值表、车站联锁表、按钮进路表、车站显示数据等。应用程序由多个程序模块组成,即系统管理程序模块、时钟中断管理程序模块、表示信息采集及信息处理程序模块、操作命令输入及分析程序模块、选路及转岔程序模块、信号开放程序模块、解锁程序模块和站场彩色监视器显示程序模块等。

计算机联锁系统主要包括操作层、逻辑层、执行表示层、设备驱动及执行表示层和现场设备层,如图 3.22 所示。

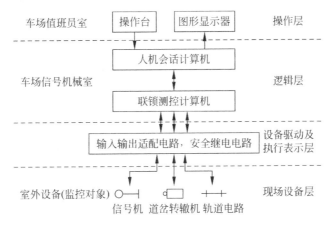

图 3.22 计算机联锁系统的层次结构图

1) 操作层

操作层是人机界面,设有集中操作台和图形显示器设备,将设备和列车运行情况用图形显示,通过鼠标和键盘操作命令实现联锁命令操作,接收操作员命令并传递给逻辑层处理。

2) 逻辑层

逻辑层是系统的核心,用以实现联锁逻辑的处理。它的功能由人机会话计算机和联锁测控计算机实现。逻辑层系统应用了 2 取 2 或 3 取 2 等可靠性与安全性结构冗余技术。

(1) 2 取 2 系统是由两个各自独立且相同的单元组成的与门两重安全冗余系统,如图 3.23 所示。数据由两个完全相同的通道输入,同时进行比较和处理,只有当两个通道的处理结果相同时,结果才能输出。一旦检查出一个故障,系统将停止工作,这样就避免了连续出现故障所引起的危害,从而可以提高系统输出结果的安全性。

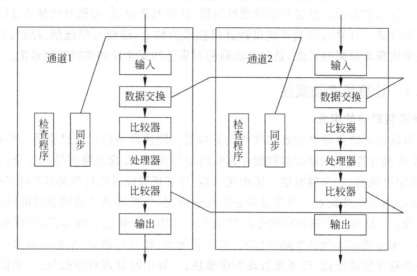

图 3.23　2 取 2 系统

(2) 3 取 2 系统是由与门和或门组合成的可靠与安全性冗余结构,如图 3.24 所示。只有当两个或三个通道的处理结果相同时,结果才能输出,可以确保系统输出结果的安全性。同时,一旦有一个通道发生故障,系统仍可按 2 取 2 方式继续工作,从而提高了系统的可靠性。

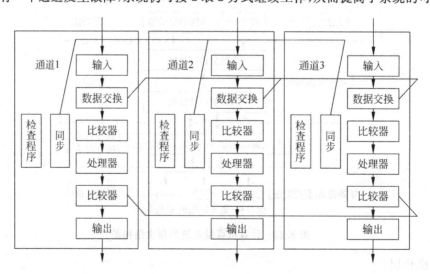

图 3.24　3 取 2 系统

3) 设备驱动及执行表示层

设备驱动及执行表示层是逻辑层和现场设备层的接口,由输入输出适配电路和安全继电电路等实现。它分解逻辑层的命令,控制现场设备层驱动设备,并将采集的现场设备层的表示信息传递给逻辑层。

4)现场设备层

现场设备层是计算机联锁系统的被控制对象,包括道岔转辙机、信号机、轨道电路等设备。

2. 计算机联锁的特点

(1)利用计算机对车站值班员的操作命令和现场监控设备的表示信息进行逻辑运算后,完成对信号机、道岔及进路的联锁和控制。

(2)由于计算机联锁系统完全摆脱了继电联锁系统的网络结构,因而在技术上能够用较少的硬件投资,并发挥软件的作用,较容易克服网状电路难以解决的一些问题。

(3)若实现串行信息接口,计算机发出的控制信息和现场发回的表示信息,均能由传输通道串行传送,可节省大量的干线电缆,并使采用光缆传输成为可能。

(4)用 CRT 屏幕显示代替电气集中控制台的表示盘,大大缩小了体积,简化了结构,不但方便了使用,还可以根据需要多台并机使用。

(5)计算机联锁系统无论是硬件还是软件均采用标准化、模块化结构,不同规模和作业性质的车站或站场,只需要编制一些站场数据,选用功能不同和数量不等的模块组装即可。当站场改扩建时,计算机联锁系统采用修改数据的方法,几乎不需要变更,有电路和联锁程序就能满足需要。

(6)计算机系统可以最大限度地利用软、硬件资源,对直接涉及行车安全的联锁逻辑处理和执行表示环节采用冗余及容错技术,从而保证了整个系统的可靠性,安全性指标也高于继电联锁系统。

(7)计算机联锁系统大部分是电子设备,这些电子设备没有机械磨损,所以日常维修量小。此外,计算机联锁系统往往具有完善的自检测和故障诊断功能,便于维修人员分析查找和及时排除故障。

3. 计算机联锁的发展

随着电子技术的飞速发展,20 世纪 60 年代人们已经开始尝试采用电子器件取代继电器来构成铁路信号电子联锁控制系统。1978 年,由瑞典研制的世界上第一套计算机联锁控制系统在瑞典哥德堡车站成功应用,掀开了车站联锁控制系统研究与应用的新篇章。随后,各国竞相研究开发计算机联锁控制系统,到 90 年代,不少国家已经大面积推广此种系统。

1)国外计算机联锁的发展

计算机联锁在英国又称为固体联锁(solid state interlocking,SSI)。1985 年,SSI 系统第一次在明斯顿车站正式使用。该系统采用分散三级控制方式,为了保证系统的安全性和可靠性采用 3 取 2 表决的模式。系统中参与表决的模块运行单套软件,每一模块与其他两个模块的运算结果相比较以校验自身的运算结果。目前,SSI 系统已在国内外数十个车站安装使用。

瑞典计算机联锁的典型产品有 EBILOCK850 系统和 20 世纪 90 年代初期开发的 EBILOCK950 系统,其控制电路、轨道继电器均采用无接点方式的功能块,采取双机热备、单击运行双套软件来提高整个系统的可靠性和安全性。

日本的计算机联锁最早开通于 1985 年,至今已在 200 多个车站安装使用。日本研制的计算机联锁产品主要有 SMILE Ⅰ、SMILE Ⅱ、SMILE Ⅲ型和 SMILE K、SMILE N 型五种类型,主要生产厂家是日本信号公司、京山制作所和大同信号公司。

德国于 1979 年决定研制计算机联锁系统。西门子公司以 SIMIS 系统为核心构成车站联锁控制系统,第一套系统于 1985 年在慕尼黑—米腾瓦尔特区段的姆尔瑙站交付使用。SIMIS 系统从早期的 SIMIS-B 型(8080 CPU)、SIMIS-C 型(8085 CPU)、SIMIS3116 型、SIMIS3126 型、SIMIS-E 型(80386 CPU)及 SICAS 型,已发展到目前正在开发的 SIMIS-W 型。

美国开发的计算机联锁产品主要有通用信号公司(GRS)的 VIP 安全型系统和联合道岔与信号(US&S)公司的 Microlock 系统两种。这两种制式大部分用在单机运行状态,系统的安全性则由主机系统中的"安全逻辑"得到保证。目前 VIP 系统已在数十个车站安装,Microlock 系统也正式投入使用。我国上海地铁 2 号线采用的就是美国 US&S 公司的 MicrolockⅡ型计算机联锁系统。

2) 国内计算机联锁的发展

自 20 世纪 80 年代初,我国开展了计算机联锁系统研究,铁道部科学研究院、通信信号总公司研究设计院等单位相继展开了计算机联锁控制系统的研制工作。1984 年,通信信号总公司研究设计院研制生产出了国内第一个车站计算机联锁控制系统,并成功地应用于地方铁路,填补了我国计算机联锁控制系统的空白。1989 年,铁道部科学研究院研制生产的计算机联锁控制系统在郑州北编组站开通使用,使计算机联锁控制系统首次应用于国有铁路。1994 年,铁道部科学研究院、通信信号总公司研究设计院研制的计算机联锁控制系统分别在哈尔滨铁路局平房站和上海局交通站开通使用,这是我国铁路首次将国有的计算机联锁设备应用于铁路客货列车通过的车站。

目前,计算机联锁控制系统已经处于实用阶段,随着实践经验的积累,系统的性能也在不断提高,计算机联锁系统广泛应用在城市轨道交通中。目前应用比较广泛的有 TYJL-Ⅱ型双机热备系统、TYJL-TR9 型 3 取 2 系统、DS6-Ⅱ型双机热备系统、JD-IA 型计算机联锁系统及 VIP 型计算机联锁系统。如大连快速轨道交通 3 号线应用的是由中国铁路通信信号集团公司研究设计院研制的 DS6-Ⅱ型计算机联锁系统,北京西直门至东直门快速轨道交通采用铁道科学研究院通信信号研究所研制的 TYJL-Ⅱ型计算机联锁系统等。

3.3.2 TYJL-Ⅱ型计算机联锁

TYJL-Ⅱ型计算机联锁系统是铁道科学研究院通信信号研究所研制的双机热备系统,是国内第一个实现了双机热备功能的计算机联锁系统,该系统的 I/O 接口及配线部分均为双套,热备时任何部分故障均不影响正常使用,故障设备可在完全脱机的状态下进行维修而不影响工作系统,即系统的可用性极高。目前广泛应用在北京 1 号线四惠车辆段、广州地铁 2 号线车辆段、深圳地铁车辆段、南京地铁 1 号线车辆段、大连轻轨车辆段、重庆单轨交通、北京 13 号正线车站以及车辆段。

1. TYJL-Ⅱ型计算机联锁系统的组成

TYJL-Ⅱ型计算机联锁系统为分布式多计算机系统,它主要由以下部分组成:监控系统、主控系统、接口系统、电务维修机、电源和应急盘,系统框图如图 3.25 所示。其中控制台和维修终端是单套配置;监控机、联锁机、执表机均为 A、B 双套。联锁机、执表机具有热备和自动切换功能。

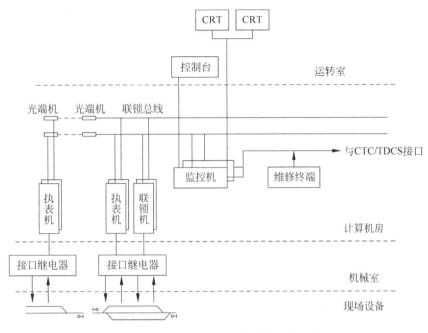

图 3.25　TYJL-Ⅱ型计算机联锁系统框图

1）监控系统

监控系统主要由监控机(又称上位机)和控制台组成。

(1) 监控机

监控机是监控系统的核心,一般放置在联锁机房内的微机桌上,通过引出的视频线、鼠标线、数字化仪线和语音线(通常不超过 50 m)与值班员控制室内的控制台相连。监控机采用标准的通用工业控制计算机,其结构图如图 3.26 所示。

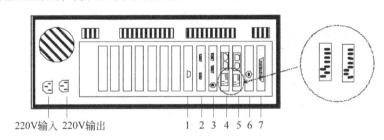

图 3.26　监控机结构图

1—以太网卡,通过集线器与维修机通信;2—232 扩展卡,用于与微机监测系统、TDCS 等接口;3—主板,外接口接鼠标、数字化仪;4,5—ARCNET 网卡,用于与联锁机通信;6—语音卡,接控制台喇叭;7—多屏卡
注:各板卡的安装顺序和位置可能与图中不同,但不会影响使用。

其中,监控机包括两块 ARCNET 通信卡,分别用于与联锁 A 机、联锁 B 机通信,一块以太网卡,用于与维修机通信。如果两台监控机的 1 口和 2 口通信板均故障,则为联锁 A 机或 B 机通信板不好;如果某台监控机的 1 口或 2 口通信故障,则说明该监控机的 1 口或 2 口通信板故障。

监控系统是计算机联锁系统操作界面的人机接口,可以实现控制台屏幕显示、操作处理、进路预选、站场变化及设备工作状态记录、错误提示等功能。其具体功能如下：

① 对值班员的所有操作进行提示、处理并记录，接收信号值班员的有效操作命令，向主控系统发出相应的执行命令；

② 接收主备联锁系统提供的站场表示信息，向值班员提供站场图像的实时显示；

③ 向值班员提供整个系统的工作状态信息、报警信息和简要的故障信息；

④ 向辅助系统提供记录信息，与其他必要的信息系统相连接。

（2）控制台

控制台也称 MMI，其操作方式有数字化仪操作盘、鼠标操作、单元按钮控制台三种；表示有两种，即彩色监视器和单元表示盘。控制台通过专用的屏蔽电缆视频线、鼠标线和语音线与监控机和倒机单元相连接。当前计算机联锁制作控制台，均采用多种操作并用，以防操作设备故障造成系统瘫痪。其结构有下列几种：

① 数字化仪＋数字化仪＋显示器；

② 数字化仪＋鼠标＋显示器；

③ 鼠标＋鼠标＋显示器；

④ 数字化仪＋显示器＋单元块表示盘；

⑤ 按钮＋单元块表示盘＋提示窗（若有必要，还可以＋鼠标＋显示器）。

【知识窗：数字化仪】

数字化仪是将图像（胶片或相片）和图形（包括各种地图）的连续模拟量转换为离散的数字量的装置，是一种电脑输入设备，它能将各种图形根据坐标值准确地输入电脑，并能通过屏幕显示出来。

控制台的屏幕显示图形界面与 6502 的控制台表示类似，如图 3.27 所示。

图 3.27 控制台的屏幕显示图形界面

在显示图形界面中，显示规则如下。

① 站场基本图形为灰色光带。

② 道岔的显示有其特色。道岔岔尖处有缺口，无缺口的一侧表示道岔开通位置。当道岔无表示时（道岔转换过程中），岔尖处闪白光。平时道岔不显示道岔名称号，当显示时其含义为：黄色表示道岔正在转换；白色表示道岔封闭；红色表示道岔单独锁闭，在单锁状态

下,道岔不能单独操纵,但可以排列通过道岔所在位置的进路;红色闪光表示道岔挤岔。显示道岔名称时,岔尖处黄色亮点表示道岔处于反位,绿色亮点表示该道岔处于定位。

③ 屏幕下部有各种汉字提示及报警信息,帮助信号值班员进行操作。办理各种原铅封按钮,如总人工解锁按钮时,屏幕上将显示输入口令号码,确认输入口令正确后,总人解生效,并将此操作做登记记录。

④ 在监控机与联锁机通信中断时屏幕上股道和道岔区段的显示转为红光带,信号显示转为灯丝报警。

⑤ 具备语音提示报警功能。

控制台的功能如下。

① 显示站场状态,接收操作命令。

② 将站场表示、进路状态、操作结果用彩色监视器或单元表示盘的光带显示给操作人员。

③ 将操作人员的操作命令传输给监控机。

2) 主控系统

主控系统主要由联锁机和执表机组成。

(1) 联锁机

图 3.28 联锁机柜

联锁机柜的实物图如图 3.28 所示。为了适应大、中、小站的不同的控制对象容量,联锁机柜的结构分 Ⅰ、Ⅱ 和 Ⅲ 型。Ⅰ 型为普通型;Ⅱ 型适合于小站,在一个柜内同时安装 A、B 两套联锁系统;Ⅲ 型为增强型,其采集增加到两层,最多可容纳 28 块采集板,驱动层为一层,最多可容纳 14 块驱动板。

联锁机的应用程序已都固化在 CPU 板的芯片上,只要开启电源,程序就开始运转。在计算机的状态表示面板上设有运行、中断、接收、发送等指示灯,若运行灯闪烁,则显示 CPU 运行正常,联锁机上电、复位和倒机时给出音响指示约 20 s,正常运行时,若有音响输出则为报警信息,应检查机间通信,并根据错误信息表查对错误。

联锁机主要由计算机层、电源层、采集层、驱动层、零层等组成,联锁机柜示意图如图 3.29 所示。

① 电源层

电源层由电源指示面板、采集电源、驱动电源和计算机电源组成。电源指示面板由电源工作指示灯和电源电压测试表组成;采集电源的工作电压为 (12 ± 1) V,该电源用于采集板对继电器接点信息的采集,采集回线的电压就由该电源提供;驱动电源的工作电压为 (12 ± 1) V,该电源用于驱动板送驱动信息给动态继电器(或动态驱动组合),驱动回线的电压就由该电源提供;计算机电源的工作电压为 (5 ± 0.2) V,该电源为计算机层所有电路板和采集板、驱动板的工

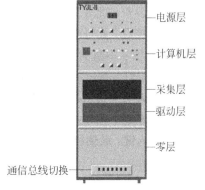

图 3.29 联锁机柜示意图

作电源,它的故障可能会导致机器死机,它提供的±12 V电压供调试设备使用。

各路电源之间要求有良好的隔离性能。系统对计算机电源的要求很高,其电压不能低于 4.9 V,否则可能会死机,或无故脱机。采集和驱动电源要求其直流电压的输出值大于 10 V,一般在 11~12 V 之间。

② 计算机层(STD 层)

计算机层由报警板、I/O 板、CPU 板及通信板构成。报警板用来控制机柜上的指示灯和蜂鸣器报警;采集 I/O 板用来控制采集总线,驱动 I/O 板用来控制驱动总线;CPU 板是整个系统的指挥中心,联锁程序固化在 CPU 板上的 U_{16}、U_{17} 两个 FLASH 芯片上,负责联锁关系检查及联锁运算,保障设备的运行安全;STD-01 通信板用来实现联锁机与执表机之间、主备联锁机之间,以及与监控机之间的通信。计算机层各板有各自固定的安装位置,机柜上已标明,槽位不能互换。

计算机层实物图如图 3.30 所示。

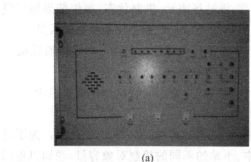
(a)
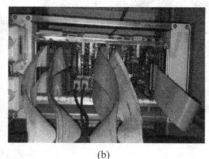
(b)

图 3.30 计算机层

(a)计算机层面板;(b)计算机层背侧

计算机层各指示灯显示的意义如下。

a. 工作指示灯和备用指示灯:工作灯亮绿灯表示控制权在本机,备用灯亮黄灯表示本机为备机。

b. 运行灯:指示计算机 CPU 的运行状态,闪动表示 CPU 正常运行。

c. 中断灯:此灯只供联锁机使用,只有中断 2 有效,指示 CPU 的中断请求信号是否正常。

d. 收发灯:此灯分四组,指示系统的通信状态。

e. 主控灯:此灯由 CPU 确认本机拥有控制权且与本机当前工作状态相符时点亮稳定绿色灯光,指示本机为工作机。

f. 联机灯:指示备机处于联机状态。

g. 同步灯:指示备机处于同步状态。

h. 联机键:当切换手柄在自动位置时,按此键可使在脱机状态的备机与主机联机。

i. 停鸣键:联锁机和执表机在启动、复位和倒机及联锁机在与其他设备通信中断时给出音响指示。

③ 采集层

采集层主要由采集机笼、采集板以及与计算机层和电源层联系的扁平电缆、电源线及相应的接插件等组成，采集层实物如图 3.31 所示。

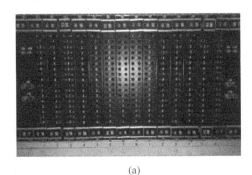 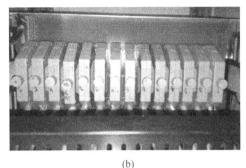

图 3.31 采集层
(a) 采集层面板；(b) 采集层背侧

【知识窗：机笼】

在机柜外面加一个防火材料的笼子，将这些机架、机柜按照不同的用户分割、围拢起来以确保这些通信设备的安全。

采集机笼的主体是采集母板，母板背侧的 32 芯插座连接接口架的专用 32 芯采集信息配线电缆。采集机笼最多可容纳 14 块采集板，左边控制前 8 块采集板，右边控制后 6 块采集板。每块采集板可以采集 32 位信息，并以红色采集指示灯指示，红灯点亮表示有采集信息送到采集板。每块采集板面板上两个指示灯是其板选指示灯，系统正常工作时应有规律地闪动。

④ 驱动层

驱动层的结构与采集层非常相似，主要由驱动机笼、驱动板以及与计算机层和电源层联系的扁平电缆、电源线及相应的接插件等组成。驱动层实物如图 3.32 所示。

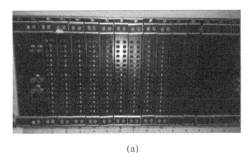 

图 3.32 驱动层
(a) 驱动层面板；(b) 驱动层背侧

驱动机笼的主体是驱动母板，母板背侧的 32 芯插座用于接插来自接口架的专用 32 芯驱动配线电缆。驱动机笼最多可容纳 14 块驱动板，左边控制前 8 块驱动板，右边控制后 6 块驱动板。驱动板前端均匀设置的 32 个指示灯分别对应每一个驱动位，当该位有驱动输出时其对应的绿色指示灯以 3～6 Hz 的频率闪烁。每一机柜的第一块驱动板的第一位和第四位控制输出专门用于驱动事故继电器。工作机的事故继电器应在吸起状态,备机在与主机同步后其事故继电器亦应吸起。

⑤ 零层

零层位于机柜最下层,主控系统最为重要的连接线缆从这里引入和引出。上面装有联锁总线切换盒、零端子和接地端子、联锁机切换手柄、监控机切换手柄等,零层如图 3.33 所示。零层的结构,不同生产厂家的机柜可能有所不同。

(a)

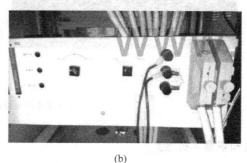
(b)

图 3.33 零层
(a) 零层总线切换盒;(b) 零层背侧

联锁总线切换盒上装有 A、B 两条总线的两组共 6 个接插端口,盒内装有总线切板。联锁机、执表机和监控机之间通过屏蔽电缆的插接连通总线。零端子分 01、02 两个,01 零端子主要是电源配线,02 零端子主要是切换校核电路的配线。在 LA 机上有一个三位式切换手柄,此手柄直接控制切换电路。其左侧位置为人工指定的工作机 A 机;右侧位置为人工指定的工作机 B 机;中间为自动位置,手柄在此位置上系统方可自动倒机切换。

联锁机主要有以下 5 个功能。

① 实现与监控机和执表机的通信,联锁备机(在联机状态)定时呼叫主机,进行信息交换和信息比较。

② 实现信号设备的联锁逻辑处理功能,完成进路确选、锁闭,发出开放信号和控制道岔的命令。

③ 采集现场信号设备状态,如轨道电路状态、道岔表示状态、信号机状态等。

④ 输出动态控制命令,通过动态驱动板驱动偏极继电器,控制现场设备。

⑤ 在热备方式工作时,主备机之间进行信息交换。当同步工作时,系统出现故障,能进行热切换。

(2) 执表机

执表机全称为执行表示机,它只负责信息的采集和控制命令的执行,不参与联锁运算,类似于简单的逻辑系统。执表机柜与联锁机柜的区别只是没有联锁软件,其他完全相同。

不是所有的车站都有执表机,只有当联锁机柜的容量不能满足车站监控对象数量的需要时,才设执表机。执表机的容量为 640 个二进制对象,控制容量为 256 个二进制对象。

执表机的主要功能如下:

① 接收联锁机发出的执行命令和向联锁机发送采集信息;

② 采集现场信号设备的状态;

③ 输出动态控制命令,通过动态驱动板驱动偏极继电器,控制现场设备。

3) 接口系统

TYJL-Ⅱ型计算机联锁系统基本上完全保留了6502继电集中联锁对室外设备的控制和表示电路(如道岔控制电路、信号点灯电路等),以这些电路中的相关继电器(定/反位操纵继电器、定/反位表示继电器、轨道继电器、信号继电器和灯丝继电器等)为界面进行控制和信息采集。

通常在机械室内靠近计算机房的地方设置接口架,联锁机、执表机的零层端子,采集层和驱动层引出的采集回线和驱动回线,以及大量的采集和驱动电缆均以32芯插头插接至本接口架的里侧。接口架是主控系统与接口系统的一个十分清晰的分界面。

接口系统可分为两大部分,第一部分是基本未作更改的6502继电路以及其他电路或系统;第二部分是计算机联锁所特有的,分为采集电路、驱动电路、动态驱动设备和专用防护电路。接口电路必须符合故障-安全原则。

(1) 信息采集电路

现场的表示信息通过输入整形电路送入计算机,为减少机柜内板间电缆,采集板采用母线工作方式,即各采集板连接到同一母线,通过I/O板为母线提供输出、输入端口。信息采集电路的原理图如图3.34所示。

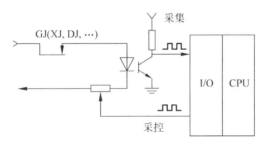

图3.34 信息采集电路的原理图

从图中可以看到,CPU只有收到脉冲信息时,才将其视为有效信号,电路中任何元器件故障均导致"0"或"1"的固定输出,软件判断固定的"1""0"信息无效,将该信息倒向安全侧。轨道继电器的安全侧信息为GJ落下,即占用。GJ、ZCJ等信息计算机无法校核,且和联锁直接相关,程序软件对这些信息系统采集前后的接点加以比较,若均为"1"或均为"0",可断定电路某处发生了故障,这种情况按落下接点信息处理,以保证安全。

(2) 输出驱动电路

驱动板同样采用母线工作方式,输出驱动电路的原理图如图3.35所示。

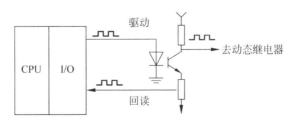

图3.35 输出驱动电路的原理图

联锁计算机输出动态脉冲驱动信息,对于电路中任何元器件故障均导致"0"或"1"的固定输出,通过同步回读驱动信号校核驱动电路即时判断,从而采取响应措施,以保证系统的可靠性和安全性。

(3) 动态驱动设备

动态驱动设备是指直接参与控制室外信号机和电动转辙机的控制设备,目前仍采用继电器进行控制,价格低廉,且安全可靠。为保证计算机联锁系统的安全输出,采用双输入动态继电器,或双输入动态驱动组合+偏极继电器。其动作原理如图 3.36 所示。

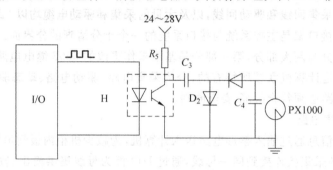

图 3.36 双输入动态继电器动作原理图

动态继电器由安全型偏极继电器、固态继电器、电阻电容元件构成,为故障-安全型动态继电器。

无控制信号输入时,电路处于静止状态,固态继电器 H 截止,电容 C_3 两端电压等于局部电源电压,电路中无电流流通,动态继电器处于落下状态。当有控制脉冲输入时,控制脉冲高电平使固态继电器 H 导通,电容 C_3 经"H"向 C_4 充电,控制脉冲由高变低时,"H"截止,电源经 R_5、D_2 向 C_3 充电,经两到三个脉冲,使 C_4 的电位充到偏极继电器的吸起电压,偏极继电器励磁吸起。

驱动单元是将四个动态继电器的电子部件集中安装在一块驱动单元板上,分别控制四个偏极继电器。其动作原理同上。

(4) 防护电路

TYJL-Ⅱ型计算机联锁主控系统中经过改进的采集板和驱动板已经达到部颁防雷标准,在接口系统中增设的防护电路是为重雷区内增强雷电防护能力而设的,对电气化区段牵引电流的侵入也有相当的防护能力。

4) 电务维修机

为了方便电务维修人员更好地维护计算机联锁系统,系统中增加了电务维修终端。电务维修机通过与主备监控机连接,接收监控机送来的系统运行状态的各种信息,储存记录系统的全部运行信息,为现场维修分析故障提供可靠的科学依据,并向监控机传送修改后的时钟信息。

电务维修机是计算机联锁系统的重要辅助设备,它为维修人员提供人机界面,与其他系统的连接一般也是通过电务维修机实现的。

(1) 电务维修机的组成

电务维修机由工控机主机箱、键盘、鼠标、14 in 显示器及打印机等构成。其中主机箱内有 CPU 板、PC 总线母板、以太网卡、硬盘、3 in 软驱、显卡、微机电源、调监通信串口多功能板。

(2) 电务维修机的主要功能

① 实时反映主、备系统运行状态。

② 再现一个月内的系统运行状态。

③ 与主备监控机进行通信(以太网卡),向监控机传送修改后的时钟信息,以使整个系统的时钟保持一致。

④ 与远程维修机建立拨号网络,向远程维修机传送有关系统运行状态的各种信息。

⑤ 信息自动记录,记录车站值班员的操作过程,记录车站值班员对铅封按钮的操作,记录所采集的变化信息,记录控制台错误提示,记录各种报警提示信息等。记录显示窗口如图 3.37 所示。

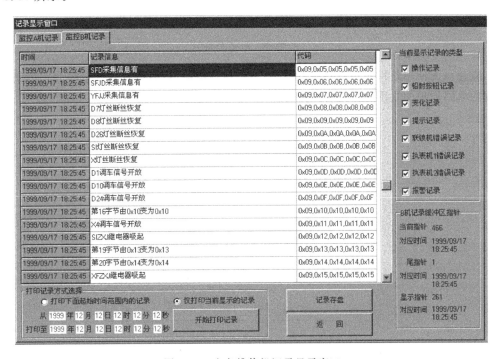

图 3.37　电务维修机记录显示窗口

5) 电源

电源系统是各种类型的信号设备的重要组成部分,计算机联锁设备也是如此。电源系统是信号系统的命脉,电源一旦发生故障,整个系统都不能正常工作,设备可能瘫痪。电源系统主要由系统电源及配电柜、主控机柜电源、动态驱动电源、切换电源组成。TYJL-Ⅱ型计算机联锁的电源分布图如图 3.38 所示。

6) 应急盘

应急盘的功能是,在计算机联锁系统失效时,用以控制道岔和引导信号。应急盘有直观、清晰的站场图形表示,并有道岔位置及引导信号开放的表示。

双机热备型计算机联锁的两套设备正常时,无须使用应急盘;只有两套设备都不能使用时,为了不影响行车,才会将应急盘台内的闸合上,给应急台供电,启用应急盘扳动道岔,替代人摇道岔。但应急盘没有联锁条件,它的安全要由人来保证。

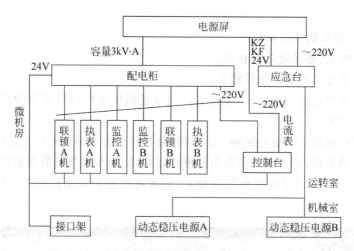

图 3.38 电源分布图

应急盘的使用条件是：室内继电电路、室外轨道电路、信号机及道岔处于良好状态。应急盘的电路原理图如图 3.39 所示。

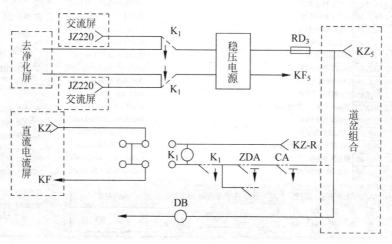

图 3.39 应急盘电路原理图

在维修过程中，要特别注意应急台内 K_1 继电器落下接点应保持接触良好，否则会影响动态电源的输出。

2．TYJL-Ⅱ型计算机联锁系统的工作原理

1）进路的办理操作

进路办理的方法如下：

（1）先按压始端按钮，再按压终端按钮，可以排列基本进路；

（2）先按压始端按钮，再按压"变更"按钮，最后按压终端按钮，排列变通进路。

反向单置调车，并置和差置同向按钮，可作进路变更按钮。

取消进路的方法如下：

（1）接近区段无车占用时，先按压"总取消"按钮，后按压进路始端按钮，立即取消信号和解锁进路；

(2) 接近区段有车占用时,必须先按压"总人解"按钮,后按压进路始端按钮,再输入命令,信号立即关闭,进路延时解锁。

以下几种情况发生时,进路需要延时解锁:

(1) 所有接车进路、正线发车进路,延时 3 min 解锁;

(2) 其他进路延时 30 s 解锁。

注意:有的未设轨道电路的尽头线、牵出线调车信号机的接近区段按有车占用设计,所防护的进路 30 s 延时解锁。

2) 进路的解锁

(1) 进路的正常解锁

进路的正常自动解锁采用三点检查,与 6502 电气集中的正常解锁方法相同,所不同的是轨道电路占用并出清时白光带瞬间变绿光带。

如果进路上的区段因锈蚀等原因分路不良,或者轨道电路忽然发生故障,造成进路部分区段不能正常自动解锁(仍保留绿光带),要采用故障解锁。

(2) 进路的故障解锁

进路上出现不能正常解锁的情况时,有下列几种解锁方法。

① 尚未使用的进路中区段出现绿光带时进路解锁。如接近区段空闲,按压"总人解"和"始端"按钮,进路自始端至故障区段解锁;如接近区段占用,这些区段延时解锁。故障区段至终端的进路,按压"总人解"和"终端"按钮,延时 30 s 解锁。

若接近区段占用,进路的第一区段故障,进路无法解锁,待设备回复。

② 列车已驶离某进路,因轨道电路故障或分路不良,进路中留有绿光带,如进路的始端还存在时,按压"总人解"和"始端"按钮,进路自始端至故障区段解锁;如进路的终端存在,按压"总人解"和"终端"按钮,进路自始端至故障区段解锁;如进路的始终端均不存在时,按压"总人解"与进路同向的调车信号机按钮,绿光带区段解锁;如无上述故障区段的条件(独立区段),按压故障"区段解锁"按钮和道岔岔尖,相关区段解锁。

对于车列已顺序进入的区段,为了防止迎面进路人为错误解锁,进路须按顺序占用并出清后,方可办理区段故障人工解锁。

3.3.3 SICAS 型计算机联锁

目前我国城市轨道交通正线联锁设备存在多种类型,其中应用较为广泛的是西门子计算机辅助信号系统(Siemens computer aided signalling,SICAS)型计算机联锁。SICAS 是一个模块化的、灵活的联锁系统,可以通过单独操作、进路设置等方式实现对道岔、轨道区段、信号机等室外设备的监督和控制。SICAS 型计算机联锁被广泛地应用在城市轨道交通、干线铁路。

1. SICAS 型计算机联锁系统结构

1) 设备的组成及功能

计算机联锁设备普遍分为五层,即操作层、逻辑层、执行表示层、设备驱动层和现场设备层。SICAS 型计算机联锁分别对应为现场操作员工作站(locale operator workstation,LOW)、联锁计算机(SICAS)、现场接口计算机(STEKOP)、接口控制模块(DSTT)以及现场的道岔、轨道电路和信号机,如图 3.40 所示。

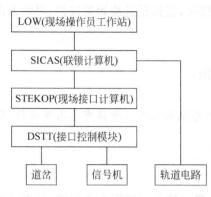

图 3.40　SICAS 型计算机联锁结构图

（1）LOW 是人机操作界面，它将设备和列车运行情况图形化显示，接收操作人员的操作指令并传递给联锁计算机进行处理。

（2）SICAS 的联锁计算机根据需要可采用 2 取 2 结构或 3 取 2 结构，主要功能是接收来自 LOW 的操作指令和来自现场的设备状态信息，联锁逻辑运算，排列、监督和解锁进路，动作和监督道岔，控制和监督信号机，防止同时排列敌对进路，向 ATC 发出进入进路的许可，并将产生的结果状态和故障信息传送至 LOW。

（3）根据配置不同，SICAS 对现场设备控制部分包括 ESTT、DSTT 和 STEKOP。

① ESTT 可直接连接 SICAS 和现场设备，ESTT 到联锁计算机的距离可达 100 km。每个轨旁元件，如转辙机、信号机、速度监督元件等，都有一个电子元件接口模块。每个元件接口模块都有完整的硬件和所需控制轨旁元件的软件，大部分元件接口模块包含一个现场总线接口板 FEMES，用于保证 SICAS、ESTT、监控对象之间数据的传输。

② DSTT 是分散式元件接口模块，经由并行线与 SICAS 相连，根据 SICAS 的命令控制现场设备，如道岔、信号机或轨道空闲检测系统，从联锁计算机到 DSTT 的最大距离是 30 m，DSTT 与轨旁元件间最大距离为 1 km。

DSTT 系统的模块包括道岔元件接口模块 DEWEMO、信号机元件接口模块 DESIMO 和闪光元件接口模块 DEBLIMO。

③ STEKOP 是一个采用 2 取 2 结构的故障-安全型计算机，用于实现联锁计算机与 DSTT 间的连接，可控制 100km 的范围。STEKOP 的主要功能是：读入轨道空闲表示信息和开关量信息，根据 SICAS 发出的命令和 DSTT 的结构分解命令，输出并控制 DSTT，实现对转换设备、显示单元的控制，并将开关量信息回传给 SICAS。

系统中联锁计算机对现场设备的控制有三种基本配置。第一种配置是 SICAS（西门子计算机辅助信号系统）经 DSTT（测试器，接口控制模块）控制现场设备；第二种配置是 SICAS 经 STEKOP（现场接口计算机）和 DSTT 控制现场设备；第三种配置是 SICAS 经 ESTT（电子元件接口模块系统）控制现场设备。除上述外，SICAS 联锁系统还有与 ATC 系统、其他联锁设备（如车辆段联锁设备、相邻 SICAS 设备）的接口。

2）联锁主机的结构

为保证设备安全和提高设备可靠性，目前联锁主机主要采用两种冗余方式：2 取 2 系统和 3 取 2 系统。

2 取 2 系统由两个各自独立的、相同的、对命令同步工作的计算机通道组成，过程数据由两个通道输入、比较并进行处理。只有两个通道处理结果相同时才能输出。独立于数据流的在线计算机监测功能在一定的周期内完成一次，一旦检测到故障此系统将停止工作，从而避免连续出现故障引起的危害。

3 取 2 系统由三个各自独立的、相同的、对命令同步工作的计算机通道组成。过程数据由三个通道输入、比较并进行处理，只有当三个或两个通道处理结果相同时结果才能输出。

如果其中一个通道故障,在该检测周期内相关通道会被切除,联锁计算机按2取2系统方式继续工作,只有当又一个通道故障时,系统才停止工作。采用这种3取2的方式,提高了系统的可靠性和安全性。

3) 与有关设备接口

(1) 与车辆段联锁接口

正线车站与车辆段的信号接口设有相互进路照查电路,操作人员只有确认设置于控制台或计算机屏幕的照查表示灯显示后才能开放信号。主要联锁关系包括:

① 不能同时向对方联锁区排列进路;

② 当进路中包含有对方轨道电路时,必须根据对方相关轨道电路空闲信息进行进路检查,进路排出后须将排列信息传送至对方并要求对方排出进路的另一部分;

③ 列车入段时,车辆段必须先排接车进路,正线车站才能排列入段进路,以减少对咽喉区的影响。

(2) 与洗车机接口

只有得到洗车机(实物如图3.41所示)给出的同意洗车信号时,才能排列进入洗车线的进路,否则,不能排列进路。

(3) 与防淹门接口

在特别情况发生时,SICAS联锁通过与防淹门(实物如图3.42所示)的接口保证列车运行安全。联锁设备与防淹门间传递的信息包括防淹门"开门状态"信息、"非开状态"信息、"请求关门"信号以及信号设备给出的"关门允许"信号。

图3.41 洗车机

图3.42 防淹门

【知识窗:防淹门】

当过江隧道破裂、珠江水涌进地铁站等意外事故发生时,防淹门的闸门能根据信号在短时间内自动紧急关闭,防止事态扩大。据介绍,每扇防淹门能抵御的最大水压冲力是419 t,相当于1 cm^{2}大的面积承受23 kg的压力。另外,门槽四周采用P型橡胶水封,与机车轨道接触的部分则采用特殊结构,使得闸门关闭时,闸门与轨道之间滴水不漏。

其基本联锁关系主要表现在以下方面。

① 只有检测到防淹门的"开门状态"信息而且未收到"请求关门"信号时才能排列进路。

② 信号机开放后，收到防淹门"非开状态"信息时，立即关闭并封锁信号机。

③ 信号机开放后，收到防淹门"请求关门"信号时，关闭并封锁始端信号机并取消进路（接近区段有车时延时 30s 取消进路），通过轨道电路确认隧道内没有列车后立即发出"关门允许"信号，否则需要防淹门操作人员人工确认列车运行情况并根据有关规定人工关门。

(4) 与 ATC 系统接口

SICAS 联锁与 ATC 系统的连接通过逻辑的连接来实现，响应来自 ATS 的命令，进行联锁逻辑运算，在满足安全的前提下，控制进路、道岔和信号机，并将进路、轨道电路、道岔、信号机的状态信息提供给 ATS 子系统、ATP 子系统和 ATO 子系统。主要设备状态信息如下。

① 进路状态：包括进路的锁闭、占用和空闲。

② 信号机的状态：包括信号机的开放和关闭。

③ 道岔位置：包括道岔的定位、反位、四开和挤岔。

④ 轨道电路状态：包括轨道电路的占用、锁闭和空闲。

(5) 与相邻联锁系统接口

城市轨道交通正线车站被划分为数个联锁区，各联锁区的相互连接经由联锁总线通过连接中央逻辑层实现，联锁边界处的每个设备的进路特征将反映至相邻联锁系统。

当一条进路的始端信号机和终端信号机位于不同联锁区时，进路由始端信号机所在的联锁区来设定，进路包括带有自身联锁区内进路部分和相邻联锁区内进路部分的连接点，两部分相互作用实现 SICAS 联锁的连接。

2. 进路控制

1) 进路设置

为确保城市轨道交通高密度行车下的安全，将 SICAS 联锁系统与 ATP 相结合，进路由防护信号机防护，但列车在进路中的运行安全由 ATP 负责。SICAS 联锁系统共有四种进路设置方式。

(1) ATS 的自动列车进路

ATS 按照运行图，根据列车的车次号，结合列车的运行位置，发送排列进路的命令给 SICAS 联锁，自动排列进路。

(2) RTU 的自动列车进路

当中央 ATS 子系统故障或与控制中心（operating control center，OCC）中央设备的传输通道故障时，驾驶员在列车上人工输入目的地码，车站 ATS 的远程终端设备（remote terminal unit，RTU）能根据从轨旁列车识别（positive train identification，PTI）环线（即车地通信轨旁接收设备）接收到的目的地码，向 SICAS 联锁发布排列进路命令，自动排列进路。

(3) 追踪进路

追踪进路是 SICAS 联锁自有的功能，在列车占用触发轨时，SICAS 可向带有追踪功能的信号机发布排列进路命令，自动排列出一条固定的进路，开放追踪进路的信号。

(4) 人工排列进路

可由操作员在获得操作权的 LOW 或中央 ATS 的人机界面（man machine interface，MMI）上，通过鼠标和键盘输入排列进路命令令人工排列进路。

人工排列进路始终优先，自动列车进路与追踪进路功能是对立的，对于单个信号机而言,选择了自动排列进路,就不能选择追踪进路。操作员可在 LOW 或 MMI 输入命令,开放、关闭信号机的自动排列进路或追踪进路功能。

2) 进路排列的条件

符合以下条件时,进路可以排列。

① 进路中的道岔没有被征用在相反的位置上。

② 进路中的道岔没有被人工锁定在相反的位置上。

③ 进路中的道岔区段、轨道区段没有被封锁。

④ 进路中的信号机没有被反方向进路征用。

⑤ 进路中的监控区段没有被进路征用。(如列车正在通过进路的监控区段或列车通过进路后,监控区段不能正常解锁,出现绿光带现象,则进路不能排列。)

⑥ 进路的非监控区段没有被其他方向进路征用。(如要排列进路的轨道区段(含保护区段)被其他方向的进路征用或其他方向进路的轨道区段在解锁时出现非正常解锁,且这些区段刚好属于要排列的进路的某些区段,则进路不能排列。注:如果进路的非监控区段是被同方向的进路征用,则可以再次征用。)

⑦ 从洗车厂接收到一个允许洗车的信号(只适用于排列进洗车线的进路)。

⑧ 与相邻联锁通信正常(只适用于排列跨联锁区的进路)。

⑨ 防淹门打开且未请求关闭(只适用于排列通过防淹门的进路)。

⑩ 与车厂的照查功能正常(只适用于排列进车厂的进路)。

进路在排列过程中,进路的道岔(含侧防道岔)能自动转换至进路的正确位置。

3) 进路相关概念

(1) 进路的组成

进路一般由三部分组成,分别为主进路、保护区段及侧面防护。主进路是指进路上从始端信号机至终端信号机的路径,分为监控区段(含道岔区段)、非监控区段。保护区段是指终端信号机后方的一至两个区段。侧面防护由道岔、信号机及轨道区段的单个元素或组合元素组成。

(2) 多列车进路

SICAS 联锁中一般不设通过信号机,只设置防护信号机,有些进路包含了若干个轨道区段(多至十几个)。由于城市轨道交通运行间隔小、车流密度大,列车运行安全由 ATP 子系统保护,因此一条进路中允许多个列车运行。如图 3.43 所示,从 S1 到 S2 为多列车进路,只要监控区空闲即可排出以 S1 为始端的进路,开放 S1。

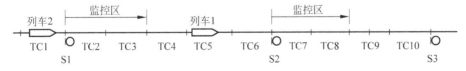

图 3.43 多列车进路

对于多列车进路,当列车 1 出清监控区后,即可排列第二条相同始端的进路。进路排出后,只有当列车 2 通过后才能解锁。

(3) 联锁监控区段

为了提高建立进路的效率,联锁系统把进路的区段分为监控区段和非监控区段两部分。

进路建立后,当列车没有出清监控区段时,该进路不能再排列。当列车出清监控区段进入非监控区段时,即使非监控区段还没有全部解锁,该进路仍可再次排列,且信号能正常开放。

在无岔进路中,通常始端信号机后两个区段为监控区段,如图3.43所示,其他为非监控区段。

在有岔进路中,从进路的第一个轨道区段开始,一直到最后一个道岔区段的后一区段为止都是监控区段,其他为非监控区段。

监控区段的长度应足以完成列车驾驶模式的转换。列车通过监控区段后自动将运行模式转换为 ATO(自动驾驶)模式或 SM 模式(ATP 监督下的人工驾驶模式),列车之间的追踪保护就由 ATP 来实现。

监控区段有故障时,信号只能达到非监控层或引导层。非监控区段有故障时,信号能正常开放,但列车以 SM、ATO 或 AR 模式(自动折返模式)驾驶时,由于具有 ATP 的保护功能,列车会在故障区段的前一区段自动停稳。

(4) 保护区段

保护区段也叫重叠区段,如图3.44所示。设置保护区段的目的是避免列车由于某种原因不能在信号机前方停车而冲出信号机,导致危及列车安全的事故发生。

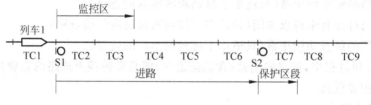

图 3.44 进路保护区段

进路可以带保护区段或不带保护区段排出。对于短进路,保护区段与进路同时建立;为了不妨碍其他列车运行,对于长进路,可以通过目轨的占用来触发使保护区段延时设置。

如进路短,排列进路时带保护区段;多列车进路无保护区段时,进路的防护信号机可以正常开放。

当 SICAS 联锁不能提供保护区段或其侧防条件不满足时,ATP 会计算出自己的保护区段,列车会在终端信号机前方一段距离(ATP 保护区段的长度)停车,以确保行车安全。

从保护区段的接近区段被占用开始经过一个设计的延时(默认为30 s),保护区段解锁。

(5) 侧面防护

SICAS 联锁中没有联动道岔的概念,所有道岔都按单动道岔处理。排列进路时通过侧面防护把相关的道岔及信号机锁闭在联锁要求的位置,以避免其他列车从侧面进入进路,确保安全。侧面防护包括主进路的侧面防护和保护区段的侧面防护,如图3.45所示。

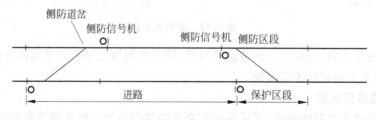

图 3.45 侧面防护

侧面防护的任务是通过转换、锁闭和检查相邻分歧道岔位置,切断所有通向已排进路的路径。如果侧防道岔实际位置与要求的位置不一致,则发出转换道岔命令,当命令不被执行时(如道岔已锁闭),操作命令被储存,直到达到要求的终端位置。否则通过取消或解锁该进路来取消操作命令。

侧面防护也可由位于进路需要侧面防护方向的主体信号机显示禁止信号来完成。

道岔为一级侧面防护,信号机为二级侧面防护。排列进路时首先确定一级侧面防护,再确定二级侧面防护。没有一级侧面防护时,则将信号机作为侧面防护。

(6) 进路的解锁

SICAS 联锁中正常的进路解锁采用类似国内铁路集中联锁的三点检查方式,列车出清后,后方的进路元素自动解锁。

人工取消多列车进路时,进路的第一个轨道电路必须空闲。如果接近区段逻辑空闲,进路及时解锁;如果接近区段非逻辑空闲,进路延时 60 s 解锁。

多列车进路排出后,如果进路中有列车运行,则人工取消进路时只能取消最后一次排列的进路至前行列车所在位置的部分,其余部分随前行列车通过后自动解锁。

进路解锁后,相应的侧防道岔、侧防信号机及保护区段都随之解锁。

(7) 轨道区段的 Kick-off 功能

① 物理空闲和物理占用。轨道区段的物理空闲是指列车检测设备(如轨道电路、计轴设备等)反映室外的轨道电路区段实际没有被列车占用的状态,此时轨道继电器处于吸起状态。轨道区段的物理占用是指列车检测设备反映室外的轨道电路区段实际被列车占用的状态,此时轨道继电器处于落下状态。

② 逻辑空闲和逻辑占用。轨道区段物理占用时,系统认为该区段也处于逻辑占用状态。当轨道区段从物理占用状态切换为物理空闲状态时,系统将结合相邻区段的状态变化判断是否符合列车运行轨迹(如列车通过和列车折返轨迹),如果符合则系统认为该区段逻辑空闲,否则认为该区段逻辑占用。

为了更好地判断逻辑空闲状态,系统引进了 Kick-off 状态。一般每个轨道区段均有两个 Kick-off 状态,每端一个,分别记录本区段与相邻轨道区段被同时占用的状态。当区段物理空闲且有两个 Kick-off 状态时,系统认为该区段逻辑空闲并重置 Kick-off,否则认为逻辑占用。

3. LOW 的组成

1) 设备组成

LOW 的中文含义为现场操作员工作站,是信号系统网络的区域终端设备,每个联锁站都有一套 LOW 设备,主要由一台电脑和一台记录打印机组成。SICAS 联锁系统的本地操作和表示是通过 LOW 工作站来完成的。联锁设备和行车状况(如轨道占用、道岔位置和信号显示等)在彩色显示器上以站场图形式显示,使用鼠标和键盘,在命令对话窗口上可以实现常规命令及安全相关命令的联锁操作。所有安全相关命令的操作、操作员登录/退出操作、设备故障报警等信息将被记录存档。根据实际控制需要,可以每个联锁系统拥有几个操作控制台,或者几个联锁系统采用一个控制台。

2) 屏幕显示

LOW 的屏幕显示由三部分组成,如图 3.46 所示,自上而下分别为基本窗口、主窗口和对话窗口。

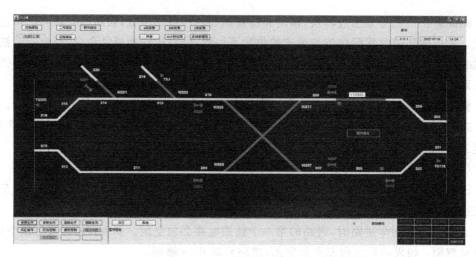

图 3.46 LOW 的屏幕显示

(1) 基本窗口

计算机启动后第一个出现的窗口为基本窗口,如图 3.47 所示。

图 3.47 LOW 基本窗口

下面介绍各按钮的主要功能。

① 登记进入/登记退出按钮:系统将检查姓名及口令,如果正确,登记进入按钮将改为登记退出按钮,并且下面的输入框将使用者的姓名灰显,说明已成功登录 LOW,可以根据权限对 LOW 进行操作。

② 图像按钮:用于在主窗口中显示联锁区的站场图。

③ 报警按钮:分为 A、B、C 三类,A 类级别最高,C 类级别最低。如果不存在报警,报警按钮将显示灰色。一旦出现报警,相应级别的报警按钮开始闪烁并发出声音报警,报警级别越高,报警声越持久、越响亮。单击相应的报警按钮即可对报警进行确认,打开相应的报警单,然后选择需要确认的报警信息,再在对话窗口中单击报警确认按钮就可以对报警进行应答。报警单中只要有一个报警未被应答,则报警按钮会保持红色闪烁,当报警单中的所有报警都被应答,报警按钮呈永久红色,报警声被关闭,故障修复后红色消失。

④ 管理员按钮:只有用管理员身份及密码登记进入时才显示出来,并可以设置或更改操作员的操作权利,不是管理员登录时,此按钮会显示灰色。

⑤ 调档按钮:用于查询、打印联锁装置 48h 内的特别情况记录并存档,如来自现场设备或联锁的信息和报警、来自 RTU/ATS 的信息和报警、LOW 内部出现的错误、登记进入/登记退出报告等。

⑥ 音响按钮:单击该按钮可关闭报警声音,直到下一次报警出现。

⑦ 日期和时间显示按钮:显示当前日期和时间。

⑧ 版本号:显示现用的版本,版本号必须在故障信息报告中注明。

(2) 主窗口

启动 LOW 后进入主窗口，显示整个联锁区线路、信号等设备状态，并能够选择元件进行操作。

(3) 对话窗口

对话窗口主要由命令按钮栏、执行按钮、取消按钮、记事按钮以及综合信息显示栏组成。

① 命令按钮栏：可以显示当前的所有命令按钮，以供操作员选择。命令按钮栏可根据不同要素的选择，显示出所选要素的所有操作命令，如果没有选择任何要素，命令按钮栏显示的命令为对联锁的所有操作。

② 执行按钮：用于执行当前的操作，当单击了执行按钮，当前的操作就会被联锁记录执行。

③ 取消按钮：用于取消当前的操作。

④ 记事按钮：用于打开记事输入框、记录情况（平时不用）。

⑤ 综合信息显示栏：用于显示信号系统的各种供电情况以及自排、追踪情况。如果相应的供电正常，相应的显示为绿色字体；如果故障则显示红色字体。而如果没有打开自排功能时，自排全开的字体为白色，一旦打开了自排功能则自排全开字体为绿色。对于追踪进路，如果打开追踪功能，追踪进路字体为黄色；如没有打开追踪功能，则追踪进路字体为白色。

4. LOW 的操作命令

操作命令根据安全等级分为"常规操作命令"（用 R 表示）和"安全相关操作命令"（用 K 表示）。

安全相关操作命令是指该命令执行后可能会影响行车安全或设备安全的命令。安全相关命令只有在 LOW 上才可以操作，其安全责任主要由操作员负责，故必须确认相关的操作前提，并且须输入正确的命令，操作完毕后必须在值班日记中做好记录。

持有 LOW 操作证者，在 LOW 工作站上的操作命令见表 3.4。

表 3.4　LOW 工作站上的操作命令

相关设备	按钮名称	命 令 含 义	安全相关命令	备　　注
联锁	自排全开	本联锁区全部信号机处于自动排列进路状态	否	关闭所有具有自排功能的信号机的追踪进路功能
	自排全关	本联锁区全部信号机处于人工排列进路状态	否	
	追踪全开	本联锁区全部信号机处于联锁自动排列进路状态	否	关闭所有具有追踪功能的信号机的自排功能
	追踪全关	本联锁区全部信号机取消联锁自动排列进路状态	否	
	关区信号	关闭并封锁联锁区全部信号机	否	
	交出控制	向 OCC 交出控制权	否	
	接收控制	向 OCC 接收控制权	否	控制中心（ATS）已交出控制权
	强行站控	在紧急情况下，车站强行取得 LOW 的控制权	是	强行站控后必须报告行调（C-LOW 无此命令）
	重启令解	系统重新启动后，解除全部命令的锁闭	是	指的是 SICAS 系统重新启动
	全区逻空	设定全部轨道区段空闲	是	

续表

相关设备	按钮名称	命令含义	安全相关命令	备注
轨道区段	封锁区段	将区段封锁,禁止通过该区段排列进路	否	
	解封区段	取消对区段的封锁,允许通过该轨道区段排列进路	是	
	强解区段	解锁进路中的轨道区段	是	
	轨区逻空	把轨道区段设为逻辑空闲	是	
	轨区设限	设置该轨道区段的限制速度	是	无进路状态下使用
	轨区消限	取消对轨道区段的限制速度	是	
	终止站停	取消运营停车点	否	只能用于正常运营方向
道岔	单独锁定	锁定单个道岔,阻止电操作转换	否	
	取消锁定	取消对单个道岔的转换,道岔可以转换	是	
	转换道岔	转换道岔	否	
	强行转岔	轨道区段占用时,强行转换道岔	是	
	封锁道岔	将道岔封锁,禁止通过道岔排列进路	否	道岔可通过转换道岔命令进行位置转换
	解封道岔	取消对道岔的封锁,允许通过道岔排列进路	是	
	强解道岔	解封进路中的道岔	是	接近区段有车延时30 s解锁
	岔区逻空	把道岔区段设置为逻辑空闲	是	
	岔区设限	对道岔区设置限制速度	是	
	岔区消限	取消对道岔区段的限制速度	是	在LCP盘上用消限钥匙接通消限电路,并在30 s内完成操作
	挤岔恢复	取消挤岔逻辑标记	是	
信号机	关单信号	设置信号机为关闭状态	否	只能作用于已开放的信号机
	封锁信号	封锁关闭状态下的信号机	否	只能开放引导信号
	解封信号	取消对关闭状态下的信号机的封锁	是	
	开放信号	设置信号机为开放状态	否	信号达到主信号层,没有被封锁
	自排单开	设置单个信号机为自动排列进路状态	否	信号机具备自排功能且追踪全开功能没有打开
	自排单关	设置单个信号机为人工排列状态	否	
	追踪单开	设置单个信号机为封锁自动排列进路状态	否	
	追踪单关	单个信号机取消由联锁自动排列进路状态	否	信号机具备追踪功能且自排全开功能没有打开
	开放引导	开放引导信号	是	

在操作 LOW 工作站过程中,操作员必须确认进路要素以正确的方式显示,否则应立即停止和取消该项操作,并报告行车调度员(简称"行调")。行调根据具体情况,当确认 LOW 不能正常操作时,发布停止使用命令,按 LOW 工作站设备故障进行处理,组织行车。

LOW 工作站操作员在结束操作或临时离开车站控制室时,应将工作站退回到登记进入状态,严禁中断 LOW 工作站工作,进行与行车无关的工作。

LOW 工作站的设备管理人员或维修人员需操作 LOW 工作站时,应征得车站值班站长同意,并经行调授权,以自己的用户名和口令登记进入系统后,在不影响行车的情况下方可进行操作。

5. LOW 的操作举例

1)对进路的操作

(1)排列进路

在 LOW 排列进路,只要单击 LOW 主窗口上要排列进路的始端信号机,再右击要排列进路的终端信号机,此时所选始端信号机和终端信号机都会被打上灰色底色,然后在对话窗口中的命令显示栏(在 LOW 的左下角)单击"排列进路"命令,最后单击对话窗口中的"执行"按钮即可。

此时,联锁计算机就会自动检查该进路的进路建立条件,如果满足进路的建立条件,相应的进路会自动建立,并进入相应的监控层,如果达到了主信号层,且始端信号机正常时,始端信号机就会自动开放;但如果只达到了引导层,则始端信号机不会开放,只能在满足开放引导信号的条件下人工开放引导信号。

(2)取消进路

在 LOW 上取消一条已排好的进路,只要单击 LOW 主窗口上该进路的始端信号机,再右击该进路的终端信号机,此时所选始端信号机和终端信号机都会被打上灰色底色,然后在对话窗口中的命令显示栏(在 LOW 的左下角)单击"取消进路"命令,最后单击对话窗口中的"执行"按钮即可。

说明:在对 LOW 进行操作过程中,只有在排列进路及取消进路时,才会用到鼠标的右键,其他的操作都只用鼠标的左键。

2)对道岔的操作

(1)显示意义

LOW 上的道岔结构如图 3.48 所示,其显示意义见表 3.5。

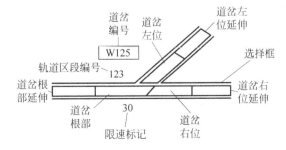

图 3.48 LOW 上的道岔结构

表 3.5 LOW 上道岔的显示意义

元 素	状 态	显 示 意 义
道岔编号	白色	道岔无锁定
	红色	道岔单独锁定
	稳定	正常
	闪烁	出现 Kick-off 储存故障
道岔编号框	显示	没有被进路征用
	不显示	被进路征用锁闭
岔体	黄色	常态、空闲、没有被进路征用
	绿色	空闲、被进路征用
	淡绿色	空闲、被进路征用为保护区段
	红色	占用、物理占用
	粉红色(中部)	占用、逻辑占用
	深蓝色(中部)	已被封锁,拒绝通过该区段排列进路
	灰色	无数据
道岔位置	有颜色显示	在左位或右位
	道岔左位闪烁(短闪)	道岔左位转不到位(左位无表示)
	道岔右位闪烁(短闪)	道岔右位转不到位(右位无表示)
	道岔左右位及延伸部分闪烁(长闪)	道岔挤岔

(2) 基本操作

在 LOW 上对道岔进行操作,必须单击 LOW 主窗口上的道岔元件或道岔编号,此时所选元件被打上灰色底色,然后在对话窗口中的命令显示栏(在 LOW 的左下角)单击所需的命令,最后单击对话窗口中的"执行"按钮即可。

道岔区段设置了限速,限速的列车最高速度会以红色的 60、45、30、15 等数字在相应的区段下方显示出来。此时,列车通过该道岔区段的最高速度不能大于此限制速度,可设置的速度分别为 60 km/h、45 km/h、30 km/h、15 km/h 四种。

3) 对轨道区段的操作

(1) 显示意义

LOW 上的轨道区段各部分如图 3.49 所示。LOW 上轨道区段的显示意义见表 3.6。

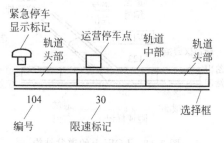

图 3.49 LOW 上的轨道区段组成

表 3.6 LOW 上轨道区段的显示意义

元 素	状 态	显 示 意 义
轨道区段	黄色	常态、空闲、没有被进路征用
	绿色	道岔单独锁定
	稳定	空闲、被进路征用
	淡绿色	空闲、被进路征用为保护区段
	红色	占用、物理占用
	粉红色(中部)	占用、逻辑占用
	粉蓝色(中部)	已被封锁、拒绝通过该区段排列进路
轨道区段	灰色	无数据
	稳定	表示正常
	闪烁	表示在延时解锁中
运营停车点	红色	常态、设置了停车点
	绿色	取消了停车点
紧急停车标记	站台区段会出现一个红色闪烁的🛑	按压了紧急停车按钮，紧急停车生效
	红色闪烁的🛑消失	按压了取消紧停按钮，列车可正常运行
区段限速标记	区段下方显示红色字体的 60、45、30、15	列车以不大于此限速通过该区段

(2) 基本操作

对轨道区段进行操作，必须单击 LOW 主窗口上的轨道元件或轨道编号，此时所选元件被打上灰色底色，然后在对话窗口中的命令显示栏单击所需的命令，最后单击对话窗口中的"执行"按钮即可。

4) 对信号机的操作

(1) 显示意义

LOW 的信号机各部分如图 3.50 所示。LOW 上信号机各部分的显示意义见表 3.7。

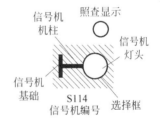

图 3.50 LOW 上信号机组成

表 3.7 LOW 上信号机各部分的显示意义

元 素	状 态	显 示 意 义
信号机编号	红色	处于人工排列进路状态
	绿色	处于自动排列进路状态
	黄色	处于追踪进路状态
	稳定	信号机正常
	闪烁	信号机红灯断主丝故障或绿灯/黄灯灭灯
信号机基础	绿色	主信号控制层(处于监控层：在进路状态)
	黄色	引导信号控制层(处于监控层：在进路状态)
	红色	非监控层(无进路状态或进路未建立)
	稳定	信号机正常
	闪烁	在延时中(进路延时取消、进路延时建立或保护区段延时解锁)

续表

元　素	状　态	显　示　意　义
信号机机柱	绿色	信号机开放,且开放主信号
	黄色	信号机开放引导信号
	红色	信号机关闭,且未开放过(针对本次进路)
	蓝色	信号机关闭,但曾经开放过(针对本次进路:在重复锁闭状态)
信号机灯头	绿色	信号机处于开放主信号状态
	红色	信号机处于关闭状态(但可以开放引导信号)
	蓝色	信号机处于关闭状态,且被封锁(但可以开放引导信号)
照查显示	绿色	可排列相应进路入车辆段
	红色	不能排列相应进路入车辆段(车辆段已排列了进路)
	灰色	无数据

(2) 基本操作

对信号机进行操作,必须单击 LOW 主窗口上的信号机元件或信号机编号,此时所选元件被打上灰色底色,然后在对话窗口中的命令显示栏单击所需的命令,最后单击对话窗口中的"执行"按钮即可。

(3) 虚拟信号机

当现场不设置信号机时,会由于进路过长导致运营效率降低,为解决这一问题,引入了虚拟信号机。虚拟信号机在 LOW 上的显示跟正常的信号机是一样的,功能也一样,只是在编号前加了一个"F",如 FX302 等。

需要说明的是:虚拟信号机在现场设备中是不存在的。

6．局部控制盘 LCP 的操作

1) 紧急停车

(1) 有效操作紧急停车的前提条件是:列车在 SM、ATO 及 AR 模式下驾驶。

(2) 紧急停车有效的区段范围是:相应的站台区段及其相邻的区段(或者列车运行正方向离去的第一个区段)。

在必要时,可以按压站台的紧急停车箱里的按钮或局部控制盘(local control panel, LCP)上的紧急停车按钮。

(3) 在 LCP 盘上对紧急停车的操作步骤及现象:

① 在 LCP 盘上按压相应的紧急停车按钮。

② LCP 盘上相应的紧急停车指示灯亮红灯,并发出电铃报警声音,同时在 LOW 上相应的站台区段出现红色 ⬆ 闪烁。

③ 执行切除报警操作,按压相应的切除报警按钮,消除报警声音。

(4) 在 LCP 盘上切除紧急停车功能的操作步骤及现象:

① 在 LCP 盘上按压相应的取消紧停按钮。

② LCP 盘上相应的紧急停车指示灯灭,并发出电铃报警声音,同时在 LOW 上相应的站台区段的红色 ⬆ 消失。

③ 此时应执行切除报警操作,按压相应的切除报警按钮,消除报警声音。

(5) 在站台上操作紧急停车按钮后,在 LCP 盘上出现的现象:

① 在站台上按压紧急停车箱里的按钮,LCP 盘上相应的紧急停车指示灯亮红灯,并发出报警声音,同时在 LOW 上相应的站台区段出现红色👕闪烁。当执行切除报警操作后,电铃报警声音消除。

② 当需要切除紧急停车功能时,在 LCP 盘上按压相应的取消紧停按钮,LCP 盘上相应的紧急停车指示灯灭,并发出电铃报警声音,同时在 LOW 上相应的站台区段的红色👕消失。当执行切除报警操作后,电铃报警声音消除。

2) 扣车

(1) 有效操作扣车的前提条件是:列车在 SM、ATO 及 AR 模式下驾驶,列车未进入站台或停稳在站台时运营停车点未取消。只有满足以上两个条件,扣车操作才有效。

(2) 扣车的有效区段是:站台区段。

(3) 扣车操作的步骤及现象:在 LCP 盘上按压相应的"扣车"按钮,在 LCP 盘上相应的扣车指示灯红灯闪烁(说明:如果是 OCC 运行控制中心扣车,LCP 盘上相应的扣车指示灯为稳定红灯),同时在 LOW 上发生 B 类报警,记录了对应的站台区段的扣车提示内容,并发出报警声音,此时应单击 LOW 基础窗口上音响按钮,消除报警声音。

(4) 在 LCP 盘上对扣车进行"放行"操作的步骤及现象:在 LCP 盘上按压相应的"取消扣车"按钮,在 LCP 盘上相应的扣车指示灯灭,然后再按压相应的"扣车"按钮一次(复位),最后再按压相应的"取消扣车"按钮一次(复位),同时在 LOW 上对应的 B 类报警的第三栏有"扣车恢复"的提示信息。

(5) 扣车的原则:如果 LCP 盘上运营停车点指示灯亮黄灯,则扣车操作有效;在 ATS 子系统正常时,如果 LCP 盘上运营停车点指示灯黄灯灭,则扣车操作无效,因为此时运营停车点已被取消;如果只是黄色指示灯灯丝断丝,可以进行扣车操作;在 ATS 子系统故障时,信号系统将自动进入 RTU 降级模式或 LOW 人工控制模式,此时只要运营停车点未取消,扣车操作就有效。

本章小结

本章重点介绍了城市轨道交通系统中联锁的定义、基本内容以及 6502 电气集中联锁和计算机联锁系统的结构和功能。通过本章的学习,学生应掌握联锁的基本内容,掌握继电集中联锁和计算机联锁的结构及原理,了解国内外城市轨道交通计算机联锁设备的发展现状,为后面的学习打下基础。

习题

1. **填空题**

(1) _____、_____、_____三者之间的相互制约的关系,称为联锁关系。

(2) 早期联锁设备多采用继电集中联锁,现在城市轨道交通中一般采用_____。

(3) SICAS 型计算机联锁中 LOW 的含义是_____。

(4) 计算机联锁普遍分为五层,分别为_____、_____、_____、_____以及_____。

(5) LOW 的屏幕可分为三部分,自上而下为_____、_____和_____。

2. 选择题

(1) 为了保证列车的运行安全,避免列车由于某种原因不能在信号机停住而导致事故的发生,在停车点后面设置了_____。

  A. 监控区域   B. 保护区段   C. 侧面防护   D. 追踪进路

(2) LOW 对话窗口中的"封锁区段"按钮是针对_____对象的操作命令。

  A. 轨道电路   B. 道岔   C. 信号机   D. 车站

(3) _____是联锁系统本身的一种自动排列进路功能,是指当列车接近信号机,占用触发区段时列车运行所要通过的进路自动排列。

  A. 追踪进路   B. 折返进路   C. 侧面防护进路   D. 多列车进路

(4) 联锁设备与防淹门间传递的信息不包括:_____。

  A. 防淹门状态信息:开门状态   B. 防淹门状态信息:非开状态
  C. 防淹门请求信号:请求关门   D. 防淹门请求信号:请求开门

(5) 列车接近信号机,占用触发区段时,列车运行所要通过的进路自动排除。这种进路叫_____。

  A. 多列车进路   B. 单列车进路   C. 追踪进路   D. 侧面防护

3. 简答题

(1) 联锁的基本内容有哪些?

(2) 进路的定义是什么?

(3) 6502 电气集中联锁包括哪些基本设备?

(4) Kick-off 状态的含义是什么?

第 4 章

闭 塞 设 备

教学提示

自轨道交通开始运营,就产生了如何通过控制列车运行间隔来确保列车运行安全的问题。由于列车在线路上运行,不能以相互避让的方法避免迎面相撞,加之列车速度快、质量大,从开始制动到停车需要行走较长的距离,这就产生了后继列车追撞前行列车的可能,通过信号系统中闭塞设备的防护,可以保证列车在区间内的行车安全,提高运输效率。

学习目标

- 理解闭塞的基本概念及分类;
- 掌握自动闭塞的工作原理;
- 了解闭塞设备的发展;
- 理解三种闭塞方式在 ATC 中的应用。

知识结构

本章知识结构如图 4.1 所示。

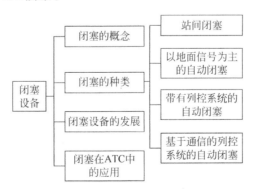

图 4.1　本章知识结构图

4.1 闭塞

我们把确保列车在线路上运行安全的技术措施和设备称为安全列车间隔控制系统。闭塞设备是保证列车在区间内行车安全的信号设备,而列车在车站的行车安全则是由联锁设备来保证的,如图4.2所示。

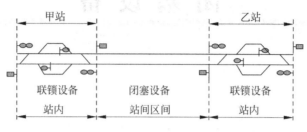

图 4.2　区间闭塞

4.1.1　闭塞的基本概念

1. 闭塞的定义

闭塞一般是指与外界隔绝的意思,现在的闭塞是铁路或城市轨道交通信号的专用名词,是指列车进入区间后,使之与外界隔离起来,区间两端车站都不再向这一区间发车,以防止列车相撞或追尾。为了保证区间列车运行的安全和效率,防止列车发生冲突或同向追尾,在组织列车运行时,通过设备或人工控制,使连续发出的列车保持一定间隔安全行车的方法称为行车闭塞法,简称闭塞。办理闭塞所用的设备称为闭塞设备。

城市轨道交通线路以车站(线路所)为分界点划分为若干区间,如图4.2所示。在单线上以两个车站的进站信号机柱的中心线为车站与区间的分界线;在双线或多线上,分别以各线路的进站信号机柱或站界标的中心线为车站与区间的分界线。列车由车站驶向区间运行的条件:一要验证区间空闲;二要有进入区间的凭证;三要实行区间闭塞。

【知识窗:凭证】

在我国,列车占用区间的凭证通常为车站出站信号机和区间通过信号机的准许显示。通过信号机的作用是防护自动闭塞线路上的闭塞分区或非自动闭塞线路上的所间区间,指示列车可否进入它所防护的闭塞分区。通过信号机一般设在闭塞分区的分界点。

2. 闭塞分区

为了提高线路通过能力,在自动闭塞区段又将一个区间划分为若干个闭塞分区,以同方向两架通过信号机柱为闭塞分区的分界线。为了确保列车在区间内的运行安全,列车由车站向区间发车时必须确认区间(分区)内没有列车并须遵循一定的规律组织行车,以免发生列车正面冲突或追尾等事故。

4.1.2 闭塞的分类

1. 闭塞的方式

1) 时间间隔法

时间间隔法即按规定的时间间隔向区间发车,以时间间隔法作为闭塞条件的闭塞方法,如图4.3所示。列车按照事先规定好的时间由车站发车,使前行列车和追踪列车之间必须保持一定时间间隔。

图4.3 时间间隔法

按时间间隔法行车,追踪列车不能确切地得到前行列车的运行位置,不易严格保持前后列车的安全间隔,如果进路办理疏忽或驾驶员操作不当,就容易发生追尾事故。因此,在正常情况下,轨道交通不宜采用此法行车,只有在特殊的情况下,如一切电话中断时才允许采用时间间隔法,并且要有安全保证措施。

2) 空间间隔法

空间间隔法是把线路划分为若干个段落(区间或闭塞分区),在每个区段内同时只准许一列列车运行,使前行列车和追踪列车之间保持一定距离的行车方法,如图4.4所示。

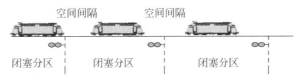

图4.4 空间间隔法

按空间间隔法行车,能严格地把列车分隔在两个空间,可以有效地防止列车追尾和正面冲突事故的发生,确保列车运行安全。这种行车方法是我国轨道交通目前所采用的闭塞方法。我们所说的闭塞就是指空间间隔法。

2. 区间闭塞方法的分类

目前,区间闭塞方法可分为以下几类:站间闭塞、以地面信号为主的自动闭塞、带有列控系统的自动闭塞和基于通信的列控系统的自动闭塞。

1) 站间闭塞

站间闭塞就是两站间只能运行一辆列车,其列车的空间间隔为一个站间。按技术手段和闭塞方法又可分为电话闭塞、半自动闭塞和自动站间闭塞。

(1) 电话闭塞就是在没有机械、电气设备的条件下,仅凭联系制度来实现空间间隔法的列车运行。这是车站值班员利用站间行车电话通过电话联系的方式办理闭塞的一种方法。

(2) 半自动闭塞就是人工办理闭塞手续,列车凭信号显示发车后,发车站出站信号机自动关闭,由接车站的值班员确认列车完全到达后人工恢复闭塞。这种方法因为既要人工操纵,又要依赖列车运行自动关闭信号,所以称作半自动闭塞。其特征为:站间或区间只准走行一辆列车。

(3) 自动站间闭塞就是在有区间占用检查设备的条件下,自动办理闭塞手续,列车凭信号显示发车后,出站信号机自动关闭的闭塞方法。其特征为:有区间占用检查设备;站间只准走行一辆列车;办理发车进路时自动办理闭塞手续;自动确认列车到达和自动恢复闭塞。

2) 以地面信号为主的自动闭塞

自动闭塞是以闭塞分区作为列车追踪运行空间间隔,将站间区间划分为若干闭塞分区的闭塞方法。此种闭塞根据列车运行及有关闭塞分区状态,自动地变换信号显示和发送列车移动授权信息,然后列车凭地面信号或车载信号行车。其特征为:把站间划分为若干闭塞分区,有分区占用检查设备,可以凭通过信号机的显示行车,如图4.5所示,也可凭机车信号或列车运行控制的车载信息行车;站间能实现列车追踪;办理发车进路时自动办理闭塞手续,自动变换信号显示。

图 4.5　自动闭塞

当列车最高运行速度在 160 km/h 及以下时,通常采用以地面信号为主的自动闭塞系统。该系统一般设有地面通过信号机、机车装备机车信号及自动停车装置,来保证列车按照空间间隔制运行。目前,以地面信号为主的自动闭塞可分为三显示自动闭塞和四显示自动闭塞。

当列车最高运行速度为 120 km/h 时,我国铁路一般采用三显示自动闭塞。通过信号机具有三种显示来预告列车前方两个闭塞分区的状态:一个绿色灯光代表准许列车由车站出发,表示运行前方至少有两个闭塞分区空闲;一个黄色灯光代表准许列车由车站出发,表示运行前方有一个闭塞分区空闲;一个红色灯光代表不准列车越过该信号机。三显示自动闭塞的闭塞分区分为两个速度等级,一个闭塞分区的长度满足从规定速度到零的制动距离。

当列车最高运行速度达到 160 km/h 时,我国铁路一般采用四显示自动闭塞。四显示自动闭塞就是通过信号机具有四种显示来预告列车前方三个闭塞分区的状态:一个绿色灯光代表准许列车由车站出发,表示运行前方至少有三个闭塞分区空闲;一个绿色灯光和一个黄色灯光代表准许列车由车站出发,表示运行前方有两个闭塞分区空闲;一个黄色灯光代表准许列车由车站出发,表示运行前方有一个闭塞分区空闲;一个红色灯光代表不准列车越过该信号机。四显示自动闭塞的闭塞分区分为三个速度等级,两个闭塞分区的长度满足从规定速度到零的制动距离。多于四显示时,则以机车信号为主。

3) 带有列控系统的自动闭塞

列车运行自动控制系统(简称列控系统)是靠控制列车运行速度的方式来实现列车按照空间间隔制运行的技术方法。运行列车间必须保持的空间间隔首先应满足制动距离的需要,还要考虑适当的安全余量和确认信号时间内的运行距离。所以根据列控系统采取的不同控制模式会产生不同的闭塞制式。列车间的追踪运行间隔越小,运输能力就越大。

从闭塞制式的角度来看,装备列车运行控制系统的自动闭塞可分为固定闭塞、准移动闭塞和移动闭塞三类。

(1) 固定闭塞

固定闭塞将线路划分为固定的闭塞分区,不论是前、后列车的位置还是前、后列车的间距,都是用轨道电路等来检测和表示的,线路条件和列车参数等均需在闭塞设计过程中加以考虑,并体现在地面固定区段的划分中。

运行列车间的空间间隔是若干个闭塞分区,闭塞分区数依划分的速度级别而定。一般情况下,闭塞分区是用轨道电路或计轴装置来划分的,它具有列车定位和占用轨道的检查功能。固定闭塞的追踪目标点为前行列车所占用闭塞分区的始端,后行列车从最高速开始制动的计算点为要求开始减速的闭塞分区的始端,这两个点都是固定的,空间间隔的长度也是固定的,所以称为固定闭塞。对于固定闭塞采用的列控技术通常是图 4.6 所示的分级速度控制模式的阶梯式分级制动模式。

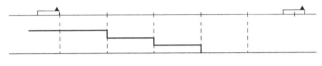

图 4.6 阶梯式分级制动模式

由于列车定位是以固定区段为单位的(系统只知道列车在哪个区段中,而不知道在区段中的具体位置),所以固定闭塞的速度控制模式必然是分级的,即阶梯式的。在这种制式中,需要向被控列车"安全"传送的只是代表少数几个速度级的速度码。

固定闭塞方式无法满足提高系统能力、安全性和互用性的要求。

传统 ATP 的传输方式采用固定闭塞,通过轨道电路判别闭塞分区占用情况,并传输信息码,需要大量的轨旁设备,维护工作量较大。此外,传统方式还存在以下缺点。

① 轨道电路工作稳定性易受环境影响,如道床阻抗变化、牵引电流干扰等。

② 轨道电路传输信息量小。要想在传统方式下增加信息量,只能提高信息传输的频率。但是如果传输频率过高,钢轨的集肤效应会导致信号的衰耗增大,从而导致传输距离缩短。

③ 利用轨道电路难以实现车对地的信息传输。

④ 固定闭塞的闭塞分区长度是按最长列车、满负载、最高速度、最不利制动率等不利条件设计的,分区较长,且一个分区只能被一列车占用,不利于缩短列车运行间隔。

⑤ 固定闭塞系统无法知道列车在分区内的具体位置,因此列车制动的起点和终点总在某一分区的边界。为充分保证安全,必须在两列车间增加一个防护区段,这使得列车间的安全间隔较大,影响了线路的使用效率。

(2) 准移动闭塞

准移动闭塞对前、后列车的定位方式是不同的。前行列车的定位仍沿用固定闭塞的方式,而后续列车的定位则采用连续的或称为移动的方式。为了提高后续列车的定位精度,目前各系统均在地面每隔一段距离设置 1 个定位标志(可以是轨道电路的分界点或信标等),列车通过时提供绝对位置信息。在相邻定位标志之间,列车的相对位置由安装在列车上的轮轴转数累计连续测得。

准移动闭塞的追踪目标点是前行列车所占用闭塞分区的始端,当然会留有一定的安全距离,而后行列车从最高速开始制动的计算点是根据闭塞分区的允许速度、列车参数及性能、线路长度计算决定的。目标点相对固定,在同一闭塞分区内不随前行列车的走行而变化,而制动的起始点是随线路参数和列车本身性能不同而变化的。空间间隔的长度是不固定的,由于要与移动闭塞相区别,所以称为准移动闭塞。显然其追踪运行间隔要比固定闭塞小一些。一般情况下,闭塞分区是用轨道电路或计轴装置来划分的,它具有列车定位和占用轨道的检查功能。准移动闭塞采用的列控技术通常是图4.7所示的分级速度控制模式的曲线式分级制动模式。

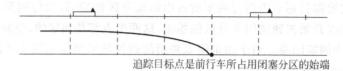

追踪目标点是前行车所占用闭塞分区的始端

图 4.7 曲线式分级制动模式

由于准移动闭塞同时采用移动和固定两种定位方式,所以它的速度控制模式既具有无级(连续)的特点,又具有分级(阶梯)的性质。若前行列车不动而后续列车前进时,其最大允许速度是连续变化的;而当前行列车前进,其尾部驶过固定区段的分界点时,后续列车的最大速度将按"阶梯"跳跃上升。

由于准移动闭塞兼有移动和固定的特性,与"固定"性质相对应的设备,必须在工程设计和施工阶段完成,而被控列车的位置是由列车自行实时(移动)测定的,所以其最大允许速度的计算最终只能在列车上实现。

为了使后续列车能够根据自身测定的位置实时计算其最大允许速度,必须用数字编码轨道电路向其提供前方线路的各种参数以及前行列车处在哪个区段上的信息。

准移动闭塞具有以下特点。

① 准移动闭塞在控制列车的安全间隔上比固定闭塞进了一步。

② 它通过采用报文式轨道电路辅之环线或应答器来判断分区占用并传输信息,信息量大;可以告知后续列车继续前行的距离,后续列车可根据这一距离合理地采取减速或制动,列车制动的起点可延伸至保证其安全制动的地点,从而可改善列车速度控制,缩小列车安全间隔,提高线路利用效率。

③ 准移动闭塞中后续列车的最大目标制动点仍必须在先行列车占用分区的外方,因此它并没有完全突破轨道电路的限制。

(3) 移动闭塞

移动闭塞的特点是前、后两列车都采用移动式的定位方式,不存在固定的闭塞分区,列车之间的安全追踪间距随着列车的运行而不断移动且变化。

移动闭塞的追踪目标点是前行列车的尾部,当然会留有一定的安全距离,后行列车从最高速开始制动的计算点是根据目标距离、目标速度及列车本身的性能计算确定的。目标点是前行列车的尾部,与前行列车的走行和速度有关,是随时变化的,而制动的起始点是随线路参数和列车本身性能不同而变化的。空间间隔的长度是不固定的,所以称之为移动闭塞。其追踪运行间隔要比准移动闭塞更小一些。移动闭塞一般采用无线通信和无线定位技术来实现。移动闭塞方式的列控系统采取目标距离控制模式(又称一级制动模式),如图4.8所示。目标距离控制模式根据目标距离、目标速度及列车本身的性能确定列车制动曲线,不设定每个闭塞分区速度等级,采用一次制动方式。

图 4.8　一级制动模式

移动闭塞与固定闭塞的根本区别在于闭塞分区的形成方法不同。移动闭塞系统是一种区间不分割,根据连续检测先行列车位置和速度进行列车运行间隔控制的列车安全系统。这里的连续检测并不意味着一定没有间隔点。实际上该系统把先行列车的后部看作假想的闭塞区间,由于这个假想的闭塞区间随着列车的移动而移动,所以叫作移动闭塞。在移动闭塞系统中,后续列车的速度曲线随着目标点的移动而实时计算,后续列车到先行列车的保护段后部之间的距离等于列车制动距离加上列车制动反应时间内驶过的距离。

移动闭塞技术在对列车的安全间隔控制上更进了一步。通过车载设备和轨旁设备连续地双向通信,控制中心可以根据列车实时的速度和位置动态地计算列车的最大制动距离。列车的长度加上这一最大制动距离并在列车后方加上一定的防护距离,便组成了一个与列车同步移动的虚拟闭塞分区(如图 4.9 所示)。由于保证了列车前后的安全距离,两个相邻的移动闭塞分区就能以很小的间隔同时前进,这使列车能以较高的速度和较小的间隔运行,从而提高了运营效率。

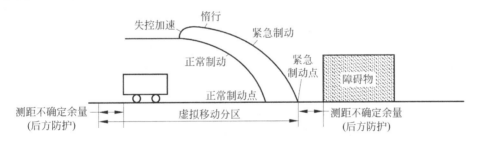

图 4.9　移动闭塞系统的安全行车间隔

无线移动闭塞系统主要包括无线数据通信网、车载设备、区域控制器和控制中心等。其中,无线数据通信是移动闭塞实现的基础。通过可靠的无线数据通信网,列车不间断地将其标识、位置、车次、列车长度、实际速度、制动潜能和运行状况等信息以无线的方式发送给区域控制器。区域控制器追踪列车并通过无线传输方式向列车发送移动授权,根据来自列车的信息计算、确定列车的安全行车间隔,并将相关信息(如先行列车位置、移动授权等)传递给列车,控制列车运行。车载设备包括无线电台、车载计算机和其他设备(如传感器、查询器等)。列车将采集到的数据(如车辆信息、现场状况和位置信息等)通过无线数据通信网发送给区域控制器,以协助完成运行决策,同时对接收到的命令进行确认并执行。

移动闭塞的线路取消了物理层次上的闭塞分区划分,而是将线路分成若干个通过数据库预先定义的线路单元,每个单元长度为几米到十几米之间。移动闭塞分区即由一定数量的单元组成,单元的数目可随着列车的速度和位置而变化,分区的长度也是动态变化的。线路单元用数字地图的矢量来表示。线路拓扑结构的示意图由一系列的节点和边线表示。任何轨道的分叉、汇合、走行方向的变更以及线路的尽头等位置均由节点(node)表示,任何连接两个节点的线路称为边线。每一条边线有一个从起始节点至终止节点的默认运行方向。一条边线上的任何一点均由它与起点的距离表示,称为偏移。因此所有线路上的位置均可由矢量[边线,偏移]来定义,且标识是唯一的。

移动闭塞可借助感应环线或无线通信的方式实现。早期的移动闭塞系统大部分采用基于感应环线的技术,即通过在轨间布置感应环线来定位列车和实现车载计算机(VOBC)与车辆控制中心(VCC)之间的连续通信。而今,大多数先进的移动闭塞系统已采用无线通信系统实现各子系统间的通信,构成基于无线通信技术的移动闭塞。移动闭塞的技术优势如下。

① 移动闭塞是一种新型的闭塞制式,它克服了固定闭塞的缺点。基于通信的列车控制(CBTC)则是实现这种闭塞制式最主要的技术手段。采用这种方法以后,实现了车地间双向、大容量的信息传输,可以达到连续通信的目的,在真正意义上实现了列车运行的闭环控制。当列车和车站一开始通信,车站就能得知所有列车的位置,能够提供连续的列车安全间隔保证和超速防护,在列车控制中具有更好的精确性和更大的灵活性,并能更快地检测到故障点。而且,移动闭塞可以根据列车的实际速度和相对速度来调整闭塞分区的长度,尽可能缩小列车运行间隔,提高行车密度进而提高运输能力。此外,这种系统与传统系统相比将大大减少沿线设备,车载设备和轨旁设备的安装也相对较容易,维修方便,有利于降低运营成本。

② 移动闭塞系统通过列车与地面间连续的双向通信,提供连续测量本车与前车距离的方法,实时提供列车的位置及速度等信息,动态地控制列车运行速度。移动闭塞制式下后续列车的最大制动目标点可比准移动闭塞和固定闭塞更靠近先行列车,因此可以缩小列车运行间隔,有条件实现"小编组,高密度",从而使系统可以在满足同等客运需求条件下减少旅客候车时间,缩小站台宽度和空间,降低基建投资。

③ 由于系统采用模块化设计,核心部分均通过软件实现,因此系统硬件数量大大减少。

④ 移动闭塞系统的安全关联计算机一般采取3取2或2取2的冗余配置,系统通过故障-安全原则对软、硬件及系统进行量化和认证,可保证系统的可靠性、安全性和可用度。

⑤ 移动闭塞还常常和无人驾驶联系在一起。两者的结合能够避免驾驶员的误操作或延误,获得更高的效率。

⑥ 无线移动闭塞的数据通信系统对所有的子系统透明,对通信数据的安全加密和接入防护等措施可保证数据通信的安全。由于采取了开放的国际标准,可实现子系统间逻辑接口的标准化,从而有可能实现路网的互联互通。采取开放式的国际标准也使国内厂商可从部分部件的国产化着手,逐步实现整个系统的国产化。

最后,总结移动闭塞的特点如下。

① 线路没有固定划分的闭塞分区,列车间隔是动态的,并随前一列车的移动而移动。

② 列车间隔是按后续列车在当前速度下所需的制动距离,加上安全余量计算和控制的,确保不追尾。

③ 制动的起点和终点是动态的,轨旁设备的数量与列车运行间隔关系不大。

④ 可实现较小的列车运行间隔。

⑤ 采用地-车双向传输,信息量大,易于实现无人驾驶。

4) 基于通信的列控系统的自动闭塞

基于通信的列控系统的自动闭塞即前面讲的无线移动闭塞，它是由基于通信的列车控制 CBTC 系统实现的，CBTC 系统引入了通信子系统，建立了车-地之间连续、双向、高速的通信，使系统的主体地面设备和受控对象列车紧密地连接在一起。

CBTC 系统摆脱了用地面轨道电路设备判别列车占用和信息传输的束缚，实现了移动闭塞。在 CBTC 系统中充分利用通信传输手段，实时或定时地进行列车与地面间的双向通信，后续列车可以及时了解前方列车运行情况，通过实时计算，后续列车可给出最佳制动曲线，从而提高了列车运行安全性。因此，基于通信的列控系统的自动闭塞具有如下特点。

（1）大容量连续双向车-地通信。

（2）地面设备及车载设备均采用安全计算机实时处理列车状态、控制命令，实现连续的间隔控制、进路控制、速度防护、自动驾驶等。

（3）高精度列车定位。

（4）列车运行控制灵活、高精度，可实现移动闭塞。

（5）设备集成度高，可减少地面设备，系统结构简单，并改善可靠性和可维修性，减少全寿命周期成本。

CBTC 系统目前已成为城市轨道交通的重要应用制式，第 6 章会具体介绍。

4.2 闭塞设备的发展及应用

实现闭塞的设备也是随着铁路运输的发展而发展的，闭塞设备技术对提高列车运行密度和运输效率具有重要的作用。

4.2.1 闭塞设备的发展

在闭塞设备发展的历史中经历了早期的人工闭塞设备、半自动闭塞设备、以地面信号为主的自动闭塞设备以及带有列车运行控制系统的自动闭塞设备。

1. 人工闭塞设备

早期的人工闭塞设备是用电报和电话闭塞方式，经过一段时间的使用后，又先后发明了电气路签机和电气路牌机，实现了路签和路牌闭塞方式。由于这种闭塞方式的效率低下，且安全性较差，因此逐渐被其他闭塞设备所取代。但电话闭塞的方式被保留。

2. 半自动闭塞设备

半自动闭塞是用人工来办理闭塞及开放出站信号机，而由出发列车自动关闭出站信号机，并实现区间闭塞的一种闭塞方式。

继电半自动闭塞是以继电电路的逻辑关系来完成两站间闭塞作用的闭塞方式。与人工闭塞设备相比，半自动闭塞设备在确保行车安全和提高行车效率方面都有明显的提高。

半自动闭塞的缺点为：半自动闭塞利用车站来隔离列车，即两站间的区间同时只允许一列列车运行；且由于区间没有空闲检查设备，须由人工确认列车的整列到达；事故复原的安全操作得不到保证，所以行车安全程度不高，并影响运输效率。

3. 以地面信号为主的自动闭塞设备

以地面信号为主的自动闭塞设备是根据列车运行及有关闭塞分区状态，自动变换通过信号机显示而司机凭信号行车的闭塞方法,它适用于列车最高运行速度在160 km/h的情况。自动闭塞是在列车运行过程中自动完成闭塞作用的。自动闭塞将一个区间划分为若干闭塞分区,在每个闭塞分区的起点都装设通过信号机用以防护其后方的闭塞分区。每个闭塞分区内都装设轨道电路(或计轴器等列车检测设备),通过轨道电路将列车和通过信号机的显示联系起来,根据列车运行及有关闭塞分区的状态使通过信号机的显示自动变换。因为闭塞作用的完成不需要人工操纵,故称之为自动闭塞。目前大量使用的典型的自动闭塞设备为ZPW-2000A。

以地面信号显示为主的铁路信号系统只是向驾驶员提供视觉信号,由驾驶员解释信号显示意义并驾驶列车。信号显示仅仅指明安全运行条件,而列车的安危在很大程度上由驾驶员控制。由于地面信号显示系统有时受到自然环境(如雾、风沙、大雨等)的影响以及地形的限制,驾驶员往往不能在规定的距离上及时瞭望前方的信号显示,因而有产生冒进信号的危险。为将列车运行前方所接近信号机的显示情况及时通告驾驶员,发明了机车信号设备,将地面的视觉信号通过技术手段引入驾驶室,改善了驾驶员瞭望条件。

但在驾驶员疲劳或疏忽大意以及出现操作不当等人为因素时,仍会使机车信号失去作用而发生机车冒进信号的事故。这就要求在机车上加装自动停车装置,以辅助驾驶员确认信号。当驾驶员疏忽大意时,自动停车装置立即发出音响报警,以提醒驾驶员,并在驾驶员未采取有效措施时强迫列车停车,以防止列车冒进信号事故的发生。因此,在以地面信号为主的自动闭塞中,加入机车信号和自动停车装置,有效地提高了列车运行的效率和安全程度。

4. 带有列车运行控制系统的自动闭塞设备

列车运行自动控制设备的水平,由列车超速防护提高到列车自动限速和列车自动运行等新技术。机车信号和列车超速防护系统的行车命令目前仍来自地面自动闭塞的轨道传递的信息。随着数字化、无线传输技术、漏泄电缆及卫星定位技术的发展,依靠这些技术实现列车和地面控制中心、列车和列车之间的信息传输,就不需要将区间划分为固定的若干分区,来调整列车之间的追踪间隔,而是两个列车通过数据传输,自动地计算出实时的列车追踪的安全间隔,使两列车之间的间隔最小,从而提高了行车密度和区间通过能力。

5. 基于通信的列控系统的自动闭塞设备

目前,信号技术的最新变革方向就是基于通信的列车控制系统(CBTC)。CBTC能使列车在更短的间隔内运行,并保证对列车的安全间隔。CBTC系统不依靠轨道电路或计轴设备来确定列车的位置,而是通过轨旁设备和列车实现双向通信,从而实现了对列车速度的闭环控制和监督。

CBTC系统将轨道划分成若干逻辑闭塞分区,并在计算机的安全数据库里对之进行定义。这一方法的主要好处就是系统设计能够划分尽可能多的闭塞分区,而无须太大的成本。闭塞分区的改变主要是数据库的改动,这一改动不涉及物理局限或设备成本。另外,CBTC系统不再依靠地面轨道电路设备判别列车的定位,突破了固定闭塞的局限性,为实现移动闭塞提供了可能。在CBTC系统中充分利用先进的通信传输手段,实时地或定时地进行列车与地面之间的双向通信联络,使得后续列车可以及时了解与前方列车的实际间隔距离,通过实时计算,后续列车可给出最佳制动曲线,既提高了区间通行能力,减少了频繁减速制动操作,又改善了旅客乘车舒适度。由于车地间可通信信息量的加大,地面可以实时地向车载信号设备传递车辆运行情况和前方线路限速情况,指导列车按限速命令运行,提高了列车运行安全性。

4.2.2 闭塞与列车自动控制系统

列车自动控制(ATC)系统就是对列车运行全过程或一部分作业实现自动控制,保证列车按照空间间隔运行的系统,它是靠控制列车运行速度的方式来实现的。

1. 基于三种闭塞制式的 ATC 系统

当城市轨道交通的一条线路建设完成后,利用信号系统指挥行车,想方设法缩小前后两列车之间的行车间隔,最大限度地利用线路的通过能力以提高运能,与此同时,又要保证前后车不发生追尾撞车事故,最简单的方式就是划分一定长度的"区段",在某一时间段内,在此区间内只允许一辆列车占用,这就是"闭塞"的概念。按照列车的定位方式,常用的闭塞方式有三种:固定闭塞、准移动闭塞和移动闭塞。

ATC 系统是城市轨道交通信号系统最重要的组成部分,它实现了行车指挥和列车运行自动化,能最大限度地保证列车运行安全,提高运输效率,减轻运营人员的劳动强度,提高城市轨道交通的通过能力。ATC 系统的技术含量高,运用了许多当代重要的科技成果。根据三种闭塞制式,ATC 系统可以分成固定闭塞 ATC 系统、准移动闭塞 ATC 系统和移动闭塞 ATC 系统。

2. 三种闭塞制式的 ATC 系统比较

固定闭塞 ATC 系统在我国城市轨道交通早期建设中得到普遍应用,技术成熟,技术结构和功能简单,构建容易,建设成本低。系统基本为硬件设备,而且大部分为室外设备,系统升级比较困难,后期维护费用较高。

准移动闭塞 ATC 系统目前在我国城市轨道交通中大量采用,通过技术引进、吸收和自主创新,提高了国产化率,且具有运营经验,相对固定闭塞增加了车载设备和地面设备,实现了车-地的单向数据传输。与固定闭塞 ATC 系统相比,列车运行间隔缩短,其系统结构较复杂,软硬件设备相应增加,建设成本较高,对维护人员技术要求较高,但系统升级到移动闭塞制式比较容易。

移动闭塞 ATC 系统即 CBTC 系统是我国今后列车控制技术的发展方向,系统集成度高,功能增强,硬件设备减少,主要为软件设备功能,安装简单,使用灵活,可扩展性强。由于列车运行间隔较小,线路得到充分利用,列车运行平稳舒适,但是系统结构比较复杂,对维护人员的技术要求较高。但就 CBTC 系统本身而言,后期维护费用低。

3. ATC 系统的选用原则

ATC 系统按下列原则选择。

(1) ATC 系统应采用安全、可靠、成熟、先进的技术装备,具有较高的性能价格比。

(2) 城市轨道交通运营线路宜采用准移动闭塞式 ATC 系统或移动闭塞式 ATC 系统,也可以采用固定闭塞式 ATC 系统。

因为城市轨道交通具有客流量大、行车密度高的特点,而准移动闭塞式和移动闭塞式 ATC 系统可以实现较大的通过能力,对于客运量变化具有较强的适应性,可以提高线路利用率,具有高效运行、节能等作用,并且控制模式与列车运行特性相近,能较好地适应不同列车的技术状态,技术水平较高,所以具有较大的发展前景。虽然固定闭塞式 ATC 系统技术水平相对较低,但由于可满足 2 min 行车间隔的行车要求,且价格相对低廉,因此也宜选用。根据实际情况,合理选择三种不同制式的 ATC 系统是完全必要的。

(3) ATC 系统构成水平的选择按前述原则执行。

本章小结

本章重点介绍了闭塞设备的概念和分类,闭塞设备的发展,自动闭塞在 ATC 中的应用。通过本章的学习,要求学生掌握闭塞设备的基本概念,掌握固定闭塞、准移动闭塞和移动闭塞三种自动闭塞制式的工作原理,了解闭塞设备的发展和在 ATC 中的应用,为后面的学习打下基础。

习题

1. 填空题

(1) _____ 是保证列车在区间内行车安全的信号设备,而列车在车站的行车安全则是由 _____ 来保证的。

(2) 目前,区间闭塞方法可分为以下几类:_____、_____、_____ 和 _____。

(3) 从闭塞制式的角度来看,装备列车运行控制系统的自动闭塞可分为 _____、_____ 和 _____ 三类。

(4) 无线移动闭塞系统的组成主要包括 _____、_____、_____ 和 _____ 等。

(5) 带有列车运行控制系统的自动闭塞,依靠 _____ 技术实现列车和地面控制中心、列车和列车之间的信息传输。

2. 选择题

(1) _____ 的追踪目标点是前行列车所占用闭塞分区的始端。
　　A. 自动闭塞　　B. 固定闭塞　　C. 准移动闭塞　　D. 移动闭塞

(2) 准移动闭塞采用的列控技术是 _____。
　　A. 阶梯式分级制动模式　　　　B. 曲线式分级制动模式
　　C. 一级制动模式　　　　　　　D. 目标-距离制动模式

(3) _____ 制式的线路没有固定划分的闭塞分区,列车间隔是动态的,并随前一列车的移动而移动。
　　A. 固定闭塞　　B. 准移动闭塞　　C. 移动闭塞　　D. 站间闭塞

(4) _____ 就是在有区间占用检查的条件下,自动办理闭塞手续,列车凭信号显示发车后,出站信号机自动关闭的闭塞方法。
　　A. 站间闭塞　　B. 电话闭塞　　C. 半自动　　D. 自动站间闭塞

3. 简答题

(1) 时间间隔法和空间间隔法的区别是什么?

(2) 移动闭塞的特点是什么?

(3) 基于固定闭塞、准移动闭塞和移动闭塞三种闭塞制式 ATC 系统的区别是什么?

第 5 章

ATC 系 统

教学提示

为了适应城市轨道交通的发展,产生了能够实现列车速度自动控制和列车运行间隔自动调整的信号系统,即列车自动控制(ATC)系统。ATC 系统是城市轨道交通信号系统最重要的组成部分,它可以实现行车指挥和列车运行自动化,能最大限度地保证列车运行安全,提高运输效率,减轻运营人员的劳动强度,发挥城市轨道交通的通过能力。

学习目标

- 理解 ATC 系统的组成、功能;
- 掌握 ATP 的概念、组成、功能和技术要求;
- 掌握 ATO 的概念、组成、功能和工作原理;
- 掌握 ATS 的概念、组成、功能和基本要求;
- 了解西门子 ATC 系统的体系结构和功能。

知识结构

本章知识结构如图 5.1 所示。

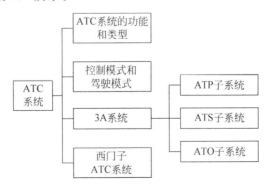

图 5.1 本章知识结构图

5.1 ATC 系统综述

城市轨道交通的列车运行控制系统从一开始就直接使用了列车自动控制系统。城市轨道交通的列车自动控制系统以安全为核心,以提高列车运行效率为目标,通过调节列车运行间隔和运行时间,来保证列车和乘客安全,实现列车运行控制和行车指挥自动化。

5.1.1 ATC 系统概述

城市轨道交通的运营线路封闭,信号系统的核心是列车自动控制(ATC)系统。ATC系统的主要作业是运送乘客,运营线路不长,站与站之间的距离较短,列车以中低速形式运行,这些特点为线路上的列车进行安全高效运营提供了有利条件。因此,在城市轨道交通中,ATC 系统的作用是保障列车行车安全和提高运营效率。

1. ATC 系统的组成

ATC 系统由列车自动防护(ATP)子系统、列车自动驾驶(ATO)子系统、列车自动监控(ATS)子系统构成,简称为"3A 系统"。

各子系统之间相互渗透,实现地面控制与车上控制相结合、现地控制与中央控制相结合,构成一个以安全设备为基础,集行车指挥、运行调整以及列车驾驶自动化等功能为一体的自动控制系统,是现代城市轨道交通核心控制技术之一。ATC 系统与联锁系统共同构成城市轨道交通的信号系统。

2. ATC 系统的功能

ATC 系统包括五个功能:ATS 功能、联锁功能、列车监测功能、ATP/ATO 功能和 PTI 功能。

1) ATS 功能

ATS 功能主要由控制中心 OCC 内的设备实现。ATS 功能可以对全线列车运行进行监督和控制,辅助调度人员对全线列车进行管理,它在提高运输效率和保障列车运行安全方面起到了极其重要的作用,是 ATC 系统的核心功能。

2) 联锁功能

联锁功能由分布在轨旁的设备来实现。联锁功能是保证车站内列车和调车作业安全,提高车站通过能力的一种信号设备功能。它利用计算机对车站作业人员的操作命令及现场设备状态表示的信息进行逻辑运算,从而实现对信号机、道岔和进路的集中控制,使其达到相互制约的目的,以保证行车安全。同时,可以将信号机、道岔、进路状态等信息提供给 ATS 和 ATP/ATO 功能。

3) 列车检测功能

列车检测功能一般由轨道电路或计轴器来完成。列车检测功能通过发送不同的信息检测区段是否有列车占用,获得列车的位置信息,其通常把检测的位置数据信息传输给联锁功能。

4) ATP/ATO 功能

ATP/ATO 功能是由 ATP/ATO 轨旁设备、ATP/ATO 传输设备和 ATP/ATO 车载设备来完成的,此功能是在联锁功能的约束下,根据 ATS 功能的要求实现列车运行的自动控制，包括以下三个子功能。

① ATP/ATO 轨旁功能：负责保证列车间隔和生成报文（报文是网络中交换与传输的数据单元）；

② ATP/ATO 传输功能：负责发送感应信号，它包括报文和 ATC 车载设备所需的其他数据；

③ ATP/ATO 车载功能：负责保证列车的安全运营，实现列车自动驾驶，给信号系统和驾驶员提供接口。

5) PTI 功能

PTI 功能即列车识别功能，是由 PTI 车载单元和 PTI 轨旁单元实现的。PTI 功能通过多种渠道传输和接收各种数据，在特定的位置将列车的识别信息、目的号码、乘务组号和列车位置数据等信息传输给 ATS 功能，辅助 ATS 子系统实现在整个监控区域对全线列车的识别和跟踪，进而优化列车运行。

5.1.2 ATC 系统的类型

从不同的角度来看，ATC 系统有不同的类型。下面分别通过两种分类方法来介绍 ATC 系统。

1. 按闭塞制式分类

按闭塞制式分类，ATC 系统可以分为固定闭塞式 ATC 系统、准移动闭塞式 ATC 系统和移动闭塞式 ATC 系统。

1) 固定闭塞式 ATC 系统

固定闭塞采用分级速度控制方式，又称为阶梯式速度控制模式，如图 5.2 所示。阶梯式速度控制模式是将一个列车全制动距离划分为 3~4 个闭塞分区，每一个闭塞分区根据与前行列车的距离来确定限速值。当列车速度高于检查值时，列车自动制动。其为滞后监督方式，即在闭塞分区出口才监督是否超速，所以为确保安全，必须设有"保护区段"。其特点是采用固定划分区段的轨道区段、计轴区段，提供分级速度信息，实施台阶式的速度监督，使列车由最高速度逐步降至零。列车超速时由设备自动实施最大常用制动或紧急制动。

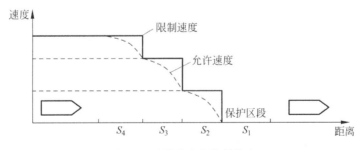

图 5.2 阶梯式速度控制模式

采用阶梯式速度控制方式的 ATC 系统设备构成简单，具有投资成本低、性能可靠等优点。固定闭塞轨道电路传输的信息是模拟信号，抗干扰能力差。此外，轨道电路传输的信息量有限，速度信息划分为若干等级。因此，采用阶梯式速度控制方式的 ATC 系统控制精度不高，不易实现列车优化和节能控制，也限制了行车效率的提高。

该制式目前在北京、上海、大连等城市轨道交通线路上开通运行,通过不断地扩大国产化范围,已形成比较成熟的国产系统,系统国产化率可以达到100%,有效地降低了信号系统投资成本,三种ATC制式中其造价最低。

2) 准移动闭塞式ATC系统

准移动闭塞方式的ATC系统采用目标距离控制模式,又称连续式一次速度控制方式。目标距离控制模式根据目标距离、目标速度及列车本身的性能决定列车的制动曲线,不设定每个闭塞分区速度等级,采用一次制动方式,如图5.3所示。准移动闭塞的追踪目标点是前行列车所占用闭塞分区的始端,并留有一定的安全保护距离,而后行列车从最高速开始制动的起始点是根据目标距离、目标速度及列车本身的性能计算决定的。目标点相对固定,在同一闭塞分区内不依前行列车的走行而变化,而制动的起始点是随线路参数和列车本身性能不同而变化的,追踪间隔要比固定闭塞小。通常,闭塞分区用轨道电路或计轴装置来划分,兼顾列车定位和区段占用检查功能。

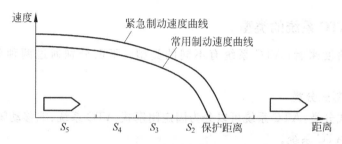

图5.3 准移动闭塞的连续曲线速度控制模式

采用准移动闭塞的ATC系统设备构成相对简单、性能可靠,在兼顾建设成本的同时,可以获得令人满意的运行效果。但是整条线路仍在物理上划分为闭塞分区,一次制动方式对列车的制动性能要求较高。

目前部分城市轨道交通线路正在运用的该制式信号系统主要是西门子、安萨尔多、西屋等国外厂商提供的产品,国产化率约为60%。长春轻轨3号线、4号线采用的该制式信号系统是全国产的系统产品,工程造价约为同类国外系统产品的60%。

3) 移动闭塞式ATC系统

移动闭塞方式的ATC系统也是采用目标距离控制模式,如图5.4所示。移动闭塞没有固定的闭塞分区,无须轨道电路装置判别闭塞分区列车占用与否。移动闭塞ATC系统利用无线电台实现车地数据传输。轨旁ATC设备根据控制区列车的连续位置、速度及其他信息计算出列车移动授权,并传送给列车,车载ATC设备根据接收到的移动授权信息和

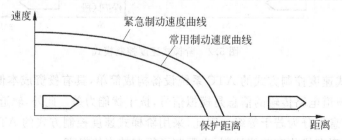

图5.4 移动闭塞的连续曲线速度控制模式

列车自身运行状态计算出列车运行速度曲线,对列车进行牵引、巡航、惰行、制动控制。在移动闭塞 ATC 系统中,列车之间保持最小"安全距离"进行追踪运行。该安全距离是指后续列车安全行车间隔停车点与前行列车尾部位置之间的动态距离。

由于在移动闭塞制式下,列车安全行车间隔停车点较准移动闭塞和固定闭塞更靠近前行列车,因此,安全行车间隔距离也较短,在保证安全的前提下,能最大限度地提高列车区间通过能力。由于轨旁设备数量的减少,降低了设备投资、运营及维护成本。移动闭塞的 ATC 系统常称作基于通信的列车运行控制系统,即 CBTC。

该制式硬件组成简单,软件实现的功能在系统中占很大比例,对维护人员通信、信号、计算机等综合基础知识要求更高,已经成功在北京、上海、天津等多个城市轨道交通线路上开通运营,主要是西门子、庞巴迪、阿尔斯通、泰雷兹等国外公司提供的信号系统产品。针对该系统技术,我国已经开发研制出相应的产品并在城轨线路上成功运用。

2. 按车地之间信息传输方式分类

按车地之间信息传输方式分类,ATC 系统可以分为点式 ATC 系统和连续式 ATC 系统。

1) 点式 ATC 系统

点式 ATC 系统是采用应答器实现地车间点式传递信息,用车载计算机进行信息处理实现列车的超速防护,又被称为点式 ATP 子系统。点式 ATC 系统的基本结构如图 5.5 所示,系统主要包括车载设备和地面设备,地面设备又包括地面应答器和轨旁电子单元(LEU)。

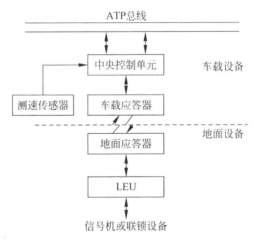

图 5.5 点式 ATC 系统的基本结构

(1) 车载设备

车载设备是由车载应答器、测速传感器和中央控制单元(车载安全型计算机)组成,其接收信号点或标志点的应答器信息,以及列车速度和制动压力信息,由中央处理单元输出控制命令和向驾驶员显示。

(2) 地面应答器

地面应答器与信号机或联锁设备相连,存放向列车传输的数据,地车传输采用 FSK 方式。

（3）LEU

LEU 是地面应答器与信号机或联锁设备的接口，将不同的信号转换为约定的数码。

点式 ATC 系统的工作原理是：当列车驶过地面应答器，车载应答器与地面应答器对准时，地面应答器向列车传送每一信号点的目标距离、目标速度、允许速度、线路坡度等信息。车载的中央控制单元根据地面应答器传至车上的信息以及列车自身的制动率，计算出两个信号点之间的速度控制曲线，控制列车运行。

2）连续式 ATC 系统

地车间实现连续传递信息的 ATC 系统称为连续式 ATC 系统。连续式 ATC 系统又有两种分类方式：按地车信息传输所用的媒体分类和按车地传输内容分类。

（1）按地车信息传输所用的媒体分类

按地车信息传输所用的媒体分类，连续式 ATC 系统可分为基于有线传输的 ATC 系统和基于无线通信的 ATC 系统两大类，前者又可分为基于轨间电缆的 ATC 系统和基于轨道电路的 ATC 系统两类。

① 基于轨间电缆的 ATC 系统

基于轨间电缆的 ATC 系统是利用轨间铺设的电缆传输信息的。轨间电缆是车地通信的唯一通道，为了抵抗牵引电流的干扰和实现列车定位，轨间电缆每隔一段距离（如 25 m）作一次交叉，形成交叉环线，其结构图和实物图分别如图 5.6 和图 5.7 所示。利用轨间电缆的交叉配置可以实现列车的定位，每当列车驶过电缆的交叉点，通过检测信号极性的变化及次数来确定列车的实际位置。

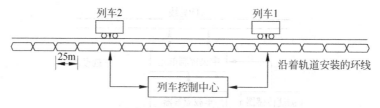

图 5.6 轨间电缆结构图

图 5.7 轨间电缆实物图

采用轨间电缆的 ATC 系统主要设备有控制中心设备、轨间传输电缆和车载设备。在控制中心内按地理坐标储存了各种地面信息（如线路坡度、曲线半径、道岔位置、缓行区段的位置与长度等)。此外,通过联锁装置,将沿线的信号显示、道岔位置、列车的有关信息(车长、制动率、所在位置、实时速度等)不断地经由轨间电缆传至控制中心。控制中心内的计算机计算出在它管辖的区段上每一列车当前的最大允许速度,再经由轨间电缆传至相应列车,以实现速度控制。

② 基于轨道电路的 ATC 系统

基于轨道电路的 ATC 系统,又可以分为基于模拟轨道电路的 ATC 系统和基于数字轨道电路的 ATC 系统。

基于模拟轨道电路的 ATC 系统是将区间线路划分为若干固定的区段,列车定位是以固定的轨道电路区段为单位,采用的模拟轨道电路由地面向车载设备传送 10~20 种信息,列车采用阶梯式速度控制,也就是固定闭塞。基于模拟轨道电路的 ATC 系统在我国应用的实例有:北京地铁 1 号线、13 号线使用的是从英国西屋公司引进的 FS-2500 无绝缘轨道电路,上海地铁 1 号线使用的是从美国 GRS 公司引进的无绝缘数字调幅轨道电路,大连轻轨采用的是国产 WG-21A 轨道电路。

基于数字轨道电路的 ATC 系统从地面传至车载设备的是十位数字编码信息,列车可以实现曲线式速度控制,也就是准移动闭塞。在我国的应用有:上海地铁 2 号线、津滨轻轨使用的美国 USSI 公司的 AF-904 无绝缘数字轨道电路,广州地铁 1 号线、2 号线及南京地铁 1 号线使用的德国西门子公司的 FTGS 无绝缘数字轨道电路。

随着城市轨道交通的发展,基于轨道电路的列车控制方式的各种弊端也逐渐显现出来。这种以钢轨作为信息传输通道的列车控制方式,传输频率受到很大限制,导致车地间的通信容量很低,同时信息的传输受到牵引回流和迷流的影响,传输性能不够稳定;又因为这种制式所实现的主要是固定闭塞和准移动闭塞,与移动闭塞还有一定的差距,使得列车间隔的进一步缩短和列车速度的提高受到很大的限制。

③ 基于无线通信的 ATC 系统(CBTC)

随着计算机、通信和控制技术的发展,以 3C 技术代替轨道电路实现列车的控制成为最好的发展方向,出现了基于无线通信的列车控制系统 CBTC。CBTC 利用无线通信的方式传输信息,地面编码器生成编码信息,通过天线向车上发送。信号显示控制接口负责检测要发送的信号显示,并从已编程的数据中选出有用数据送编码器,同时选出与限制速度、坡度、距离等有关的轨道数据。编码器用高安全度的代码将这些数据编码,经过载波调制,馈送至无线通道向机车发送。车上接收设备接收限制速度、坡度、距离等信息后,由车载计算机计算出目标速度,对机车进行监控。CBTC 的特点是前、后列车都采用移动定位方式,通过安全数据传输,将前行列车的位置信息安全地传递给后续列车,可实现一次模式曲线式安全防护,也就是移动闭塞。

典型无线移动闭塞系统的结构如图 5.8 所示,该系统以列车为中心,其主要子系统包括区域控制器、车载控制器、列车自动监控(中央控制)、数据通信系统和驾驶员显示等。

在典型的移动闭塞线路中,线路被划分为若干个区域,每一个区域由一定数量的线路单元组成。区域的组成和划分预先定义,每一个区域均由本地控制器和通信系统控制。本地控制器和区域内的列车及联锁等子系统保持连续的双向通信,控制本区域内的列车运行。列车从一个控制区域进入下一个区域对列车的移交是通过相邻区域控制器之间的无线通信实现的。区域控制器(ZC)即区域的本地计算机,与联锁区一一对应,通过数据通信系统保

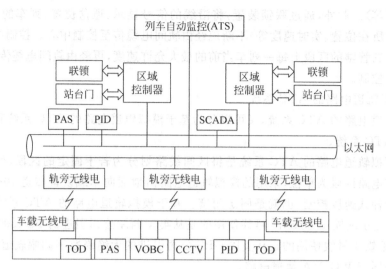

图 5.8 典型无线移动闭塞系统的结构
CCTV—闭路电视；PAS—乘客广播系统；PID—乘客向导系统；
SCADA—电力监控系统；TOD—驾驶员显示；VOBC—车载控制器

持与控制区域内所有列车的安全信息通信。车载应答器和天线与地面的应答器(信标)进行列车定位,测速发电机用于测速和对列车定位进行校正。驾驶员显示提供驾驶员与车载控制器及 ATS 的接口,显示的信息包括最大允许速度、当前速度、到站距离、列车运行模式及系统出错信息等。数据通信系统采用国际标准的以太网,实现所有区域和列车的信息通信。

(2) 按车地传输内容分类

按车地传输内容分类,连续式 ATC 系统可分为速度码系统(speed code system)和距离码系统(distance code system)两种。不论是速度码系统还是距离码系统,轨道电路都被用作双重通道:当轨道电路区段上无车时,轨道电路发送的是轨道电路检测信号或检测码;当列车驶入轨道电路区段后,立即转发速度信号或者有关数据电码。

① 速度码系统通常使用频分制方法,采用的是移频轨道电路,即用不同的频率来代表不同的允许速度。在无列车经过时,轨道电路用于检测列车占用情况。当列车进入轨道电路区段后,检测继电器失磁落下,向轨道电路改发来自控制中心的速度码信息。

② 距离码系统采用的是数字编码音频轨道电路,从地面传至车上的是目标点的距离等一系列基本数据,车载计算机根据地面传至车上的各种信息以及存储在车载单元内的列车自身的固有数据,实时地计算出允许速度曲线。由于距离码系统的数据传输、实时计算及列车车速监控都是连续的,所以速度监控是实时、无级的,可以有效地实现平稳驾驶与节能运行。

5.1.3 ATC 系统的控制模式及模式转换

1. ATC 系统的控制模式

ATC 系统的控制方式包括控制中心控制和车站控制,控制实景图分别如图 5.9 和图 5.10 所示。ATC 系统应包括下列控制等级模式:控制中心自动控制模式、控制中心自动控制时的人工介入控制或利用 ATC 系统的人工控制模式、车站自动控制模式、车站人工控制模式。每种模式说明了对给定车站和归属控制地段中的列车运行所采取的控制等级,然而一个系统在同一时间只能处于一种模式。各控制等级应遵循的原则是:车站人工控制优先于控制中心人工控制,控制中心人工控制优先于控制中心的自动控制或车站自动控制。

图 5.9　控制室中心实景图

图 5.10　车站控制室实景图

1) 控制中心自动控制模式(CA)

在控制中心自动控制模式下,列车进路命令由 ATS 进路自动设定系统发出,其信息来源是时刻表及列车运行自动调整系统。控制中心调度员可以对列车运行自动调整系统进行人工干预,使列车运行按调度员意图进行。

2) 控制中心自动控制时的人工介入控制或利用 ATC 系统的人工控制模式(CM)

在控制中心自动控制时,控制中心调度员也可关闭某个联锁区或某个联锁区内部分信号机或某一指定列车的自动进路设定,直接在控制中心的工作站上对列车进路进行控制。在关闭联锁区自动进路设定时,控制中心调度员可发出命令,利用联锁设备自动进路控制功能,根据前行列车的运行,自动排列一条后续列车的固定进路。在自动进路功能出现故障的情况下,调度员可以人工设置进路。

在 CM 模式中,车站的人工控制转到 ATS 子系统。一旦车站工作于该模式,则由 ATS 子系统启动控制而不由车站控制计算机启动控制。然而,车站控制计算机继续接收表示,更新显示和采集数据。

3) 车站自动控制模式

在控制中心设备故障或通信线路故障时,控制中心将无法对联锁车站的远程控制终端进行控制,此时将自动进入列车自动监控后备模式,由列车上的车次号发送系统发出带列车去向的车次信息,通过远程控制终端自动产生进路命令,由联锁设备的自动功能来自动设定进路,即随着列车运行,自动排列一条固定进路。

4) 车站人工控制模式

当 ATS 因故不能设置进路(不论人工方式还是自动进路方式),或由于某种运营上的需要而不能由中心控制时,可改为现地操纵模式,在现地操纵台上人工排列进路。

车站自动控制和车站人工控制也可以合称为车站控制(LC)。当车站工作于 LC 模式时,不能由 ATS 子系统启动控制。然而 ATS 子系统将继续收到表示,更新显示和采集数据。对车站控制计算机而言,这是唯一可用的控制模式。

2. 控制模式间的转换

1) 转换至车站操作

只有当控制中心 ATS 已经发出相应的命令,才能转换到车站操作模式。因此,所有转换操作只能由车站操作员有效实施。当转换模式时,不用考虑特别检查联锁条件,自动运行功能不受影响。即使转换至车站操作,联锁显示还应该传输至控制中心 ATS,仅由车站操作站的打印机执行对显示和命令的记录。

2) 强制转换至车站操作

在没有收到控制中心 ATS 发出的命令时,也可以转换至车站操作。通过一个已经登记的转换操作可以转换至车站操作,并且联锁系统的所有转换操作仅能由车站操作员来执行。

3) 转换至控制中心 ATS 操作

只有当车站操作已经发出释放的命令,才能转换到控制中心 ATS 操作,然后由控制中心 ATS 确认。因此,所有转换操作只有由控制中心操作员才能有效实施。在这种情况下,只有正常的转换操作才能被接受。随着转换至控制中心 ATS 操作,控制中心 ATS 可以执行所有允许的操作。但是,当车站操作故障时,在没有车站操作的释放命令的情况下,也可以转换至控制中心 ATS 操作。

5.1.4 列车驾驶模式及模式转换

1. 列车驾驶模式

城市轨道交通列车的主要驾驶模式包括:列车自动运行驾驶模式、列车自动防护驾驶模式、限制人工驾驶模式、非限制人工驾驶模式、自动折返驾驶模式。

1) 列车自动运行驾驶模式(ATO 模式或 AM 模式)

列车自动运行驾驶模式即 ATO 自动运行模式,是当前轨道交通列车在正线上运行的正常模式。ATO 模式下,列车在常态下自动运行,驾驶员无须操控,主要负责监视 ATO 显示,重点监看列车运行即将通过的轨道、道岔、信号状态是否安全,以及监督车站发车和车门关闭。一旦 ATO 出现异常,驾驶员必须人工介入,以手动操作代替自动操作。

ATO 模式下,首先驾驶员给出列车关门指令,启动出发装置发出列车启动出发的指令。车载 ATP 确认车门全部关闭后,列车即可启动。若此时有车门未关闭,列车将无法启动出发。ATO 根据 ATP 编码和列车位置生成运行列车的行驶曲线,完全自动地驾驶列车。在站间运行时,ATO 自动操控列车运行速度,ATO 还能根据到停车点的距离计算出列车的到站停车曲线,完成到达站点前的制动指令。在 ATO 自动运行中,ATC 三个子系统的主要工作是:ATP 子系统控制列车的紧急制动,确保列车各阶段自动运行的安全,在车站之间的运行将根据控制中心 ATS 的优化时刻表指令执行,确定其行走时间。ATO 速度曲线可以由 ATS 的调整命令修改。

2) 列车自动防护驾驶模式(SM 模式或 CM 模式)

列车自动防护驾驶模式是一种受保护的人工驾驶模式。在这种模式下,驾驶员根据驾驶室中的指示手动操控列车,保证列车安全行进。驾驶员在此模式下,监督 ATP 显示,以及列车运行所要通过的轨道、道岔和信号的状态,有权限在任何时候施行紧急制动。ATP 连续监督人工驾驶的列车运行,如果列车超过允许速度将产生紧急制动。ATO 故障时,列车可用 SM 模式在 ATP 的保护下降级运行。

在 SM 模式下，ATO 此时对列车不进行控制，但会根据地图数据随时记录列车的位置。ATP 向驾驶员提示安全速度和距离信息；在列车实际行驶速度到达最大安全速度之前，ATP 可实施常用制动，防止列车超速，以及控制列车的紧急制动。

3) 限制人工驾驶模式(RM 模式)

RM 模式即 ATP 限制允许速度的人工驾驶模式，这是一种受约束的人工操作。在这种模式下，列车由列车驾驶员根据轨旁信号进行人工驾驶，而 ATP 仅监督允许的最大限速。

该运行模式具有一定的风险，故此需"谨慎驾驶"。通常来说，在下列情况下可以启动该模式：

(1) 列车在车辆段范围内(非 ATC 控制区域)运行时；

(2) 正线运行中联锁设备、轨道电路、ATP 轨旁设备、ATP 列车天线、地对车通信其中一个或几个发生故障时；

(3) 列车紧急制动以后；

(4) 启动 ATP/ATO 以后。

在 RM 模式下，ATO 退出控制，列车由驾驶员人工驾驶，驾驶员负责列车运行的安全，并监督列车所要通过的轨道、道岔和信号的状态，如有必要，对列车进行制动；列车行驶速度很低，一般不得超过 25 km/h；一旦超出，ATP 子系统将会实施紧急制动。

4) 非限制人工驾驶模式(URM 模式)

非限制人工驾驶模式是不受限制的人工驾驶(无 ATP 监督)模式，用于车载 ATP 设备故障以及车载设备测试情况下完全关断时的列车驾驶，列车没有速度监督，是由驾驶员根据轨旁信号和调度员的口头指令驾驶的。ATP 的紧急制动输出被车辆控制系统切断，驾驶员必须保证列车运行不超过 25 km/h 的限制速度，并监督列车所要通过的轨道、道岔和信号的状态，必要时采取措施，对列车进行制动。

在非限制人工驾驶模式下，列车由驾驶员人工驾驶，没有 ATP 保护措施；使用这种模式必须进行登记，此时 ATO 退出控制，列车运行安全完全由驾驶员负责。

5) 自动折返驾驶模式(AR 模式)

自动折返驾驶模式主要用于列车在站端(没有折返轨道的终端)调转行车方向，或使用折返轨道进行折返操作。折返命令一般有两种方式：一种是由 ATS 中心根据需要生成并传输至列车；另一种是由设计固定的 ATP 区域(如终端站)的轨旁单元发出，ATP 车载设备通过接收轨旁报文而自动启动 AR 模式，并通过驾驶室显示设备指示给驾驶员，驾驶员必须按压 AR 按钮确认折返作业。在此过程中，驾驶员决定是否折返，是否使用折返轨道折返，无人折返还是由驾驶员折返。无人折返或由驾驶员折返取决于驾驶员采取的不同折返模式。

为使自动折返操作具有高度的灵活性，自动折返模式有以下几种：ATO 自动运行折返模式、ATO 无人自动折返模式和 ATP 监督人工驾驶折返模式。

(1) 若采用 ATO 自动运行折返模式，驾驶员按压 ATO 启动按钮后，列车自动进入折返轨，改变车头和轨道电路发送方向；在折返轨至发车站台的进路排列完成后，再次按压 ATO 启动按钮，列车自动驶入并停在发车站台。

(2) 若采用 ATO 无人自动折返模式，在驾驶员下车后按压站台上的无人折返按钮，列车在无人的情况下，自动完成启动列车驶入折返轨，改变车头和轨道电路发送方向，并在折返轨至发车站台的进路排列完成后,自动启动列车驶入并停在发车站台。

(3) 若采用 ATP 监督人工驾驶折返模式,在人工驾驶过程中 ATP 将对列车速度、停车位置进行监督,并在列车驶入折返轨后,自动地改变车头和轨道电路发送方向。

除 URM 模式外,其他所有的模式都有一个退车限制,一般为 5 m,如果超过这个限制,ATP 将实施紧急制动。

自动驾驶模式和无人驾驶模式可以提高列车行车效率,实现列车自动调整、维护列车运行秩序、减少驾驶员劳动强度和人工配备的数量。然而,由于无人驾驶模式涉及车辆、行车组织、车辆段配置等多种因素,系统造价高,我国目前无运用经验,因此无人驾驶系统宜在探索经验后,根据需要逐渐采用。

2. 列车驾驶模式转换

以上五种基本运行模式,在满足一定条件后可以相互转换。

1) RM 模式切换到 SM 模式

列车从非 ATC 系统控制区域进入 ATC 系统控制区域,满足以下条件,将从 RM 模式改变为 SM 模式。

(1) 列车经过了至少两个轨道电路的分界;

(2) 报文传输无误;

(3) 未设置 PERM 码位;

(4) ATP 轨旁设备没有发出紧急制动信号;

(5) ATP 车载设备的限速监控不会在 SM 模式启动紧急制动。

2) SM 模式切换到 ATO 模式

满足以下条件时,ATO 开始指示灯就会亮,此时可以从 SM 模式切换到 ATO 模式。

(1) 当前轨道区段上没有停车点(安全/非安全);

(2) 所有车门已关闭;

(3) 驾驶/制动拉杆处于零位置;

(4) 主钥匙开关处于向前位置。

当驾驶员按了 ATO 开始按钮后,ATP 车载设备就从 SM 模式切换到 ATO 模式。

3) ATO 模式切换到 SM 模式

满足以下条件之一,ATP 车载设备将从 ATO 模式切换到 SM 模式。

(1) 驾驶员把驾驶/制动拉杆拉离零位置,或把主钥匙开关调到非向前状态;

(2) ATO 控制列车停靠车站的停车点,当列车在车站停稳后;

(3) 如果列车停在区间,驾驶员用车门许可控制按钮打开车门。

4) SM/ATO 模式切换到 RM 模式

出现以下三种情况中的任一种,就从 SM/ATO 模式切换到 RM 模式。

(1) 如果 ATP 车载设备启动了紧急制动,无须操作就自动从 SM/ATO 模式切换到 RM 模式。如果驾驶员想继续前行,必须在列车停稳后按 RM 按钮。

(2) 如果列车已经停稳,而驾驶员按了 RM 按钮,就从 SM/ATO 模式切换到 RM 模式。如果切换到 SM 模式的前提条件都满足了,就马上转回 SM 模式。

(3) 在车辆段入口,驾驶员或 ATO 控制列车停靠在停车点上。满足以下条件时:列车已停稳、已设置了结束点(END 码位),驾驶员的显示屏上就会显示指示,驾驶员就可以按

RM 按钮。按了 RM 按钮之后,就从 SM/ATO 模式切换到 RM 模式。

5) SM 模式切换到 AR 模式

满足以下条件时,就从 SM 模式切换到 AR 模式。

(1) ATP 车载设备从 ATP 轨旁设备接收 DTRO(列车无人驾驶自动折返操作)状态的信息。

(2) ATP 车载设备间的通信良好。

6) AR 模式切换到 SM 模式

满足以下条件时,就从 AR 模式切换到 SM 模式。

(1) ATP 车载设备间的列车监控的改变是成功的;

(2) 驾驶员打开驾驶室。

7) AR 模式切换到 RM 模式

在以下两种情况下,出现任一情况,就从 AR 模式切换到 RM 模式。

(1) 如果 ATP 车载设备启动了紧急制动,无须驾驶员的另外操作,就会自动从 AR 模式切换到 RM 模式。如果驾驶员想继续前行,必须在列车停稳后按 RM 按钮。

(2) 如果列车停稳之后,驾驶员按了 RM 按钮,就会从 AR 模式切换到 RM 模式。如果切换到 SM 模式的前提条件都满足了,就马上切换到 SM 模式。

8) RM 模式切换到 URM 模式

只有当 ATP 故障,才会降级至 URM 模式,列车会自动停车。驾驶员操作密封安全开关至 URM 模式,这种模式的转换将被车载计数器记录。这个转换程序同样适用于 ATO 模式、SM 模式至 URM 模式。此时列车的运行安全全部由驾驶员承担。

5.2　ATP 子系统

ATP 子系统是 ATC 系统的重要组成部分,是保证行车安全、防止列车进入前方列车占用区段以及防止列车超速运行的设备,是整个信号系统的核心和关键设备。ATP 负责全部的列车运行保护,是列车安全运行的保障。

5.2.1　ATP 子系统概述

ATP 子系统是 ATC 系统中最重要的一个子系统,是列车运行超速防护或列车运行速度监督的系统,是保证列车运行安全、缩小列车运行间隔的关键设备。城市轨道交通中列车运行速度高,在高峰期列车行车密度大,一旦发生追尾等行车事故后果严重,如果依靠运行人员来防止事故发生远不能满足运行的安全要求,因此必须使用具有列车超速防护功能的 ATP 子系统。

ATP 子系统具体包括以下内容:

(1) 自动连续地对列车位置进行检测,并向列车发送必要的速度、距离、线路条件等信息,以确定列车运行的最大安全速度。提供列车速度保护,在列车超速时提供常用制动或紧急制动,保证前行与后续列车之间的安全间隔,满足正向行车时的设计行车间隔和折返间隔。对反向运行列车能进行 ATP 防护。

(2) 确保列车进路正确及列车的运行安全。确保同一径路上的不同列车之间具有足够的安全距离,以及防止列车侧面冲撞等。

(3) 防止列车超速运行,保证列车速度不超过线路、道岔、车辆等规定的允许速度。

(4) 为列车车门的开启提供安全、可靠的信息。

(5) 根据联锁设备提供的进路上轨道区间运行方向,确定相应轨道电路发码方向。

(6) 任何车-地通信中断以及列车的非预期移动(含退行)、列车完整性电路的中断、列车超速(含临时限速)、车载设备故障等均将产生安全性制动。

(7) 实现与ATS的接口和有关的交换信息。

(8) 系统的自诊断、故障报警、记录。

(9) 列车的实际速度、推荐速度、目标速度、目标距离等信息的记录和显示。具有人工或自动轮径磨耗补偿功能。

使用 ATP 子系统的优点是保证了行车的安全可靠性,缩短了列车间隔,提高了线路的利用率。ATP 子系统根据故障-安全原则执行列车间安全间距的监控、列车的超速防护、安全开关门的监督和进路的安全监控等功能,确保列车运行的安全。

5.2.2 ATP 子系统的结构

以基于轨道电路的 ATP 子系统为例,ATP 子系统包括轨旁单元、调谐单元、车载 ATP 设备和接口设备,其结构如图 5.11 所示。

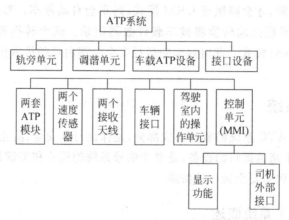

图 5.11 ATP 子系统的结构

1. 轨旁单元

轨旁单元设置在控制站,是列车速度控制系统同整个列车防护系统其他要素的主要接口(LZB 系统的一个轨旁单元能带 40 个轨道电路)。连续式 ATP 子系统利用数字音频轨道电路,向列车连续地发送数据,允许连续监督和控制列车运行。对于 ATP,由轨道电路反映轨道状态,传输 ATP 信息,在轨旁无须其他传输设备。当轨道电路区段空闲时,发送轨道电路检测电码。当列车占用时,向轨道电路发送 ATP 信息。

2. 调谐单元

调谐单元设置在线路上各个轨道电路分界点,同一个信号点为相邻两个轨道区段的分隔点,采用调谐单元构成电气隔离。轨道旁的轨道电路连接箱内(发送、接收端各一个)仅有电路调谐用的无源元件,包括轨道耦合单元及长环线。

3. 车载 ATP 设备

车载 ATP 包括两套 ATP 模块(信号处理器和速度处理器)、两个速度传感器和两个接收天线、车辆接口、驾驶室内的操作和控制单元(MMI)等设备,MMI 又包括显示功能和司机外部接口,车载 ATP 的主要设备如图 5.12 所示。车载 ATP 设备完成的主要任务包括命令解码、速度探测、超速下的强制执行、特征显示、车门操作等。

图 5.12 车载 ATP 设备

ATP 车载设备将地面传来的数据通过 ATP 接收装置接收,然后与预先存储的列车数据一起进行计算,得出列车的允许最大速度,将此速度和来自测速单元(速度传感器)的实时速度进行比较,如果超速,启动报警和制动。同时,ATP 车载设备还通过与列车接口,将所得的速度信息传给 MMI 显示,借助 MMI 驾驶员能按照 ATP 子系统的指示驾驶,以保证列车运行安全。

4. 接口设备

接口设备为 ATP 子系统与 ATO 子系统、车辆、联锁设备、FTGS 轨道电路的接口。

5.2.3 ATP 子系统的主要功能

ATP 子系统具有以下基本功能:安全停车点防护、速度监督与防护、列车间隔控制、测距与测速、车门控制。以数字音频轨道电路方式的 ATP 子系统为例,ATP 子系统的功能除了具有列车检测功能(即根据各轨道区段的占用情况检测列车的位置),还包括 ATP 轨旁功能、ATP 传输功能和 ATP 车载功能。

1. ATP 轨旁功能

ATP 轨旁功能负责保证列车的安全间隔,并完成对列车安全运行授权许可的发布和报文的准备,这些报文包括安全、非安全和信号信息等。因此,ATP 轨旁功能又分为列车安全间隔功能和报文生成功能。

1) 列车安全间隔功能

列车安全间隔功能负责使列车之间保持最小安全距离,还负责发出列车运行授权。在进路已经排列的情况下,联锁功能才能发出列车运行授权。

2) 报文生成功能

报文生成功能完成整理数据、准备和格式化要传送到 ATP 车载设备的报文,并决定报文的传输方向。

2. ATP 传输功能

ATP 传输功能负责发出报文信号,包括报文和 ATP 车载设备所需要的其他数据。

ATP 传输功能的输入来自 ATP 轨旁功能的要传输的报文和相应选择传输方向的控制信号。

ATP 传输功能的输出是指感应信号沿着整个轨道区段连续地传输信息,以钢轨作为传输天线,将信号以合适的传输方向发出,且只包括报文数据。感应信号利用同步定位环线作为传输天线来传输间歇的信号,这个信号提供本地再同步的精确位置信息。

3. ATP 车载功能

ATP 车载功能负责列车安全运行,并提供信号系统和驾驶员间的接口。车载功能由 11 个子功能组成,如图 5.13 所示。

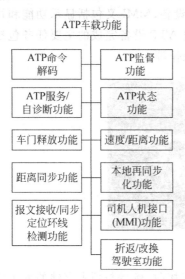

图 5.13 ATP 车载功能

1) ATP 命令解码

ATP 命令解码是车载 ATP 把从轨旁轨道电路接收来的报文进行解码,以实现各种 ATP 功能。

2) ATP 监督功能

ATP 监督功能负责保证列车运行的安全。ATP 监督包括速度监督、方向监督、车门监督、紧急制动监督、后退监督、报文监督和设备监督等,功能结构图如图 5.14 所示。

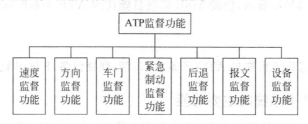

图 5.14 ATP 监督功能

(1) 速度监督功能

速度监督功能是 ATP 子系统的基础功能,也是最重要的功能。如果实际列车速度超过允许速度加上一个速度偏差值时,列车实施紧急制动。速度监督功能由 7 个速度监督子功能组成,如图 5.15 所示。

① RM 速度监督

RM 速度监督是限制列车速度达到低速值。RM 速度监督适用于 RM 模式,不适用其他模式。

② 最大列车允许速度监督

最大列车允许速度监督是限制列车运行速度达到最大允许值(指针对车辆自身允许)。最大列车允许速度的监督在 SM、ATO 和 AR 模式中有效。

③ 停车点监督

停车点监督是保证列车停在停车点,不超过停车点。

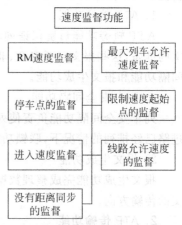

图 5.15 速度监督功能的组成

在 SM、ATO 和 AR 模式中,当前方列车占用的轨道区段内有安全或危险停车点时,停车点的监督有效。在 RM 模式中,该监督无效。

④ 限制速度起始点的监督

限制速度起始点的监督是保证列车在起始点就按照速度限制运行。该监督在 SM、ATO 和 AR 模式中,当前行列车占用区段内的速度限制始点存在时,限制速度起始点的监督有效。在 RM 模式中,该监督无效。

⑤ 进入速度监督

进入速度为列车进入前方下一轨道区段的最大允许速度,进入速度监督即保证列车速度同下一轨道区段的最大允许速度及以后的目标一致。进入速度监督在 SM、ATO 和 AR 模式中有效,在 RM 模式中无效。

⑥ 线路允许速度的监督

线路允许速度由列车头部占用轨道区段的线路允许速度和列车其他部分仍占用的其他轨道区段的线路允许速度决定。线路允许速度监督保证列车运行速度同其所在位置的线路允许速度监督一致,此监督在 SM、ATO 和 AR 模式中有效,在 RM 模式中无效。

⑦ 没有距离同步的监督

没有距离同步的监督是提供安全速度监督,这种监督在特殊情况下不能得到距离同步。ATP 车载设备准许没有距离同步的监督在 SM 模式或 ATO 模式下有效,而在 RM 模式下无效。

使用该功能的授权在以下情况下使用:

① 列车运行不存在从相邻轨道电路产生邻线干扰的危险;

② 列车运行前方当前占用轨道区段无停车点;

③ 使用在当前轨道区段的固定速度限制不小于以前轨道区段的任何速度限制。

速度监督功能的输入包括车载速度/距离功能中的列车现行速度和位置信息,以及服务/自诊断功能中的列车数据。

速度监督功能的输出包括:

① 向驾驶员人机接口功能提供(通过列车总线)最大允许速度和列车速度警告;

② 向列车制动系统提供紧急制动命令;

③ 向服务/自诊断功能提供列车数据、状态信息、处理和记录数据(包括紧急制动的使用),以及出错的信息。

(2) 方向监督功能

方向监督功能是监督列车在"反方向"运行中的任何移动,如果此方向的移动距离累积值超过规定值,那么就会实施紧急制动。方向监督功能在 SM、ATO 和 AR 模式中必须具备,如果列车正在运行,那么此功能在 RM 模式中也可使用。

方向监督功能的输入来源于车载速度/距离功能的移动距离和移动方向。

方向监督功能的输出在列车制动系统中实施紧急制动命令,并在服务/自诊断功能中记录紧急制动数据。

(3) 车门监督功能

如果检测到列车在移动,而车门没有锁在关闭状态,车门监督功能就会实施紧急制动,除了被抑制,车门监督功能在所有驾驶模式中都有效。

在以下情况下实施紧急制动：
① 列车移动超过一定的距离(0.3 m)或速度超过 ATP 零速度；
② 车门接点没有接收到"全部车门关闭"信号。

紧急情况下，当列车停稳，驾驶员应按压紧急车门按钮阻止车门监督功能，使得车门在接点故障时，也可以移动列车。

(4) 紧急制动监督功能

紧急制动监督功能可以保证接收到紧急制动报文时在最短距离内停车。紧急制动监督功能在 SM、ATO 和 AR 模式中连续有效，而在 RM 模式中无效。

紧急制动发生在超过最大允许速度值(加上规定的误差)时，或者按压位于车站的紧急按钮时。

出现下列情况之一时，ATP 车载单元实施紧急制动(内部触发紧急制动)。
① 超过速度曲线的允许速度。
② 超过车辆的最高允许速度。
③ 位于站台的紧急制动按钮引起的紧急停车。
④ 传输故障，运行超过 10 m 和 5 s。
⑤ 启动方向错误，车辆后退。
⑥ 列车运行时打开车门。
⑦ ATP 车载设备全面故障。

外部触发的紧急制动监督功能是保证在 ATP 车载设备没有使用 ATP 车载单元的位置信息，而跟随一个外部触发的紧急制动(如由驾驶员发出)的监督。

外部触发紧急制动监督功能的输入来自列车制动系统发出的紧急制动实施的警报。

外部触发紧急制动监督功能的输出发给列车制动系统的紧急制动实施命令，发给服务/自诊断功能的紧急制动实施记录数据。

(5) 后退监督

后退监督功能可以防止列车后退时超过某特定的距离。后退距离的累加减去几次短暂前行的距离不能超过规定的距离(如 3 m)。如果超过此距离，后退监督功能会触发列车实施紧急制动。

(6) 报文监督功能

报文监督功能是监测从 ATP 传输功能接收到的报文，传输报文中断持续不能超过规定时间(如 3 s)，或在此期间列车运行不能超过一规定距离(如 10 m)，如果超过此时间或距离，报文监督功能会触发列车实施紧急制动。报文监督功能在 SM、ATO 和 AR 模式中有效，而在 RM 模式中无效。

报文监督功能的输入是从车载速度/距离功能中得到的列车现在的位置、从 ATP 传输功能产生的报文。

报文监督功能的输出发给列车制动系统的紧急制动实施命令，发给服务/自诊断功能的紧急制动实施记录数据。

(7) 设备监督功能

设备监督功能用来监控 ATP 车载设备是否正常工作，以确保设备故障时的行车安全，列车不经检查是不允许运行的。

3) ATP 服务/自诊断功能

ATP 服务/自诊断功能负责采集、存储、记录、调用列车数据、状态信息,为 ATP 监督功能提供服务,完成 ATP 车载设备的自诊断。

4) ATP 状态功能

ATP 状态功能负责根据主要情况选定正确的状态和模式。

在列车有电的情况下,ATP 车载单元可能处于激活、待用、备用这三种状态中的一种,其中备用状态是暂时的状态。

① 激活状态:当 ATP 车载单元负责监督列车时,使用激活状态。

② 待用状态:当 ATP 车载单元不负责监督列车时,使用待用状态。在列车得到电源但没有插入钥匙的情况下,即刻出现此种状态。

③ 备用状态:当钥匙插入任何一列列车的驾驶室时,立即执行启动自检测,进入备用状态,此种状态只是暂时的,自检测完成后,会更换为激活或待用状态。

5) 车门释放功能

车门释放功能可以保证当显示安全时允许打开车门,在所有的信号模式中此功能连续有效。

满足下列条件时即可得到车门释放指令:

(1) 列车已停在带非安全停车点的预期停车窗内;

(2) 非安全停车点对应于列车长度;

(3) ATP 车载单元接收到许可打开车门的报文。

根据站台的布置,车门释放可以设置在列车的任意一侧或两侧。

特殊情况下,列车停稳时驾驶员可按下车门紧急按钮,不用考虑上述条件就可得到车门释放命令打开车门。当以这种方式得到车门释放时,由驾驶员完全负责车门的安全操作。

车门释放功能的输入源于:车载速度/距离功能的现行速度和位置、列车长度、ATP 传输功能的许可车门打开的报文、紧急车门按钮。

车门释放功能的输出向 ATO 功能和驾驶员人机接口功能发出车门释放指示,向车门控制发出车门释放许可。

6) 速度/距离功能

速度/距离功能基于测速单元的输入,负责测定列车的运行速度、运行距离和运行方向。

速度/距离功能的输入是从测速单元中获得的读数,从安全数据入口功能中获得的车轮直径数据。

速度/距离功能的输出通过列车总线用于其他 ATP 车载功能、ATO 功能和驾驶员人机接口功能中。

7) 距离同步功能

一接收到 ATP 轨旁功能的同步化信息,距离同步化功能就通过计算在报文中消逝时间内列车运行的部分距离来计算列车前方的位置。

距离同步功能的输入来自 ATP 轨旁功能的同步化信息。

距离同步化功能的输出通过列车总线送至其他 ATP 车载子功能和 ATO、驾驶员人机接口功能中。

8) 本地再同步化功能

对于列车位置高精度要求,提供本地再同步化(如停车窗和车门释放监督)。这是通过使用预定的同步基准点(同步定位环线的交叉点)实现的。

本地再同步功能的输入来自报文接收/同步定位环线检测功能的同步定位环线检测。

本地再同步功能的输出提供当前音频轨道电路内再同步当前位置,使得至其他 ATP 车载子功能和 ATO 功能成为可能。

9) 报文接收/同步定位环线检测功能

报文接收/同步定位环线检测功能的第一个作用是通过安装在前方列车驾驶室底部的接收天线,从 ATP 轨旁功能接收、解码报文信号,在特定时间/距离之内若没有接收到有效报文,就会触发紧急制动功能;另一个作用是在轨道中检测同步定位环线,检测到同步定位环线的时间很重要,它用于列车定位本地再同步中。

报文接收功能的输入来自折返功能的当前轨道电路频率以及 ATP 轨旁功能的报文。

报文接收功能输出报文数据,同步定位环线检测功能的输出至本地再同步功能。

10) 驾驶员人机接口(MMI)功能

MMI 功能提供信号系统和驾驶员的接口,借助于 MMI,驾驶员可以按照 ATP 子系统的指示运行。驾驶员人机接口功能包括驾驶员显示功能和驾驶员外部接口。

驾驶员显示功能给驾驶员显示实际速度、最大允许速度、目标距离、目标速度、ATP 设备的运行状态,以及列车运行时产生的重要故障信息,当列车速度/位置超过警告速度曲线时发出音响报警。

驾驶员显示功能的输入来自 ATP 和 ATO 功能的当前状态;音响报警功能的输入是 ATP 速度曲线、列车实际速度和位置、ATP 功能紧急制动实施的显示。

驾驶员显示功能的输出给出驾驶员的状态显示;音响报警功能的输出对驾驶员进行音响报警。

驾驶员外部接口包括允许按钮、车门释放按钮以及确认按钮等,用于驾驶员的驾驶操作。

11) 折返/改换驾驶室功能

折返/改换驾驶室功能是在列车进行折返的情况下,要求驾驶员改换驾驶室。

ATP 车载设备必须考虑到使用不同的驾驶操作台,保存有关相对轨旁位置、列车前部和后部的信息。改换驾驶室引起列车前部和后部的互换,ATP 车载设备必须相应地调整位置信息。

使用 AR 模式的方法是当列车停在站台、车站后的折返轨或可接收到相关报文的任何位置时,执行折返操作。当列车停在折返轨,会自动选定 AR 模式,并接收到相应的报文,此时安装在驾驶员操作控制台上的 AR 按钮会亮,并显示可以执行折返处理。驾驶员按压 AR 按钮表示接受,AR 按钮闪亮,驾驶员关闭驾驶控制台,列车实施自动折返,驾驶员离开原驾驶室进入列车另一端的驾驶室。在折返有效时,列车另一端驾驶室里的 AR 按钮闪亮,表示该驾驶室已经可以使用。驾驶员打开当前驾驶室的驾驶员操作控制台,ATP 车载单元进入 SM 模式并准备列车的返回运行。

5.2.4 ATP子系统的基本工作原理

1. 列车检测原理

ATP子系统采用轨道电路等作为列车检测设备。当轨道电路区段空闲时,发送是否空闲的检测电码,检测结果送往联锁装置。其工作流程如图5.16所示。

图5.16 列车空闲检测流程

当轨道电路区段被占用时,信息发送到轨旁ATP,由轨旁ATP发送到中央系统,再由中央系统发送速度信息给车载ATP。其工作流程如图5.17所示。

图5.17 列车占用检测流程

2. 速度限制和列车自动限速原理

1) 速度限制原理

ATP子系统不仅可用来保证列车之间的运行安全,还用于受曲线等线路条件、通过道岔、慢性区间等限制而需要限速的区段。因此限度等级是根据后续列车和先行列车之间的距离、线路条件等来决定的。ATP子系统可对列车运行速度进行分级或连续监督。

超速防护一般的速度限制分为固定限速、临时限速、区域限速、闭塞分区限速等多种类型。

(1) 固定限速

固定限速是在设计阶段设置的,车载ATP和ATO设备都储存着整条线路上的固定限速区信息,速度以1 km/h为一个梯降级别,它决定了"目标距离"工作模式下可能给出的最优行车间隔。

(2) 临时限速

限制速度在某些条件下(如施工现场、临时危险点)可以被降低。临时速度限制区段的范围总是限制在一个或多个轨道电路。在紧急情况下,通过特殊速度码,可以立即将任何一段轨道电路上的速度设置为25 km/h。如果需要设置临时性限速区,可以在地面安装应答器。这些应答器允许以5 km/h为一个阶梯,降到25 km/h。在带有允许临时速度限制的编码的轨道电路中,可通过设置信标来实施。

(3) 区域限速

区域速度限制是针对轨道电路内的预定区域设定的限制速度,可分为15 km/h、30 km/h、45 km/h、60 km/h等几种。区域限速可由ATP轨旁设备设置,也可在需要时由控制中心控制,但控制中心只能复位控制中心设置的区域限速。如果控制中心离线或通信失败,则本地轨旁设备可直接设置区域限速。一旦设置了限速,集中站的ATP轨旁设备就将产生到速度限制区的新的目标距离和实际的目标限制速度,通过轨道电路传送给接近限速区域的列车,列车在该区域中的运行速度就不允许超过限速。如果列车速度超过限速,则车载ATP将启动紧急制动,直到列车速度低于限速。

(4) 闭塞分区限速

闭塞分区限速是对单独的轨道电路设置最大的线路速度和目标速度。通过 ATP 轨旁设备选择最大速度,所选的速度作为轨道电路的最大允许速度。

2) 列车自动限速

ATP 轨旁单元从联锁和轨道空闲检测系统获得驾驶指令(包括目标速度、目标距离、最大允许线路速度和线路坡度),形成计划数据后传输至 ATP 车载设备。ATP 车载设备通过该数据计算当前位置的列车允许速度,并生成驾驶列车所需的数据,然后经由驾驶室显示器指示给驾驶员。列车实际速度是根据测速装置实时测量计算得来的。ATP 车载设备会对列车实际速度和列车允许速度进行比较,如图 5.18 所示。

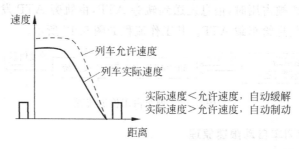

图 5.18 列车限速示意图

① 当列车实际速度超过列车允许速度时,ATP 车载设备就发出制动命令并发出报警,控制列车进行常用制动或实施紧急制动,使列车自动地制动;

② 当列车实际速度低于列车允许速度(ATP 所指示的速度),列车便自动缓解,而运行操作仍由驾驶员完成。

3. 目标速度和目标距离原理

(1) 目标速度

目标速度是列车运行前方目标点允许的最高速度,ATP 子系统即为确保列车运行速度不超过目标速度的安全控制系统。在列车制动控制模式的阶梯式分级制动模式中,每个闭塞分区设计为一个目标速度,在一个闭塞分区中无论列车在何处都只按固定的速度判定列车是否超速。曲线式分级制动模式和阶梯式分级制动模式一样,每一个闭塞分区给定一个目标速度。一级制动模式不再对每一个闭塞分区规定一个目标速度,而是根据目标速度、目标距离等信息计算出列车的列车制动模式曲线。

(2) 目标距离

ATP 轨旁设备向在其控制范围内的列车分配一个"目标距离",如图 5.19 所示,再由轨道电路生成代码(图中编码表示列车 B 前方未被占用的轨道电路的数目),通知列车前方有

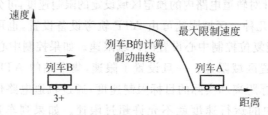

图 5.19 目标距离原理

多少个未占用的区段,然后 ATP 车载设备调用存储器里的信息,决定在任何时刻列车的运行速度和可以运行的最远距离,确保在抵达障碍物或限制区之前安全停车。

列车 B 所在的区段标记为 3+,这代表在到达阻碍或限制区之前,前方有 3 个空闲的轨道区段。列车 B 可获得其精确的位置,这一信息与保存在 ATP 和 ATO 设备存储器中的线路图数据相结合,可推算出列车的最大安全距离或目标距离。这样,列车 B 就能安全地进入列车 A 所占用的轨道区段后方的空闲轨道区段。

4. 制动模式原理

城市轨道交通中,对列车运行的控制不仅需要掌握列车运行的即时速度信息,还需要结合从地面设备、前行列车获得的信息和控制中心的命令,科学合理地对列车的速度进行制动,确保在安全的前提下实现最小列车运行间隔。列车制动控制模式可以分为分级制动模式和一级制动模式。

1) 分级制动模式

分级制动模式是以一个闭塞分区为单元,每个闭塞分区设置一个目标速度,无论列车在该闭塞分区中什么位置都需要根据限定的速度判定列车是否超速。分级制动模式的列车追踪间隔主要与闭塞分区的划分、列车的性能和速度有关,而闭塞分区的长度是以最坏性能的列车为依据并结合线路参数来确定的。分级制动模式又分为阶梯式和曲线式。

(1) 阶梯式分级制动模式

阶梯式分级制动模式只需要在停车信号与最高速度间增加若干中间速度信号,即可实现,因此需要传输信息量较少,设备相对比较简单。阶梯式分级制动模式将一个列车全制动距离划分为 3~4 个闭塞分区,如图 5.20 所示,每一个闭塞分区根据与前行列车的距离来确定限速值。一个闭塞分区的进入速度称为入口速度,驶离速度称为出口速度。阶梯式分级制动模式又可分为超前式和滞后式。

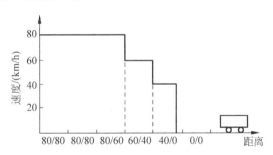

图 5.20 阶梯式分级制动模式的速度曲线

超前式制动模式又称为出口速度控制方式,它事先给出各闭塞分区列车的出口速度值,控制列车行驶至在该闭塞分区出口前不得超过该出口速度值。该制动模式采用设备控制优先的方法,即列车驶出每个闭塞分区前均必须将超前速度降至出口限制速度控制线以下,否则设备就会自动启动制动,所以超前对出口速度进行了控制,不会冒出闭塞分区。

滞后式制动模式又称为入口速度控制方式,它事先给出列车进入某闭塞分区入口的速度值,监控列车在本闭塞分区运行的速度不得超过给定的入口速度值,采取人控优先的方法,在每个闭塞分区列车速度只要不超过给定的入口速度值,就不会触碰滞后速度控制线。但是考虑到一旦列车失控,在本闭塞分区的出口,即下一个闭塞分区入口处的速度超过了给定的入口速度值,碰撞了滞后式速度控制线,即所谓的"撞墙",此时触发设备自动引发制动,列车必然会越过第一红灯进入下一个闭塞分区,因此有必要增加一个闭塞分区作为安全防护区段。

固定闭塞制式的 ATC 通常采用阶梯式分级制动模式。阶梯式分级制动模式构成较为简单,但具有较多的缺点,如下所述:

① 设有安全防护区段,会影响通过能力;

② 列车接近前方列车时遇到"保护区段",驾驶员难以区分哪一个闭塞分区有车占用,容易造成混乱;

③ 由于其在闭塞分区出口处才给出下一闭塞分区的允许入口速度,驾驶员有时会措手不及;

④ 列车在进站信号机前停车或进站停车时,驾驶员怕"撞墙"引起紧急制动,往往要压低速度运行,影响运输效率。

(2) 曲线式分级制动模式

由于阶梯式分级制动模式不能满足高密度行车的需要,于是出现了曲线式分级制动模式。曲线式分级制动模式要求每个闭塞分区入口速度和出口速度用曲线连接起来,形成一段连续的控制曲线,控制曲线是根据该闭塞分区提供的允许速度值以及列车参数和线路常数由车载计算机计算出来的(或将各种制动模式曲线储存调用)。曲线式分级制动模式和阶梯式分级制动模式一样,每个闭塞分区只给定一个目标速度,控制曲线把闭塞分区允许速度的变化连接起来。从最高速至零速的列车控制减速线为分段曲线组成的一条速度曲线组合,如图 5.21 所示,列车实际减速运行线只要在控制线以下就可以,万一超速碰撞了速度控制线,设备自动引发制动。因为速度控制是连续的,所以不会超速太多,紧急制动的停车点不会冒出闭塞分区,可以不需增加一个闭塞分区作为安全防护区段,但设计时要考虑留有适当的安全距离。

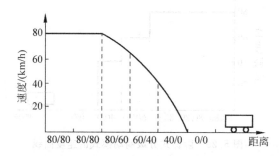

图 5.21 曲线式分级制动模式的速度曲线

准移动闭塞制式的 ATC 通常采用曲线式分级制动模式。曲线式分级制动模式的优点是安全性高,缺点是对于本身制动性能好的列车,其能力不能充分发挥。

2) 一级制动模式

一级制动模式是按速度-目标距离模式曲线控制方式制动的,根据目标距离、目标速度及列车本身的性能由控制中心计算出列车制动模式曲线,或由车载计算机予以计算,按制动模式曲线控制列车运行,一级制动速度曲线如图 5.22 所示。当列车实际速度超过速度控制曲线容许速度时,自动实施制动,列车减速;当列车实际速度低于容许速度后,制动缓解。

采用速度-目标距离模式曲线控制方式,可以提高区间通过能力,但需要从地面向列车传递更多的信息,除了目标点速度信息外,还要有分区长度、坡度等信息。线路参数可以通过地对车信息实时传输,也可以事先在车载信号设备中存储,通过核对取得。因为给出的制动速度控制曲线是一次连续的,需要一个制动距离内所有的线路参数,地对车信息传输的信息量相当大,可以通过无线通信、数字轨道电路、轨道电缆、应答器等地对车信息传输设备传输。

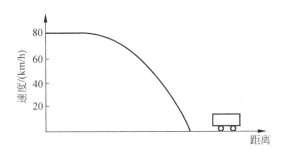

图 5.22　一级制动模式的速度曲线

一级制动方式能合理地控制列车运行速度,是列车自动控制技术的发展方向。移动闭塞制式的 ATC 通常采用一级制动模式。

5. 测速与测距原理

ATP 的测速与测距是基于测速单元的输入,负责列车实际运行速度、列车位置、运行方向和运行距离等的测定,是车载设备的关键部分。列车实际运行速度是速度控制的依据,速度测量的准确性直接影响到速度控制的效果。列车位置直接关系到列车运行的安全,通过确定列车的实际位置,才能保证列车之间的运行间隔,以及能够在抵达障碍物或限制区前停下或减速。

1)测速

测速有车载设备自测和系统测量两种方法。车载设备自测装置有测速发电机、路程脉冲发生器、光电式传感器和霍尔式脉冲转速传感器等,它们安装在无动力车辆的轮轴上,ATP 车载设备利用安装在轮轴上的测速传感器检测列车的实际速度,并在驾驶室内显示该速度值。系统测量有雷达测速和卫星测速等方法。

(1)测速发电机

测速发电机(见图 5.23)安装在车轮外侧,发电机所产生的交流电压的频率与列车速度(主轮的转速)成正比,经过频率-电压的变换,把列车实际运行的速度变换为电压,该电压经处理后产生模拟量和数字量两个输出,分别用来驱动速度表和进入车上主机用于速度比较。测速发电机简单,但在低速范围内精度较差,可靠性也不高。ATP 子系统早期采用测速发电机测速。

图 5.23　测速发电机

(2)路程脉冲发生器

路程脉冲发生器的核心部件是一个 16 极的凸轮,随着车轮的转动,其发生一系列脉冲,车速越快,脉冲数越多,只要在一定时间内记录下脉冲的数目,即能换算成列车的实际速度。其实物如图 5.24 所示。

（3）光电式传感器

光电式传感器应用光电传感技术,基于光电效应的传感器,在受到可见光照射后产生光电效应,将光信号转换成电信号输出。它有一个多列光圈盘,随着车轮的转动,光线不断地通过和被阻挡,使光电式传感器产生电脉冲,记录脉冲数目来测量车速。其实物如图5.25所示。

图5.24　路程脉冲发生器　　　　　　图5.25　光电式传感器

（4）霍尔式脉冲转速传感器

霍尔式脉冲转速传感器是采用霍尔效应原理实现的一种测速方法,霍尔效应是一种磁电效应。其基本原理是对车轮旋转计数,因此需在轴承盖上安装信号发生器,车轮每转一周,发生器输出一定数量的脉冲或方波信号,对信号发生器输出信号计数,测出脉冲或方波的频率即可得出列车运行速度。霍尔式脉冲转速传感器的实物如图5.26所示。

一般需采用两路测速,即两套传感器安装在不同的车轴和不同的侧面,以保证测量的准确性和提高测量精度,并对车轮空转、蠕滑、死抱等引起的误差进行修正。转速传感器无法精确补偿车轮滑转和滑行,可用一台多普勒雷达测速装置,向ATP/ATO子系统输入第三个车速信息。这个信息与转速传感器输入的车速相比较,以检验车速测量系统的可靠性。

（5）多普勒雷达测速装置

多普勒雷达测速装置是利用多普勒效应测量列车的运行速度,多普勒效应的基本思想是物体辐射的波长因为光源和观测者的相对运动而产生变化。多普勒雷达测速装置是在车头位置安装多普勒雷达,雷达向地面发送一定频率的信号,并检测反射回来的信号。由于列车的运动会产生多普勒效应,所以检测的信号频率与发射的信号频率是不完全相同的。如果列车在前进状态,反射的信号频率高于发射信号频率;反之,则低于发射信号频率。而且,列车的运行速度越快,两个信号之间的频率差越大。通过测量两个信号之间的频率差就可以获取列车的运行方向和即时运行速度。多普勒雷达测速装置实物如图5.27所示。

图5.26　霍尔式脉冲转速传感器　　　　图5.27　多普勒雷达测速装置

（6）卫星测速

卫星测速即为全球定位系统（global positioning system,GPS）测速，卫星利用移动物体从一点到另一个点的时间计算其移动速度。GPS确定与计算速度的原理是，GPS接收器可以利用其输出生存时间值（time to live,TTL）数据算出每一秒钟的具体经纬度坐标，然后再除以1 s，就是1 s内的平均速度。实际应用中，由于各种误差，导致这样算出来的数据不可能那么准确。实际上GPS接收机在计算前进速度的时候，用的是多普勒效应，准确程度可以达到0.5 km/h。

2）测距

测距是通过测速与轮径完成的，通过测速设备获得车轮旋转的次数，考虑运行方向和车轮直径来计算出列车走行的距离。测距系统使用两个速度传感器测量数据，通过两个通道进行比较。为了保证安全，当两个数据不一致时，取其中的最大值。列车定位也是通过测距完成的，在有轨道电路的线路上，将轨道电路的分割点作为列车绝对位置，列车的实际位置可以通过绝对位置加所测距离得出，同时考虑到列车空转/打滑的情况，每隔一段距离应对列车实际位置进行校核。

测距也可采用信标来进行测速测距。绝对位置参考应答器（absolute position reference balise,APR），简称信标，沿线路等间距放置，都由装在列车上的发射应答器读取，每个信标都有一个独一无二的识别号，存储在ATP/ATO子系统存储器中。这个系统可以确保在指定范围内对转速传感器发出的信号进行自动重新校正，也能进一步确定列车位置。

6. 列车常用制动和列车紧急制动原理

ATP车载设备具有列车常用制动和列车紧急制动两级防护控制的能力。在列车常用制动失效后，可施行列车紧急制动。

1）列车常用制动

列车常用制动是列车在正常行驶过程中，由列车的制动系统施加给列车的制动。常用制动是直接控制列车主管压力使机车制动与缓解，不影响原有列车制动系统的功能。它缩短了制动空走时间，大大减小了制动时的纵向冲击加速度，使列车运行更安全、舒适。

2）列车紧急制动

列车紧急制动是列车在超速行驶，或遇到其他不正常会危及列车行车安全的情况时，对列车施加的制动。紧急制动是将压缩空气全部排入大气，使副风缸内压缩空气很快推动活塞，施行制动，使列车很快停下来。紧急制动时，列车冲击大，中途不能缓解，充风时间长，不能使列车安全平稳地运行。在危急情况下，控制中心按下紧急停车按钮或轨旁按下安装在站台两侧的紧急停车按钮（见图5.28），即可启动紧急停车。ATP车载设备收到紧急停车命令后，将发送给影响区域内列车的数据信息中的"线路速度""目标速度"设置为零。一旦对列车施加了紧急制动，中途不得缓解，等列车收到速度码，通过特殊处理才能将紧急制动从列车上解除。

下列任意一种情况会实施紧急制动：

图5.28 紧急停车按钮

(1) 在列车超速、后退、移动时车门打开等情况下,直接由 ATP 功能提供防护;

(2) 在故障情况下(例如在需要报文时,不能接收到报文),直接由 ATP 功能作为安全防护;

(3) 由驾驶员或由牵引控制设备执行,不依靠 ATP 功能。

7. 车站程序停车和定位停车原理

1) 车站程序停车

车站的程序停车是指线路上的车站按照预先确定的停站时间间隔进行停车。控制中心 ATS 子系统监督列车时刻表,计算需要的停站时间以保证列车正点到达下一个车站。控制中心能通过集中站 ATS 缩短或延长车站停站时间,由集中站 ATS 通过环线传送给车载设备。在控制中心要求下,列车可跳过某车站。

2) 车站定位停车

车站定位停车可以保证列车精确地停在预定的范围内。在车站,车门的开度和屏蔽门的开度要配合良好,如图 5.29 所示。停车时要求安装有屏蔽门的车站的允许停站误差为 ±0.25 m,其他车站的允许停站误差为 ±0.5 m。

车站定点停车是通过地面标志线圈(或者环线)提供至停车点的距离信息,标志线圈(也是应答器,如图 5.30 所示)通常设置一组,一般数量为 3~4 个,数量多少可视定位停车精度而定。

图 5.29 车门和屏蔽门

图 5.30 标志线圈

地面标志器设于沿线离站台的确定距离内,当列车标志天线置于地面标志器作用范围内时,使列车接收滤波-放大电路开始振荡,振荡频率通过调谐标志线圈来确定,每个标志线圈根据与站台的距离调在不同的频率上。图 5.31 所示为地面停车标志器布置示意图。

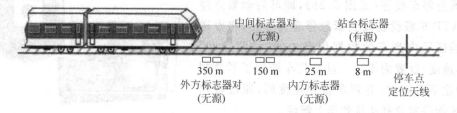

图 5.31 停车标志器布置

由图 5.31 可见,离停车点 350 m 处设置外方标志器对,离停车点 150 m 处设中间标志器对,离停车点 25 m 处设内方标志器,离停车点 8 m 处设站台标志器。350 m 和 150 m 标志线圈成对布置,具有方向性。无源标志线圈具有固定的谐振频率,列车经过时与车载标志线圈产生谐振,有源标志线圈能发送特定的频率信号。定位停车的原理步骤如下:

① 当列车运行经过 350 m 标志线圈时,列车接收停车标志频率信息,启动定点停车程序,产生第一制动模式曲线,此时列车按此制动曲线停车,并且离定位停车点较远;

② 当列车驶抵中间标志器时,产生第二制动模式曲线,并对第一阶段制动进行缓解控制,以使列车离停车点更近;

③ 当列车收到内方标志器传来的停车信息时,产生第三制动模式曲线,列车再次进行缓解控制,使列车离定位停车点的距离更近;

④ 列车收到站台标志器送来的校正信息,即转入停车模式,产生第四制动模式曲线,列车再次缓解制动控制。经多次制动、缓解控制,确保列车定位停车的精度控制在规定的范围之内,当车载定位天线与地面定位天线对齐时,又收到一个频率信号,立即实施常用制动,将车停在停车点。

8. 车门控制原理

ATP 子系统对车门的控制主要是对车门状态的监督,当列车没有在车站或车辆段转换轨上停稳时,ATP 不允许打开车门;当 ATP 检测到列车在移动,而车门没有锁在关闭状态时,ATP 实施紧急制动。列车在车站预定停车区域内停稳且停车点的误差在允许范围内时,ATP 才允许开关操作:地面定位天线会收到车载定位天线发送的停稳信号,列车从 ATP 轨旁设备收到车门开启命令,ATP 才会允许车门操作,车载对位天线和地面对位天线才能很好地感应耦合并进行车门开关操作。这需要地面和车载 ATC 设备以及车辆门控电路共同配合。有了车门开启命令后,使 ATP 轨旁设备改发打开屏蔽门信号,当站台定位接收器收到此信号,便打开与列车车门相对的屏蔽门。开车门和屏蔽门的流程图如图 5.32 所示。

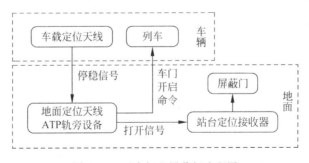

图 5.32 开车门和屏蔽门流程图

列车停站时间结束(或人工终止),地面停站控制单元启动 ATP 轨旁设备,停发开门信号,由驾驶员关闭车门,同时关闭屏蔽门。关车门和屏蔽门的流程图如图 5.33 所示。

列车停靠站台的精度偏离了 ±0.5 m(对于地下车站)或 ±1 m(对于高架车站或地面车站)的情况下,允许列车以小于 5 km/h 的速度移动,以精确停车。ATP 不断监视安全门,确保车门无异常打开。

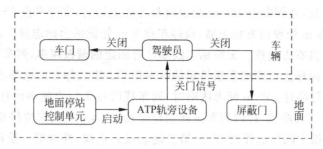

图 5.33 关车门和屏蔽门流程图

5.3 ATO 子系统

ATO 子系统为非故障-安全系统，它可以控制列车自动运行，主要目的是模拟驾驶员的最佳驾驶，实现正常情况下高质量的自动驾驶，提高列车运行效率，提高列车运行的舒适度，节省能源。

5.3.1 ATO 子系统概述

ATO 子系统以 ATP 子系统为基础，配置车载计算机系统和必要的辅助设备，主要用于实现"车对地控制"，即用地面信息实现对列车驱动、惰性和制动的控制，传送车门和屏蔽门的同步开关信号，执行车站之间列车的自动运行、列车在车站的定点停车、在终点的自动折返等操作。ATO 在 ATP 子系统的保护下，根据 ATS 的指令实现列车运行的自动驾驶、自动停车、车门控制等功能。

ATO 子系统具体包括以下内容：

(1) 自动完成对列车的启动、牵引、巡航、惰行和制动的控制，以较高的速度进行追踪运行和折返作业，确保达到设计间隔及旅行速度。

(2) 在 ATS 监控范围内的入口及各站停车区域（含折返线、停车线）进行车-地通信，将列车有关信息传送至 ATS 子系统，以便于 ATS 子系统对在线列车进行监控。

(3) 控制列车按照运行图运行，达到节能及自动调整列车运行的目的。

(4) ATO 自动驾驶时实现车站站台定点停车控制、舒适度控制及节省能源控制。

(5) 能根据停车站台的位置及停车精度，自动地对车门进行控制。

(6) 与 ATS 和 ATP 结合，实现列车自动驾驶、有人或无人驾驶。

使用 ATO 子系统后，可以使列车经常处于最佳运行状态，避免了不必要的、过于激烈的加速或减速，因此，明显提高了乘坐的舒适度，提高了列车准点率及减少轮轨磨损。ATO 子系统与列车的再生制动相配合，可以节省电能的消耗。

5.3.2 ATO 子系统的结构

ATO 子系统一般由 ATO 车载设备和 ATO 轨旁（地面）设备组成，结构如图 5.34 所示。

1) ATO 车载设备

ATO 车载设备通常和 ATP 车载设备安装在一个机架内，它包括车载 ATO 模块、ATO

车载天线和人机界面等设备。

(1) 车载 ATO 模块

车载 ATO 模块是列车自动驾驶系统的核心部分,车载 ATO 模块从车载 ATP 子系统获得必要的信息,如列车运行速度和列车位置等,车载 ATO 模块软件对这些数据进行实时处理,计算出列车当前所需的牵引力或制动力,对列车施加牵引或制动,对列车进行实时控制。车载 ATO 模块实物如图 5.35 所示。车载 ATO 模块与列车的牵引和制动系统相互作用,实现列车在站台区精确对位停车。

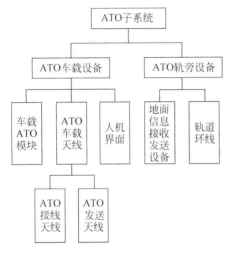

图 5.34 ATO 子系统的结构

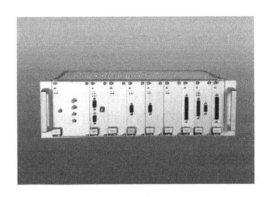

图 5.35 车载 ATO 模块实物图

(2) ATO 车载天线

ATO 车载天线由 ATO 接收天线和 ATO 发送天线组成。列车自动驾驶系统的车载模块与地面设备之间的信息交换是通过 ATO 车载天线来完成,以实现 ATO 子系统与 ATS 子系统之间的信息交换。

① 从列车向地面发送的信息。车载 ATO 模块通过 ATO 车载天线向地面 ATS 子系统发送的信息有列车识别号信息(车组号、车次号、目的地编码)、列车运行方向、列车车门状态、车轮磨损指示、列车车轮打滑和空转、车载 ATO 模块状态和报警信息等。

② 从地面向列车 ATO 车载设备发送的信息。从地面向列车 ATO 车载设备发送的信息有列车开关门命令、列车车次号确认、列车测试指令、车门循环测试、主时钟参考信号、跳停/扣车指令和列车运行等级等。

(3) 人机界面

列车驾驶员通过人机界面可以将列车运行的模式选择为"ATO",启动列车在 ATO 模式下运行。

2) ATO 轨旁设备

ATO 轨旁设备由地面信息接收发送设备和轨道环线组成。这些地面设备接收来自列车 ATO 车载天线所发送的信息,并把 ATS 有关信息通过轨道环线发送到线路上,由列车 ATO 车载设备进行接收和处理。

5.3.3 ATO 子系统的主要功能

ATO 子系统的主要功能分为基本控制功能和服务功能,如图 5.36 所示。

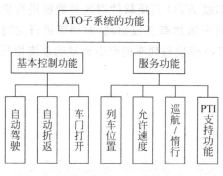

图 5.36 ATO 子系统的功能

1. 基本控制功能

基本控制功能包括自动驾驶、自动折返、车门开闭这三个控制功能,并且三者之间独立运行。

1) 自动驾驶功能

自动驾驶功能就是实现列车自动驾驶模式下的列车启动、加速、制动、车站发车、定位停车、区间限速、临时停车和车门、屏蔽门开启的自动控制。

(1) 自动调整列车运行速度

在列车自动驾驶模式下,ATO 车载控制器通过比较实际列车运行速度及 ATP 给出的最大允许速度及目标速度,并根据线路的情况,自动控制列车的牵引及制动,使列车在区间内的每个区段始终控制速度(ATP 计算出来的限制速度减去 5 km/h)运行,并尽可能减少牵引、惰行和制动之间的转换。

(2) 定位停车点的目标制动

在列车自动驾驶模式下,以车站停车点作为目标点,当满足停车特征,ATO 子系统基于列车速度、预先决定的制动率和与停止点的距离计算出一个制动曲线,并采用最合适的减速度(制动率)使列车准确、平稳地停在规定的停车点。将其与列车定位系统相配合,可使停车位置的误差降到 0.5 m 以下。

(3) 车站自动发车

在列车自动驾驶模式下,当发车安全条件符合时(如关闭了车门等),ATO 子系统给出启动显示,驾驶员按下启动按钮,ATO 子系统使列车从制动停车状态转为驱动状态。停车制动将被缓解,然后列车加速。ATO 通过预设的数据提供牵引控制,该牵引控制可使列车平稳加速。

(4) 区间临时停车

如区间内列车运行前方有事故或车,由 ATP 子系统给出目标点位置及制动曲线,并将数据传送给 ATO 子系统车载单元,ATO 子系统得到目标速度为"0"的速度信息后自动启动列车制动器,使列车临时停在目标点前方 10 m 左右。此时车门还是由 ATP 子系统锁住的。一旦前方停车目标点取消,速度信息改为进行码后,ATO 子系统使列车自动启动。在危险情况下,例如按下紧急停车按钮,或是因常用制动不充分而使列车超过紧急制动曲线,所规定的制动距离由 ATP 启动紧急制动,ATO 向驾驶员发出视觉和音响警报,5 s 以后音响警报自动停止。

(5) 限速区间控制

临时性限速区间的数据由轨旁设备报文传输给 ATP 车载设备,再由 ATP 车载设备将减速命令经 ATO 子系统传达给动车驱动、制动控制设备。此时 ATO 车载设备的功能犹如 ATP 子系统与驱动、制动控制设备之间的一个接口。对于长期的限速区间,数据可事前输入 ATO 子系统,在执行自动驾驶模式时,ATO 子系统会自动考虑到该限速区间的控制。

2）列车自动折返功能

自动折返是一种特殊情况下的驾驶模式，在折返站使用，这种驾驶模式下无须驾驶员控制，而且列车上的全部控制台将被锁闭。列车收到折返许可后，自动进入自动折返模式。授权经驾驶人机接口 MMI 显示给驾驶员，驾驶员必须确认这个显示，并得到授权，锁闭控制台。

若采用 ATO 自动运行折返模式，在驾驶员按压 ATO 启动按钮后，列车自动驶入折返轨，并改变车头和轨道电路发送方向；在折返轨至发车站台的进路排列完成后，再次按压 ATO 启动按钮，列车自动驶入发车站台，并精确地停在发车站台，此时，ATO 车载设备即退出自动折返模式。

若采用 ATO 无人自动折返模式，只有在驾驶员下车后按压站台上的无人折返按钮后，才能实施自动列车折返运行。

无人自动折返功能的输入来自车载速度/距离功能的列车当前的速度和位置以及 ATP 速度曲线。

无人自动折返功能的输出至列车制动和牵引控制系统发出相应命令。

3）车门开闭功能

ATO 是车门控制命令的发出者，ATO 只在自动模式下执行车门开启。车门开闭功能包括车门打开功能和车门关闭功能。车门打开功能是由 ATP 子系统监督开门条件，当 ATP 子系统给出开门命令时，可以按事前的设定由 ATO 子系统自动地打开车门，也可由驾驶员手动打开正确一侧的车门。车门关闭功能只能由驾驶员完成。

车门打开功能的输入来自 ATP 功能的车门释放、运行方向和打开车门的数据，以及来自 ATS 功能的确定目的地号。

车门打开功能的输出将车门打开命令发给负责控制车门的列车系统。

2．服务功能

服务功能包括列车定位修正功能、允许速度功能、巡航/惰行功能、PTI 支持功能等。

1）列车定位修正功能

ATO 的列车定位修正功能是从 ATP 功能中接收到当前列车的位置和速度等详细信息，根据上一次计算后所运行的距离来调整列车的实际位置。此调整也考虑到在 ATP 功能计算列车位置时传送和接收的延迟时间，以及打滑和滑行等因素。ATO 列车定位修正功能也接收到地面定位修正信息，由此确定列车的实际位置和计算列车位置的误差。对列车定位修正可在由 ATO 功能规定的至接近实际停车点 10~15 m 的任意位置开始，并且可使停车精度由 ATO 控制在希望的范围内。

列车位置功能的输入来自 ATP 功能的列车当前速度和位置、轨道电路信息的变化，以及测速单元的读入、轨道中同步标记的检测、SYNCH 环线。

列车位置功能的输出用作校正列车位置信息。

2）允许速度功能

允许速度功能为 ATO 速度控制器提供列车在轨道任意点的对应速度值。这个速度没有被优化，只是低于当前速度限制和制动曲线的限制。

允许速度功能的输入来自 ATP 功能的轨道当前位置的速度限制，以及列车制动曲线。

允许速度功能的输出至 ATO 速度控制器。

3) 巡航/惰行功能

巡航/惰行功能是按照时刻表自动实现列车区间运行的惰行控制,以达到节省能源,保证最大能量效率的目的。巡航/惰行功能协同 ATS 中的列车自动调整(automatic train regulation,ATR)功能,通过确定列车运行时间功能和能源优化轨迹功能实现巡航/惰行功能。

列车运行时间是指由 ATO 和 ATR 功能确定的列车运行时间。列车在 ATO 功能下,从报文给定的列车运行时间中减去通过计时器测定的已运行时间,以确定到下一站有效的可用时间。能源优化轨迹的计算要综合考虑到加速度、坡度制动以及曲线制动。一般系统所需要的轨道曲线信息都储存在 ATO 存储器中。借助此信息,并使用最大加速度,惰行/巡航功能计算出到下一停车点的速度距离轨迹。

4) PTI 支持功能

PTI 支持功能是通过多种渠道传输和接收各种数据,在特定的位置(通常设在列车进入正线的入口处)传给 ATS,向 ATS 报告列车的识别信息、目的号码和乘务组号,以及列车位置数据(例如当前轨道电路的识别和速度表的读数),以优化列车运行。

PTI 功能是由车载设备和轨旁设备实现的,它是一个非安全功能。由 ATC 车载设备提供的数据通过 ATO 功能传输到 PTI 的轨旁设备,进而传给 ATS。

5.3.4 ATO 子系统的基本工作原理

1. ATO 与 ATP 的关系

在"距离码 ATP 子系统"的基础上安装 ATO 子系统,列车就可采用自动方式进行驾驶。ATO 与 ATP 的关系如图 5.37 所示。

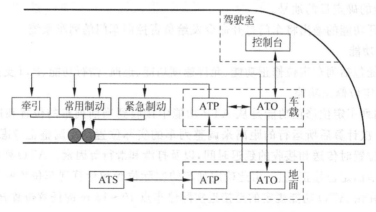

图 5.37 ATO 和 ATP

在选择自动驾驶模式时,ATO 子系统代替驾驶员操纵,诸如列车启动加速、匀速惰行、制动等基本驾驶功能均能自动进行。然而,不论是由驾驶员手动驾驶还是由 ATO 子系统自动驾驶,ATP 子系统始终执行其速度监督和超速防护功能。所以,ATP 是 ATO 的基础,ATO 不能脱离 ATP 工作,ATO 必须从 ATP 子系统获得基础信息,只有在 ATP 的基础上才能实现 ATO 功能,列车安全才有保证。可以这样认为:

手动驾驶＝驾驶员人工驾驶＋ATP 子系统

自动驾驶＝ATO 子系统自动驾驶＋ATP 子系统

ATO 子系统和 ATP 子系统的三条制动曲线如图 5.38 所示。其中,曲线①表示列车的紧急制动曲线,由 ATP 子系统计算及监督。曲线②表示由 ATP 子系统计算,在驾驶室显示出来的最大允许速度,略低于紧急制动曲线(差值通常为 3～5 km/h)。当列车速度达到曲线②,应给出警告。曲线③是由 ATO 子系统动态计算的制动曲线,也即正常运行情况下的停车制动曲线。从 ATP 与 ATO 两子系统的三条制动曲线,可以明显地看出:ATP 主要负责"超速防护",起保障安全的作用,ATO 主要负责正常情况下的列车高质量地运行。

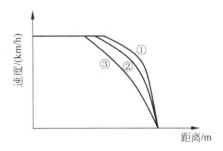

图 5.38 三种制动曲线

2. 列车自动驾驶原理

ATO 中有一套最大安全速度数据,与 ATP 的最大安全速度数据互相独立,这一速度要小于 ATP 的最大安全速度。

车载 ATO 自动控制列车牵引和制动系统,需要从 ATP 来的数据有:

① 从轨旁 ATP 单元传来的 ATP 命令(运行授权);
② 测速单元提供的列车位置和实际速度;
③ 位置识别和定位系统的信息;
④ 列车长度;
⑤ ATS 通过轨旁单元发送的发车命令和下一车站的计划到达时间。

如果 ATO 自检测成功完成,且 ATP 设备释放了自动驾驶,信号显示"ATO 启动",就可以实施 ATO 驾驶。ATO 子系统执行的自动驾驶过程是一个闭环反馈控制过程,其基本原理如图 5.39 所示。

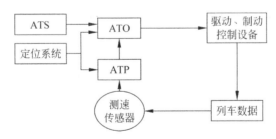

图 5.39 ATO 子系统闭环反馈控制基本原理图

由图 5.39 可见,测速传感器通过 ATP 向 ATO 发送列车实际位置信息等列车数据,反馈环路的输入是从 ATP 和运营控制数据中得出的,ATO 向驱动、制动控制设备提供数据输出。

ATO 模式在以下条件下被激活:

(1) ATP 在 SM 模式中;
(2) 已过了车站停车时间(运营停车点被释放);
(3) 已经排列了进路;
(4) 车门关闭;
(5) 驾驶手柄处于零位。

驾驶员通过按压启动按钮开始 ATO 模式,列车加速达到计算的速度曲线。假如其中一项条件不能满足,则启动无效,ATO 设备将自动控制常用制动使列车运行跟随制动曲线。

3．车站程序停车原理

车站程序停车的工作流程如图 5.40 所示。线路上的车站都有预先确定的停站时间间隔,控制中心 ATS 监督列车时刻表,计算需要的停站时间以保证列车正点到达下一个车站。停站时间再由集中站 ATS 通过 ATO 环线传送给 ATO 车载设备,其工作流程如图 5.40 所示。

图 5.40　车站程序停车工作流程图

控制中心能通过集中站 ATS 缩短或延长车站停站时间。如果控制中心离线,则集中站 ATS 预置一个默认的停站时间,该时间是可编程的。

在控制中心要求下,列车可跳过某车站。这一跳停命令由控制中心通过集中站 ATS 传给列车。ATS 具备所有车跳停下一站和取消所有跳停下一站的功能。跳停命令可在跳停的车站之间的任何有定位环线的车站取消。一旦列车处于要跳停的车站的环线范围内时,跳停本站的命令不能取消。

4．车站定位停车原理

车站定位停车通过在车站区域的轨道电路标识、分界过渡和 ATO 环线变换来进行。轨道电路标识用来确定停车特征的合适起始点;轨道电路分界过渡和 ATO 环线变换用来提供距离分界,从而达到所要求的位置精度。当停车特征启动后,ATO 基于列车速度、预先确定的制动率和与停止点的距离计算制动特征,然后根据制动要求来改变牵引和制动。一旦列车停车,ATO 会保持制动,以免列车运动。

ATO 可以与站台屏蔽门(platform screen door,PSD)的控制系统全面接口,以保证列车精确和可靠地到站停车。

5．车门控制原理

ATO 只有在自动模式下才执行车门开启。在手动模式,由驾驶员进行车门操作。

列车的定位天线连接至车辆定位发送器和接收器,车站站台定位环线位于线路中央,连接站台定位发送器和接收器。

1)开车门流程

开车门的流程图如图 5.41 所示。具体步骤如下:

(1)只有当列车停于定位停车的允许精度范围内,车辆定位接收器收到站台定位发送器送来的列车停站信号,ATO 子系统确认列车已到达确定的定位区域,这时 ATO 子系统才发出"列车停站"信号给 ATP 子系统,以保证列车制动;

(2)ATP 子系统检测到零速度,通过列车定位发送器向地面站台定位接收器发送 ATP 列车停车信号,站台接收器检测到此信号进行译码,使地面"列车停站"继电器开始工作;

(3)车站轨道电路 ATP 发送器发送允许打开车门(左车门或右车门)的调制频率信号;

(4)车辆收到允许打开车门信号,使相应的门控继电器工作,并提供相应的广播和允许开门的信号显示;

(5)此时驾驶员按压与此信号显示相一致的门控按钮才能打开规定的车门。

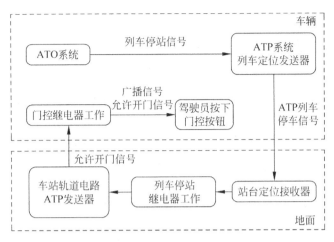

图 5.41 开车门流程图

2) 开屏蔽门流程

开屏蔽门的流程图如图 5.42 所示。具体步骤如下：车辆定位发送器改发打开屏蔽门信号，当站台定位接收器收到此信号后，打开屏蔽门继电器吸起，使与列车车门相对应的屏蔽门打开。

3) 关车门和屏蔽门流程

关车门和屏蔽门的具体步骤如下：

(1) 列车停站时间结束，地面停站控制单元启动车站 ATP 模块，轨道电路停发开门信号，使门控继电器落下；

(2) 驾驶员按压关门按钮，关闭车门，同时车辆停发打开屏蔽门信号，车站打开屏蔽门继电器落下；

(3) 车站检查屏蔽门已关闭并锁好以后，允许 ATP 子系统向轨道电路发送运行速度命令信息；

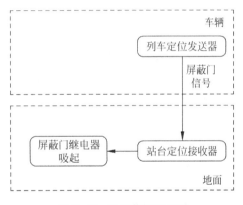

图 5.42 开屏蔽门流程图

(4) 车辆收到速度命令的同时，并检查车门已关闭并锁好，ATO 发车表示灯点亮，列车按照车载 ATP 收到的速度命令进行出发控制。

如果车门控制系统遇到在发出车门关闭请求后车门关闭被阻止的妨碍时，车门将会循环关闭。

6. 性能等级

性能等级是列车标识的一部分，可以被中央 ATC 修改。列车从轨旁接收到由中央 ATC 所确定的性能等级。性能等级由速度限制、命令的加速、预定的减速构成。为了减少数据的传输量，将一张六个性能等级的表存放在列车上。为了修改当前性能等级，中央 ATC 发送单数字命令。

滑行模式是一种额外的性能等级，其要求是级别 1～5 处于有效状态，并且当申请滑行时，目标速度大于 40 km/h。

5.4 ATS 子系统

ATS 子系统是非安全系统,它在 ATP 和 ATO 子系统的支持下,根据运行时刻表完成对全线列车运行的自动监控,可自动或由人工监督和控制正线(车辆段、停车场、试车线除外)列车进路,并向行车调度员和外部系统提供信息。它通过 ATO 子系统的接口,向旅客提供运行信息通报,比如列车到达、出发时间、运行方向、中途停靠站名等。

5.4.1 ATS 子系统概述

ATS 子系统主要实现对列车的监督和控制,辅助行车人员对全线列车运行进行管理,统一指挥调度,充分发挥其运输快捷、准时的特点。

ATS 子系统辅助行车调度人员对全线列车运行进行管理,它给行车调度人员显示全线列车的运行状态,监督和记录运行图的执行情况,在列车因故偏离运行图时及时做出反应,提出调整建议或者自动修正运行图,从而保证列车按时刻表正点运行,还可以通过 ATO 子系统的接口,向旅客提供运行信息通报,比如列车到达、出发时间、运行方向、中途停靠站名等。其具体包括以下内容:

(1) 通过 ATS 车站设备获取轨道占用与空闲状态,能够采集轨旁及车载 ATP 提供的轨道占用状态、进路状态、列车运行状态以及信号设备故障等控制和监督列车运行的基础信息。

(2) 根据联锁表、计划运行图及列车位置,自动生成输出进路控制命令,传送至车站联锁设备,设置列车进路、控制列车停站时分。

(3) 列车识别跟踪、传递和显示功能。系统能自动完成正线区段内列车识别号(服务号、目的地号、车体号)跟踪,列车识别号可由中央 ATS 自动生成或调度员人工设定、修改,也可由列车经车-地通信向 ATS 发送识别号等信息。

(4) 列车计划与实迹运行图的比较和计算机辅助调度功能。能根据列车运行实际的偏离情况,自动生成调整计划供调度员参考或自动调整列车停站时分,控制发车时间。

(5) ATS 中央故障情况下的降级处理,由调度员人工介入设置进路,对列车运行进行调整,由 ATS 车站完成自动进路或根据列车识别号进行自动信号控制,由车站人工进行进路控制。

(6) 在计算机辅助下完成对列车基本运行图的编制及管理,并具有较强的人工介入能力。通过设在车辆段的终端,向车辆段管理及行车人员提供必要的信息,以便编制车辆运用计划和行车计划。

(7) 列车运行显示屏及调度台显示器,能对轨道区段、道岔、信号机和在线运行列车等进行监视,能在行调工作站上给出设备故障及故障源提示。

(8) 能在中央专用设备上提供模拟和演示功能,用于培训及参观。能自动进行运行报表统计,并根据要求进行显示打印。

(9) 能在车站控制模式下与计算机联锁设备结合,将部分或所有信号机置于自动模式状态。

(10) 向通信无线、广播、旅客向导系统提供必要的信息。

5.4.2 ATS 子系统的结构

ATS 子系统由控制中心设备、车站设备、车辆段设备、列车识别系统及列车发车计时器等组成,其结构如图 5.43 所示。

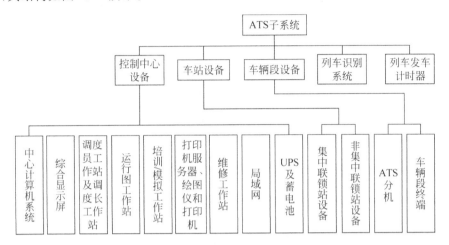

图 5.43 ATS 子系统结构图

1. 控制中心设备

控制中心设备是 ATS 子系统的核心。控制中心一般设在城市轨道交通线路的较大车站,它配套现代化、高性能、模块化的控制系统,具备灵活的工作站结构。控制中心主控室如图 5.44 所示。

图 5.44 控制中心主控室

控制中心 ATS 设备的结构如图 5.45 所示,主要包括中心计算机系统、综合显示屏、调度员及调度长工作站、运行图工作站、培训/模拟工作站、绘图仪和打印机、维修工作站、UPS 及蓄电池等。

1) 中心计算机系统

中心计算机系统包括控制主机、COM 通信服务器、ADM 服务器、TTE 服务器、局域网

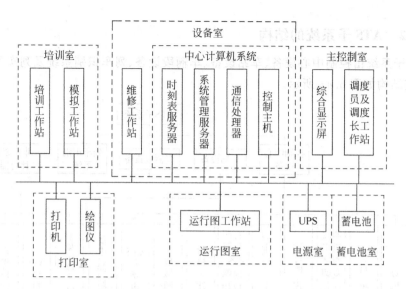

图 5.45 控制中心 ATS 设备的结构图

及各自的外部设备。为保证系统的可靠性,主要硬件设备均为主/备双套热备方式,可自动或人工切换。系统能满足自动控制、调度员人工控制及车站控制的要求。

(1) COM 服务器采集并处理来自 SICAS 联锁和外围设备的动态数据。自动操作和控制功能运行在这两个服务器上,如自动列车跟踪、自动进路设置、列车自动调整等功能,并且可以由调度员进行控制。COM 服务器执行以下功能:

① 处理来自 SICAS 联锁和外围设备的动态数据;
② 列车监视和追踪;
③ 自动进路排列;
④ 时刻表管理;
⑤ 自动列车调整;
⑥ 向联锁设备输出数据;
⑦ 存储操作日志和报警列表。

(2) ADM 服务器(系统管理器)用于系统数据存储。所有的系统统计数据和应用软件都存储在 ADM 服务器上。该机器将存储所有属于系统的、通常运行期间不改动的数据,如站场布置图、计划时刻表、计划运行图。如果 ADM 服务器故障不用时,切换到备用 ADM 服务器不会带来任何数据的丢失。

(3) TTE 服务器(时刻表编辑器)建立离线时刻表的操作者平台,TTE 服务器包括两个任务:离线创建和验证运行时刻表;在线为系统调度实际运行时刻表。

2) 综合显示屏

综合显示屏用来监视正线列车运行情况及系统设备情况。

3) 调度员工作站及调度长工作站

调度员工作站用于调度员完成调度和运营作业,是控制中心的重要设备。调度员能在控制中心监控和控制联锁设备及列车运行。调度长工作站是备用控制台,一般设两个调度员工作站。

4) 运行图工作站

运行图工作站用于编辑某天或某一时段运营列车的运营计划,ATS 子系统根据计划运行。调度员通过人机对话可编辑、修改及管理运行时刻表。

5) 培训/模拟工作站

培训/模拟工作站用于培训作业,其硬件结构和组成与调度工作站相同,但软件配置不同。它能仿真列车的在线运行和各种异常情况,实习调度员可通过它模拟实际操作。

6) 打印机服务器、绘图仪和打印机

打印机服务器用于缓冲和协调所有操作员和实时事件激活的打印任务,绘图仪和打印机用于输出运行图及各种报表。

7) 维修工作站

维修工作站的硬件和调度工作站相同,它用于设备维护和检修人员,对全线信号系统设备和列车进行监督,对信号系统中所检测到的故障及时处理,以保证信号系统设备稳定可靠运行。维修工作站上的作业一般不允许对列车进行控制,主要发挥维修工作站的监督和故障诊断作用。

8) 局域网

局域网把本地和远程工作站、服务器的 PLC 连接在一起,它是冗余的以太网(10 Mb/s)。

9) UPS 及蓄电池

控制中心提供了可靠的不间断 UPS 电源,保证 ATS 子系统可靠运行,不丢失数据;还配置了可以提供 30 min 后备电源的蓄电池。

2. 车站设备

车站设备分为集中联锁站设备和非集中联锁站设备。

1) 集中联锁站设备

集中联锁站设有一台 ATS 分机,是 ATS 与 ATP 地面设备和 ATO 地面设备的接口,用于连接联锁设备和其他外围系统。它的主要功能是采集车站设备的信息,传送控制命令,使车站联锁设备能够接收 ATS 子系统的控制命令,从而实现车站进路的自动控制。集中联锁站为从联锁设备取得所需数据,配备了采用可编程控制器的远程终端单元(remote terminal unit,RTU)。RTU 用于设置进路、计算停站时间以及实现降级模式,控制站台上的旅客信息显示系统(passenger information indication system,PIIS)的列车目的显示器、列车到发时间显示器和列车发车计时器(train depart timer,TDT)。PIIS 用来通知等待的乘客下一列车的目的地和到达时间,如图 5.46 所示。

车站 ATS 设备的功能如下:

(1) 接收、存储其管辖范围内当日的列车计划时刻表;

(2) 根据计划时刻表及列车运行情况,自动控制及办理管辖范围内的列车进路,包括进、出正线,终端站折返进路等;

(3) 特殊情况下,可以按控制中心设定的运行间隔控制列车运行;

图 5.46　PIIS

(4) 根据计划时刻表自动控制列车到站及出发时刻；

(5) 采集管辖范围内的所有车站的列车运行信息、设备工作状态，并将这些信息送至控制中心 ATS；

(6) 实现本管辖范围内的列车车次追踪；

(7) 控制无道岔车站的 RTU 设备，并向相邻的 ATS 设备传送有关信息；

(8) 控制 ATO 地面设备，向列车传送运行控制信息。

2) 非集中联锁站设备

非集中联锁站不设 ATS 分机。非集中联锁站的列车识别系统（positive train identification, PTI）、PIIS 和 TDT 均通过集中联锁站的 ATS 分机与 ATS 子系统联系。有岔非集中联锁站的道岔和信号机由集中联锁站的计算机控制，通过集中联锁站的 ATS 分机接收 ATS 子系统的控制命令。

3. 车辆段设备

1) ATS 分机

车辆段设一台 ATS 分机，用于采集车辆段内存车库线的列车占用及进/出车辆段的列车信号机的状态，在控制中心显示屏上给出以上信息的显示。此外，本工作站还是与车辆段计算机联锁的接口，以获取车辆段轨道占用情况、车辆段和转换轨之间的进路情况以及报警情况。

2) 车辆段终端

车辆段派班室和信号楼控制台室各设一台终端。

(1) 车辆段派班室用于列车正线运行以及返回车辆段需要的换班计划。派班工作站界面允许访问的窗口中包括存车线上的列车列表，以及根据当前计划时刻表运营所需要的列车列表。在运营所需车辆列表中，用户可以为每辆列车匹配端口的虚拟局域网 ID（port-base vlan ID, PVID）和驾驶员 ID；该数据将被临时存储，以便于其他用户访问，例如车辆段 ATS 工作站的调度员、控制中心调度员。

(2) 信号楼控制台室监视车辆段轨道占用情况，以及车辆段和正线之间的转换轨情况，也用来监视车辆段和转换轨之间的进路。

4. 列车识别系统

列车识别系统（PTI）是 ATS 车次识别及车辆管理的辅助设备，用于校核列车车次号。由地面查询器环路（见图 5.47）、车载应答器（见图 5.48）和 PTI 天线组成。地面查询器环路（也称地面 PTI 环线）设置在从车辆段进入正线运行的转换轨处、站台轨道区段正方向运行的运行停车点处、有自动折返功能车站的折返轨处以及站间某些必要的位置。当列车经过地面查询器时，车载应答器可以通过 PTI 天线向地面查询器环路传输以下报文信息，包括列车车次号、列车状态（进入、停止、出发）、目的地码、方向（上、下行）、车组号、列车服务号、自上次折返操作后所运行的千米数、序列号和乘务组号。地面查询器可以将这些报文通过设置在联锁集中站的远程终端中心传送至控制中心 ATS 子系统，并被保存，

图 5.47　地面查询器环路

控制中心校核是否与中心计算机列车计划中的车次号一致，若不相同则报警并进行修正。

5. 列车发车计时器

列车发车计时器(TDT)设于各车站，为列车运行提供车站发车时机、列车到站晚点情况的时间指示，提示列车按计划时刻表运行，如图 5.49 所示。正常情况下，在列车整列进入站台后，按系统给定站停时间倒计时显示距计划时刻表的发车时间，为零时指示列车发车；若列车晚点发车，则 TDT 增加停站时间的计时。在特殊情况下，若实施了站台扣车控制，则 TDT 给出"H"显示；如有提前发车命令，TDT 立即显示零；列车通过车站时 TDT 显示"＝"。

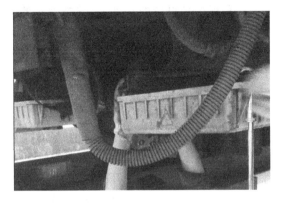

图 5.48　车载应答器

图 5.49　列车发车计时器

5.4.3　ATS 子系统的主要功能

ATS 子系统是在 ATP 和 ATO 子系统的支持下完成对全线列车的自动管理和监控的。它主要完成列车运行监视、列车运行车次号自动识别与追踪、进路自动排列、列车运行图及时刻表的编制与管理、列车运行时间调整、列车运行模拟、列车运行情况统计、事件及报警报表的生成和系统管理等功能。下面介绍 ATS 子系统的主要功能。

1. 列车运行状态监视功能

对列车运行情况及信号设备的监视，是通过 ATS 网络系统的背投综合显示系统及调度台显示器显示的，能对车辆段、车站、站间轨道区段、折返段、道岔、信号机、车次窗、在线运行列车状态、电源状态、命令执行情况及系统其他轨旁和车载设备状态等进行监视，如图 5.50 所示。当列车运行或信号设备发生异常时，控制中心计算机自动地将有关信息在 ATS 用户界面上给出报警及故障源提示。

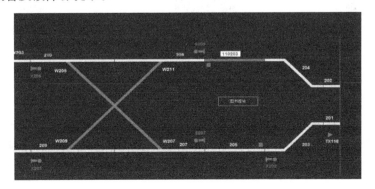

图 5.50　列车监视图

2. 列车车次号显示、传递和跟踪功能

ATS 子系统能自动完成正线控制区段内的列车车次号跟踪。当列车从车辆段出发占用转换轨时开始跟踪，至返回车辆段离开转换轨结束跟踪。列车车次号由中央 ATS 自动生成或由调度人员设定、修改，也可由驾驶员一次性输入至车载 ATO 设备，并经车-地通信设备通知 ATS 子系统。ATS 子系统具有列车自动跟踪和保存记录的能力，并将所有列车的位置、车次号、列车时刻表和其他相关数据显示在 ATS 用户界面上。

3. 列车自动进路控制功能

ATS 允许控制区域内运行的列车，在位置和车次号报告的基础上，根据列车的运行数据信息，按预先排列进路的原则和运营方案，进行自动排列进路。自动排列进路便于列车出入正线，列车折返，列车进出存车线以及由运营中断引起计划内的列车变更。进路控制通常由 ATS 按计划运行图及列车位置自动生成控制命令，通过轨旁子系统控制车站的进路和信号机。

4. 车辆段列车自动监控功能

中央 ATS 子系统通过通信传输网，与车辆段调度终端和信号控制室的 ATS 工作站连接，向车辆管理及行车人员提供必要信息，车辆段调度员根据当天采用的列车计划运行图编排车辆运营计划和行车计划，并传送到中央 ATS 子系统。车辆段信号值班员根据车辆运营计划及采用的列车计划运行图设置相应进路，以满足列车出入车辆段及库内停车作业需求。

5. 列车运行图及时刻表的编制与管理功能

列车运行图是用坐标来表示列车运行的一种图解形式，在运行图上可以清楚地表示出列车在区间的运行时分以及在各车站的到、发、停站(或通过)时间。

基本运行图的编制根据线路的参数和行车组织要求，由运行图编制人员输入基本数据，包括各站间运行时间、停站时间、运行时间间隔、线路数据及折返时间等信息，由计算机自动编制基本列车时刻表和运行图，如图 5.51 所示。

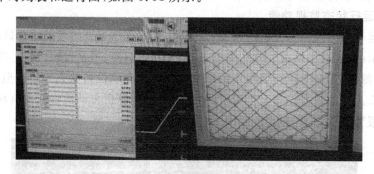

图 5.51　编制运行图

基本运行图编制完成后，按不同种类(包括平日、节假日、特殊情况等)存入数据库内，以备调度员按需调用。

系统可根据当日的运营需求提供多种基本运行图，通过调用这些基本运行图，并进行必要的参数设置后自动排出当日运行计划。在调度员工作站上，将当日的计划运行图、实际运行图采用色彩反衬方式显示在一个画面上。

6. 列车运行时间调整功能

列车运行时间调整是参照当日计划运行图,基于运行图中列车计划运行线的一种时间特性。当列车停站时,系统自动判断列车的早晚点情况,计算出合理的发车时间和到下一站的站间运行时间,通过每个站台的列车发车计时器传达给驾驶员列车停站时间,并把站间运行时间发送给 ATO,控制列车到下一站的站间运行时间。若列车实际运行时间在计划运行时间的允许范围(所定偏差标准值)之内,表示列车正常运行。若列车运行状况与计划运行线偏离较小,ATS 的自动调整功能通过调整列车的停站时间、站间运行时间或折返时间来纠正偏离。如果列车运行状况与计划偏离超出调整范围,ATS 的运行调整功能为调度员提供人工干涉的手段,比如采取移动运行图时间轴、给出校正时间、车次号按计划运行图调整等措施尽快恢复列车的计划运营。

7. 列车运行图调整功能

ATS 子系统能对照计划运行图,自动检测和调整在线列车的运行情况,具有计划运行图与实际运行图的比较功能和计算机辅助自动调整功能。根据调度员设置的时间偏差标准值,在列车运行发生偏差超过偏差标准值时自动发出偏差报警,自动生成调整计划供调度员参考。若偏离时间在一定范围(所定偏差标准值)内时,系统能够对单列车或全部列车运行进行自动或人工调整。而当偏离时间超过规定范围后,对所有列车自动按计划运行图运行原则生成调整计划,经调度员确认后方可实施对全线列车进行调整。

8. 提供驾驶员发车指示功能

在列车运行正方向的站台端部,设置发车指示器,倒计时显示发车时间。

9. 培训和运行模拟功能

ATS 子系统具有在线及离线工作状态的模拟培训设施。在离线工作状态时作为培训列车调度员及维修人员之用,在线工作状态时作为试验及调试 ATS 子系统的设备。无论在何种状态下工作,模拟培训设施均不可对运营中的 ATS 子系统产生任何影响。培训和模拟系统分别见图 5.52 和图 5.53。

图 5.52 培训/演示系统

图 5.53 模拟驾驶仿真系统

10. 提供与其他系统的接口功能

在车站控制中心,向乘客向导系统提供与旅客乘车有关的信息,如下一列列车到达时间、目的地、列车停站时间等,并提供与火灾自动报警系统(fire alarm system,FAS)、环境与设备监控系统(building automation system,BAS)、电力监控系统(supervisory control and data acquisition,SCADA)的接口。

5.4.4 ATS 子系统的基本工作原理

1. 自动列车跟踪原理

列车跟踪(或称追踪)系统是用于监视受控区域内列车的移动的。每列列车都与一个车次号相关联,当列车由车辆段进入正线运行时,ATS 子系统根据计划时刻表(列车运行图)自动给该列车加入车次识别号(也称列车识别号)。根据对来自联锁设备的信息的推断,随着列车的前进,列车车次号在列车追踪系统中从一个轨道区段单元向下一个轨道区段单元移动。随着列车的移动,列车识别号将在调度员工作站上的车次号窗内以列车识别号显示出来,车次号按先到先服务的原则显示,实现自动列车跟踪。

1) 列车识别号的报告

列车识别号包括目的地号、序列号和服务号。

(1) 目的地号规定列车行程的终到地点;

(2) 序列号按每次行程自动累增;

(3) 服务号如乘务组号和车组号,将显示在特定的对话框中。

每次列车准备进入运营时,自动地被分配一个列车标识,列车标识根据预先存储的列车时刻表来命名。如果某一列车出现在列车追踪系统所监视区域,则该列车识别号必须报告给列车追踪系统。报告方法有:手动输入、用读点(如 PTI)读入、从列车时刻表中导出和在步进检测中产生等。当无法自动导出列车识别号时,必须手动输入。调度员必须在其监视区的第一个区段输入列车识别号。如果该区段已被某一列车识别号占用,则不能输入列车识别号。

列车时刻表系统建议列车的识别号,识别号由时刻表自动报告,将车次号输入到相应进入的区段,并按它们的出现顺序自动调用。

步进是列车号从一个显示区段移动到下一个与列车移动相应的显示区段的前进。列车识别号报告在步进检测中产生,是指当轨道区段发生从空闲到占用的状态变化,或从占用到空闲的状态变化,或来自 PTI 的有效列车数据的输入,或来自 OCC MMI 功能的人工步进命令的输入时,都会产生步进式列车识别号报告。如果由于故障不能自动步进,也可以手动步进。

2) 列车识别号跟踪

自动列车跟踪要完成列车号定位、列车号删除及车次号处理三个功能。

(1) 列车号定位

以下任意一种情况会启动列车号(从时刻表数据库取出或依照时刻表产生)向轨道区段的分配:

① 在列车离开车辆段,有一个向正线方向的列车移动被识别;

② 有来自 PTI 的有效列车数据输入;

③ 有来自 OCC MMI 的一个列车号插入或修改的输入;

④ 在没有列车号能被检测到的位置识别到一个列车移动。

(2) 列车号删除

当步进超出自动列车跟踪功能的监控范围时,或从 OCC MMI 功能输入一个人工删除命令时,列车号被删除。

（3）车次号处理

车次号处理包括由 OCC MMI 功能输入一个新的列车号（见图 5.54）、输入列车识别号、更改列车识别号、删除列车识别号、人工步进列车识别号以及查询列车识别号。

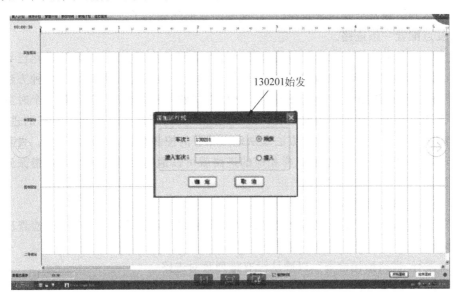

图 5.54　输入一个新的列车号

2. 自动排列进路原理

控制中心能对列车进路、信号机、道岔实现集中控制，可根据当日列车运行计划时刻表自动控制列车运行，包括：自动办理正线各种进路并控制办理的时机，自动控制列车驶入、离开正线的时机，自动控制车站列车停车时间及发车时机。必要时，通过办理控制权转移手续，可将控制权转移至车站。

自动排列进路是通过列车进路系统，将进路排列指令及时地输出到联锁设备中去，可以实现进路的自动排列从而节约调度员大量的操作工作量。调度员可在任何时候都绕过列车进路系统，用手动方式办理进路。列车进路系统则在可用性检查中检测这一行动。列车进路系统可由调度员关闭，这一点是必要的，因在调度员人工办理进路时，要避免列车进路系统发出命令的危险。

1) 列车进路系统运行触发点的选择

列车到达"运行触发点"时，列车进路系统才被启动。运行触发点的选择原则为，应能使列车以最高线路允许速度运行，但运行触发点又不能发生得太早，否则其他列车可能会遇到不必要的妨碍。为此，可以确定一个延时时间来确定输出列车进路指令的时间，该延时时间也叫"接通时间"，它是由最长指令输出时间、联锁最长设定时间、列车到达接近信号机之前驾驶员看到和做出反应的时间、预留的时间等参数决定的。

当列车驶近进路始端时，可以确定多个运行触发点，这样就可以保证列车进路系统可靠工作，即使在因存在问题未发送出列车位置的情况下也能保证其可靠工作。对于每一条进路，应在其始端的前方配置一个附加的运行触发点，即"重新建立"的运行触发点。

在运行触发点，需要配置启动列车进路系统的目的地编码，列车进路由列车初始位置和列车的目的编码来确定,目的编码必须含在列车识别号中。列车位置和列车号通过列车追踪系统报告给列车进路系统,其决定了所要求的列车目的地。

2) 进路的确定

当列车到达触发点并请求进路时,已配置的数据就确定了进路,会为每个带有效目的地码的触发点配置一条进路。

对于每一条进路还可以配置替代进路。替代进路的作用在于,如果该进路已被其他列车占用,那么就可以把替代进路按优先顺序存储到运行触发点。进路可由两种方法进行确定:第一种方法是进路由时刻表来确定。此种方法的前提条件是,必须有一个时刻表系统提供当天适应于每一列车的时刻表。列车进路系统利用这些信息确定列车的进路命令,并确定相关的替代进路。第二种方法是从地点相关的控制数据中来确定进路。此种方法有必要在车次号中包含目的地码,这样相应的进路就可以通过目的地码的方式指派到每一个运行触发点。

3) 进路的可行性检查

可行性检查是指进路设定指令输出到联锁设备之前需要进行的检查,该检查决定执行或拒绝命令。进路的可行性检查包括四个步骤。

(1) 进行"进路始端检查",以确认没有排列敌对进路;

(2) 进行"触发区段检查",确认没有其他列车处于该列车和进路入口之间,进而确认该列车可以到达进路的始端。

(3) 进行"进路可用性检查",防止将不能执行的命令发送到联锁设备。这种检查要经过若干步骤来实施:第一步,要检查是否自始端开始的进路已排好;第二步,检查进路的自动办理是否可能;第三步,检查是否有短期障碍(如轨道被占用等)。如果所有检查都成功完成,则给联锁设备输出一个进路命令。

(4) 在规定的时间间隔之后进行"办理进路检查",以查明联锁设备是否允许执行选择进路的命令,是否已办理好进路,并与输出命令相符合。

3. 列车运行图显示

列车运行图在线路-时间坐标上显示。横坐标是线路轴,纵坐标是时间轴。线路上的车站按次序描绘在线路轴上,如图 5.55 所示。

在计划运行图中,显示预定的到站和离站时间。

在实迹运行图中,显示当天计划运行图,以及当天的相应计划运行图及与时刻表的偏差。实迹运行图与相应计划运行图用不同颜色对比显示。

各种运行图的每一条运行线上,都标示了线路标志和列车行程号。时刻表偏差显示在相应列车的运行线边,该偏差表示相应列车通过该车站的发车时间偏差。

通过列车运行图显示功能可执行下列操作:设置运行图颜色;放大部分运行图;调出时刻表;调出当前运行图。

4. 时刻表系统工作原理

ATS 设备包括时刻表数据库,该时刻表数据库里存储有 ATS 功能要求的所有时刻表信息。通过调度员的人工设置如站停时间、列车间隔、轨道电路布置等数据产生计划时刻表。每天运营前将当日使用的计划时刻表从控制中心传至车站 ATS 分机。

时刻表系统要完成的工作包括:时刻表数据管理;向其他 ATS 功能模块提供时刻表

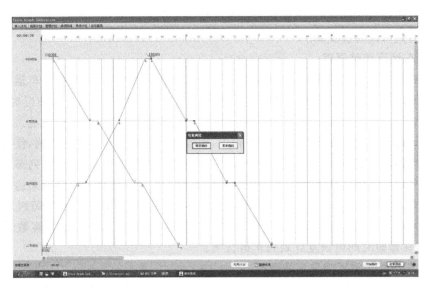

图 5.55 列车运行图

数据;向外部系统提供时刻表数据;为停站时间时刻表的在线装载设置界面;为时刻表的离线修改设置界面;为使用中的时刻表增加或删除一个列车行程设置界面;按自动列车追踪请求安排列车识别号。

1) 时刻表编辑

在离线模式下,时刻表利用给定的基本数据在时刻表编辑器中编辑。基本数据包括站间旅行时间、车站与折返线之间的旅行时间、在折返线上的停留时间。编制时刻表时,调度员必须通过时刻表编辑界面输入以下数据:运行始发时间、运行始发地点、运行终到站、每一运行间隔阶段的开始时间和终止时间、每一运行间隔阶段(此时间段在当日对所有列车有效)的运行间隔。

调度员通过时刻表编辑界面输入数据后,时刻表编译器/模拟器就会从这些数据中综合出所需时刻表,并显示存在冲突的时刻表。调度员可以对生成好的时刻表进行调整,一旦调度员存储时刻表,时刻表就会被确定。可以为不同类型的运行阶段存储不同的时刻表。

时刻表中的列车运行图或列车运行档案可以通过列车运行图表示器显示出来。

2) 时刻表系统处理程序

利用时刻表查询功能可以通过查询得到列车的计划到达或出发时间,以及到达下一站的时间。利用列车自动调整功能从时刻表系统得到用于列车调整的数据。

如果列车识别号在列车自动追踪时丢失,则可向时刻表系统询问列车识别号,时刻表系统能给一个列车识别号建议。此时确定的列车识别号是当天预定的地点和时间内最适当的车次。

如果手动选择当天运行的时刻表,这时时刻表当天运行有效。

3) 时刻表比较

时刻表比较器通过比较时刻表上预定的到达或出发时间和当前列车的到达和出发时间,为列车运行图表示器和自动列车跟踪提供列车与当前时刻表的偏差,启动列车自动调整。如果时刻表偏差超过一规定值,此偏差通过 MMI 显示,此时时刻表比较器给列车自动调整指令以调整列车的运行,其调整目标是补偿列车的实际偏差。同时,在乘客信息显示盘上的列车到达时间将会更新。

5. 列车运行调整原理

由于许多随机因素的干扰,列车运行难免偏离基本运行图,尤其是在列车运行密度高的城市。一列列车晚点往往会波及许多其他列车。当出现车辆故障或其他情况时,列车运行紊乱程度更加严重。因此,必须及时对列车运行进行调整,避免列车运行混乱。

列车运行调整就是在列车的运行过程中,因各种因素和突发事件的影响,使得列车运行的实际状态偏离预定值,需要通过对列车运行计划进行重新铺画,尽快恢复列车的有序运行状态。列车运行调整的基本目的是使在线运行的列车尽量按计划图的时刻来运行。对于晚点运行列车,行车调度员应当根据列车运行的实际情况,按照规定的列车等级顺序进行调整。对于列车等级相同的轨道交通列车,根据列车接续车次及车站滞留乘客数量等情况调整,尽可能在最短时间内恢复计划列车运行图。

1)列车运行调整所需采集的数据

列车运行调整的前提是必须实现对列车运行情况以及轨道、道岔、信号等设备状况的集中监督。需要采集的基本数据包括车站的顺序和种类、站间旅行时间、各站的停站时间、车站与折返线之间的旅行时间、在折返线上的停留时间和计划时刻表数据等。实时数据包括调度员下达的控制指令、在线运行列车的实时位置和速度、在线运行列车的限制速度和安全距离。

2)列车运行调整的目标

列车运行调整的目标如下:

(1)减少列车实际运行图和计划运行图的偏差,实际运行图和计划运行图如图5.56所示。当某一列车出现晚点或早点时,应使该列车恢复到计划时刻表上。

(2)使所有列车的总延迟最短。当多列车出现晚点,应使所有晚点列车的延迟时间总和尽量小。

(3)减少旅客平均等待时间。从乘客满意度的角度出发,在城市轨道交通中,如果乘客等待列车到来的时间太长,乘客可能会放弃乘坐轨道交通而改用其他的交通工具。研究成果表明,在列车间隔的期望不变的前提下,列车间隔的方差越小则乘客平均等待时间的期望越小。因此,使列车到站时间间隔尽量均匀也应作为列车运行调整的目标。

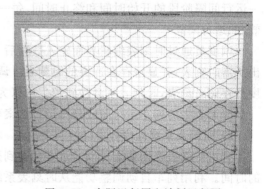

图5.56 实际运行图和计划运行图

(4)列车运行调整的时间尽量短。当列车运行偏离计划运行图时,总是希望用最少的时间完成调整。有两种因素会影响整个运行调整的时间:一是希望自动调整算法能尽快地找到最优的算法,这是对算法实时性和收敛性的要求,但它不是调整算法的优化目标;另一个是希望自动调整算法搜索得到的调整策略能用尽量少的时间完成整个调整,这可以作为调整算法的优化目标。

(5)使整个系统尽快恢复正常运营。当整个轨道交通系统因为列车故障或意外故障而陷入瘫痪时,这时的目标应是尽快使整个交通系统恢复正常运营。

3) 列车运行调整的系统模式

列车运行调整的系统模式是指系统对列车运行进行调整的自动化程度,可分为人工调整和自动调整两种类型。人工调整方式除具有自动排列进路、自动的时刻表和车次号管理功能外,还具有自动调度功能,即能根据时刻表和调度模式,按时自动调度列车从端站出发,但运行调整仍需要人工进行。自动调整除具有人工调整模式的全部功能外,还具有自动调整功能,即能根据计划时刻表自动调整列车停站时间和运行等级,使列车尽量恢复正点运行。

调度员应具有通过策略选择程序引用正确策略的能力。对于计算机显示的可应用方案和实施选择方案,调度员能判断哪种修正动作是最优的,并选择最适宜的方案。

4) 列车运行调整的基本方法

对列车运行进行调整是在ATS对列车运行和道岔、信号设备能进行实时控制的基础上实现的,它实际上是对列车运行图的重新规划。当列车偏离计划运行图的程度不大时,可以利用运行图自身的冗余时间,对个别列车进行调整,即可恢复按图运行;当列车运行紊乱程度较严重时,则需要大幅调整列车运行。列车运行调整的基本方法如下:

(1) 改变车站停车时间。通过车站ATS适时发送命令,控制列车的停站时间。若列车晚点,可在车站最小停站时间的约束下,使列车提前出发;若列车早点,可延长列车停站时间。这种方法可以在一定范围内调整列车正点运行。

(2) 改变站间运行时间。根据列车的速度和位置,可以预测列车到达下一站的到站时间。如果预测的到站时间晚于计划到站时间,可以向列车的ATO设备发送命令,提高ATO运行等级,缩短站间运行时间,从而及时避免可能出现的晚点。

(3) 组织列车越过某些车站。如果列车晚点太多,需要快速赶点,可要求列车直接通过下一个车站或多个车站,以尽快恢复到计划时刻表上。

(4) 变更列车运行进路设置。在有道岔的车站,可通过改变进路的设置来改变列车运行的先后顺序,从而达到调整的目的。

(5) 修改计划时刻表。当列车晚点时间比较多,或者涉及晚点的列车比较多时,可以考虑直接修改计划时刻表,尽可能地减小对整个系统的影响,保证系统的有序运行。修改计划时刻表通常包括加车、减车或时刻表整体偏移等。

5) 列车运行调整的主要算法

(1) 线路算法

线路算法的主要功能是快速和自动地管理由于较小的线路干扰造成的延误。线路干扰是指列车与其时刻表相比提早或滞后的状态,这将影响列车停站时间和在正线上列车的运行。线路算法通过调整列车的停站时间和运行等级使延误的影响最小或消除,以使本站的出发计划误差和下一站的到达计划误差最小。一旦列车进入运营,线路算法就会监督和控制列车的运行性能。

线路算法还调整受影响列车的前行列车和后续列车的空间间隔,这些调整是基于相关的列车运行等级,列车与当前时刻表的关系,以及列车与其他列车的间隔信息。线路算法通过调整列车运行等级和停站时间来动态和自动调整列车运行时间。当线路算法确定一列或一组列车的运行与时刻表存在误差(在时刻表误差范围内)时,将产生一个报警。调度员能从时刻表控制中撤销一列车或一组车,或者修正时刻表误差并取消报警。线路算法还应于列车到达车站之前启动车站广播设备和旅客向导系统的控制。调度员能中止线路算法的自动运行,除与时刻表修正相关的策略外,中止运行的线路算法应不影响其他的调整算法。

(2) 进路控制算法

进路控制算法是监督所有运营中的列车按时刻表的进路排列。控制中心可以改变列车上所存储的目的地,并能自动地要求改变列车运行方向(或由控制台发出命令),同时验证列车已接收到新的运行方向。

终端联锁区算法是进路控制算法的备用。终端联锁区算法被用于控制在终端或接近终端车站的列车。该算法的功能在于保持列车按时刻表到达和离开终端以及按时刻表将列车队尾轨进入运营。运营中到达终端的列车有优先权。终端算法至少考虑受影响时刻列车的偏离,与开放进路或取消进路相关的时间、停站时间、折返时间,以及与进入运营相关的时间。调度员应能中止该算法的自动工作。

(3) 列车跟踪

通过使用现场表示如轨道电路、道岔的占用以及进路,列车追踪系统应能准确地追踪轨道交通系统内的列车。甚至在不正常的状况下(如轨道电路占用的抖动,网络故障,偶然的轨道电路占用,偶然的轨道电路空闲等),列车追踪系统仍应追踪列车并驱动列车和列车标识显示。

每次列车准备好进入运营时,应将一个列车车次号分配给该列车。根据优先存储的列车时刻表,命名进入系统的列车。在终端、尾轨和存车轨道自动或通过操作员输入都可以改变列车车次号。根据列车追踪,显示列车车次号并且在显示器上移动列车标识。

5.5 西门子的 ATC 系统

基于轨道电路的 ATC 系统主要通过轨道电路传递行车信息,进行车地通信,从而完成 ATC 功能。基于轨道电路的 ATC 系统包括基于模拟轨道电路和数字编码轨道电路的 ATC 系统,它们在城市轨道交通中得到大量使用,尤其是基于数字编码轨道电路的 ATC 系统。本章主要介绍西门子 ATC 系统。西门子交通技术集团研制的 VICOS(车辆和基础集中操作控制系统)OC 系列自动操作控制系统用于监控联锁设备和控制列车运行。VICOS OC 101 系统用于中小型系统,VICOS OC 501 是一个高可靠性的控制系统,自动化水平较高,用于城市轨道交通中复杂的控制过程,可以监控任何类型的采用远程控制的计算机联锁。

5.5.1 西门子 ATC 系统的结构及功能

西门子的 ATC 系统按系统功能可划分为 4 个部分,如图 5.57 所示。

1. 操作层

操作层也叫中央层,它分布在控制中心及正线各个设备集中站的车站控制室、车辆段信号楼控制室,执行 ATS 功能。

控制中心的计算机 VICOS OC 501 用于实现全线运营的集中监控与管理,设备集中站车站控制室的 VICOS OC 101 执行本地控制功能。

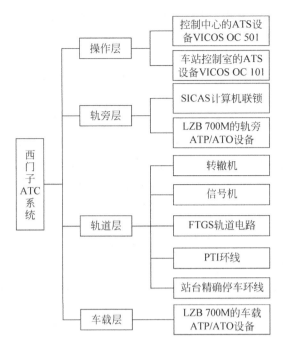

图 5.57 西门子的 ATC 系统结构图

2．轨旁层

轨旁层也叫车站层，分布在沿线的轨旁层由 SICAS 和 LZB 700M 系统组成，它们执行全部的联锁和轨旁 ATP/ATO 功能。

全线分若干个联锁区域，设备分别设于各个设备集中站，每个设备集中站管辖 1～3 个车站。联锁区设备集中站信号设备室和电源室内设有：正线区段室内的联锁设备和接口单元、LZB 700M 系统的 ATP/ATO 室内设备、轨道电路室内设备、ATS 车站设备（含有乘客向导牌、发车计时器及应急盘的接口）、室内终端架、电源设备等。站控室内设有操作工作站（LOW）。非设备集中站的现场设备由设于本站信号设备室内的接口及驱动设备控制，这些接口及驱动设备由相应设备集中站监控。此外，设备室内还将设置终端架、电源设备。

3．轨道层

轨道层的设备包括转辙机、信号机、FTGS 轨道电路、PTI 环线及站台精确停车环线。具体功能为：实现进路的防护与控制、列车检测、车地信息传输和列车位置识别。列车运行监督功能由在控制区间起始处和全线各个车站的列车位置识别系统（PTI）来实现。

4．车载层

车载层包括 LZB 700M 的车载系统，主要实现车载 ATP/ATO 功能。

ATP/ATO 轨旁（室内）计算机设备、计算机联锁设备采用 3 取 2 结构，ATP/ATO 车载设备采用 2 取 2 结构，符合故障-安全原则，并提高了系统的安全性、可靠性和可用性。

5.5.2　西门子 ATC 系统的主要设备

1．VICOS 系统

在正常运营条件下，全线列车的控制和监视由控制中心（OCC）的 VICOS OC 501 系统实现。VICOS 是一个用于实现 ATS 功能的计算机设备网络,主要包括控制中心的 VICOS OC 501 和车站控制室的 VICOS OC 101。

1) 控制中心的 VICOS OC 501

VICOS OC 501 系统软件基于 UNIX 操作系统,采用 Solaris 2.5.1 或者更高版本。服务和帮助程序,例如编辑器或输入/输出系统都在操作系统上直接运行。其上设有附加的软件层(SHELL 结构模型),基本系统包括 SOFT BUS、数据库变更系统和多计算机系统等。SOFT BUS 是一个控制系统各部件间的数据交换的软件,并且使多计算机系统管理有效运行。过程数据的配置是在数据库变更系统中完成的。多计算机系统确保了服务器之间的通信,该系统主要管理各部件的故障监视。软件的最上层提供操作控制功能,例如操作员控制和显示的功能、自动办理进路以及列车自动追踪等。

VICOS OC 501 系统的基本思路是把操作控制划分为功能模块。不同的功能模块在不同的计算机或其他系统部件上运行。通过使用冗余的以太局域网可以与所有系统部件实现可靠的通信连接,确保安全性、可靠性及扩建的要求。

VICOS OC 501 系统硬件主要由如下部件组成:COM 服务器(通信服务器)、ADM 服务器(系统管理服务器)、MMI 服务器(人机接口服务器)、TTE 服务器(时刻表编辑器)、PCU(过程耦合单元)、模拟培训工作站、维护工作站、打印机、控制中心模拟盘等。

(1) COM 服务器

VICOS OC 501 的核心是 COM 服务器,具有完全自动功能,包括:OCC 的主要控制功能、列车自动监控(ATS)功能、列车进路设定(ARS)功能、列车自动调整(ATR)功能。自动运行控制功能如自动列车进路、自动列车跟踪和自动列车调整都在此服务器上完成。COM 服务器执行下列操作:预先处理程序数据,处理通过 RTU 从联锁设备传输来的数据;自动列车跟踪;自动进路设置;自动列车调整;通过 RTU 向联锁设备输出命令;存储日常操作记录和报警清单。

COM 服务器采用了带有无延时转换的热备冗余,热备的 COM 服务器保证了当服务器发生故障,其功能相互替换时不丢失数据。这些服务器的软硬件都完全一样。主用服务器与其热备服务器平行工作,但热备输出被抑制。如果主用服务器出现故障,那么热备服务器就在检查到故障之后立即接管过程管理,因为它拥有当前过程数据。一旦损坏的服务器被修复,它会在上电后进入热备模式。

(2) ADM 服务器

ADM 服务器用于所有的统计数据和应用软件的中央数据存储,储存系统提供通用数据管理。ADM 服务器存储的所有系统数据一般不能改变,当系统启动,或当数据被改变时,当前的有效数据提供给所有其他计算机。

ADM 服务器采用了带有自动转换的备份服务器,含有 ADM 服务器的软件和数据。ADM 服务器中的数据循环可以作为预先定义的结果传递给备份服务器。若 ADM 服务器无法正常工作时,备份服务器接管 ADM 的功能,待服务器修复之后,它可再次被启动作为备份。

(3) MMI 服务器

MMI 服务器即操作员台,是操作员与运营控制计算机系统间的人机界面。在 OCC 装备 3 个调度员工作站,1 个配备给调度主任,另两个配备给行车调度员。每个工作站设有

2台彩色监视器、1个键盘和1个鼠标。这些工作站具有相同的硬件和软件、控制功能以及相互备用功能。MMI服务器可进行过程数据预处理(处理通过RTU和PCU从联锁传输来的数据)、自动列车跟踪、自动进路设置、列车自动调整、命令输出,通过PCU向联锁输出命令、存储操作日志和报警清单。

MMI服务器采用了无自动转换的替代操作。可以用两台以上MMI服务器,对每一台服务器都授予专门的操作区域,用来监视和控制操作过程。如果一台计算机出现故障,该联锁区域的责任可交给其他操作员。

(4) TTE(时刻表编辑)服务器

TTE服务器是用于建立离线时刻表的操作员控制台,控制台一般由计算机、一个彩色显示器、一个字符数字键盘和一个鼠标组成。利用TTE服务器可实现时间表的编辑,也可对编辑好的时刻表进行编译。应用时刻表数据库实现时刻表的生成、编辑、修改及存储。

(5) PCU

过程耦合单元(process coupling unit,PCU)在RTU和VICOS OC 501的COM工作站之间传输数据。所有的RTU通过冗余的串口连接到PCU。外部子系统接口,如列车无线、BAS、FAS等,通过一个串口连接到PCU。

PCU的主要部件是SIMATIC(PLC)自动化单元。PCU提供不同的硬件接口,并且转换通信设备间的协议。

(6) 模拟培训工作站

模拟培训工作站可为调度员提供离线培训设备和在线调试。

(7) 维护工作站

维护工作站放置于控制中心,相比较调度员MMI,维护员工作站没有线路操作,因而功能简化些。维护员MMI用于监督,可得到所有的报警列表、报告和概览。维护人员可利用系统概览功能进行系统维护。

(8) 打印机

一般设有两台激光打印机和一台喷墨打印机以执行打印任务,主要用于输出操作日志、特殊清单(如报警信息清单)、屏幕显示内容和列车运行图。

(9) 控制中心模拟盘

控制中心设有大显示屏,显示屏应采用计算机控制技术,能在固定的区域显示需要的报警、行车信息(信息窗)及提示信息(含文字)。模拟或LED盘通过串行的RS-422接口与PCU连接,车次号窗应通过PROFIBUS L2来连接。

2) 车站控制室的VICOS OC 101

车站控制室内设有VICOS OC 101设备,用作本地控制和显示,对本地联锁区域进行监控。在一台VICOS OC 101出现故障的情况下,相邻联锁区域内的VICOS OC 101可以接管它的监控工作。VICOS OC 101的用户界面与OCC的VICOS OC 501的用户界面一样。系统主要由LOW工作站和远程终端单元(RTU)组成。

(1) LOW工作站

所有要求联锁操作的功能都能在本地操作员工作站(LOW)上执行。不仅正常的联锁操作如排列进路、转换道岔等,其他与安全相关的功能也能在本地操作员台上执行。本地操作员台包括 PC 和显示器。在车辆段的信号调度室,车辆段 MMI 可给维修人员提供线路运营状态概况。

(2) 远程终端单元

远程终端单元(RTU)是通过 PCU 连接 VICOS OC 501 系统和外围子系统的过程耦合单元。通过 RTU 也可以操作其他子系统,如列车识别系统(PTI)、乘客向导系统(PIIS)、发车计时器(DTI)和局部控制盘(LCP)等。

RTU 设于正线各个设备集中站和车辆段信号设备室,主要部件是西门子 SIMATICS5-155H 双机热备可编程控制器。RTU 提供不同的硬件接口,并且在需要时转换通信设备间的协议。

RTU 的具体任务如下:指令输出,协调指令输出到连接的外围单元;独立执行给外围单元的命令顺序;提供连接到 VICOS OC 501 系统中多个 COM 服务器的冗余功能;提供连接到冗余外围设备的冗余功能;处理 SICAS 计算机联锁和 ATP 的通信;处理实际列车识别号(PTI)通信;处理对乘客信息和指示系统(PIIS)及停站时间指示器的通信;读/写和处理 LCP 的信息/状态表示;在故障降级模式下负责设定进路、设定运营停车点和计算停站时间、乘客信息数据等。

车辆段 RTU 主要用于从车辆段联锁设备采集停车库轨道占用状态和进段信号机的开放状态,并把它们传到控制中心 COM 服务器供进一步处理。

3) 与相关系统的接口

(1) 车站设备接口

VICOS 系统与车站设备如本地控制盘、停站时间表示器等通过数据总线连接。

(2) 时钟系统的接口

主时钟系统向 VICOS-ATS 提供接口,VICOS OC 501 系统内部时钟将与主时钟系统同步,并向它的子系统(SICAS 联锁、LZB 700M)中与时间相关的控制功能传递时间信息。

(3) 无线通信的接口

在信号系统与无线电通信系统之间传送有关列车构成和位置信息,允许无线通信系统的用户根据列车车次号联系列车。这个过程不需要使用控制电路,通过使用 4 线 RS-422,以半双工方式,数据接口可以完成两者之间的数据传输。

(4) 数据传输的接口

通信系统提供的单模式双界面 6 芯光缆用于各个车站信息设备室与 VICOS OC 501 的信息传输。

(5) 数据采集与监视控制系统接口

数据采集与监视控制系统(supervisory control and data acquisition,SCADA)(也称电力监控系统)接口是 ATS 与 SCADA 系统的牵引动力的状态之间的数据交换接口。SCADA 系统与控制中心的 PCU 连接,是异步的点对点多通信的连接,以全双工的方式运行,数据通过 4 线 RS-422 传输。

(6) 乘客向导系统接口

控制中心的 COM 服务器通过 PCU 和 OTN 与 RTU 连接。RTU 的服务器放置在联锁所在的车站,RTU 中插入具有数据总线的功能接口板,1 个接口板可以控制 4 个站。接口板通过光纤与 SIC 的 OLM 连接。1 个 OLM 通过两线的铜缆连接着 4 个 PIIS 显示器、

2个DTI显示器和1个ET200模块。把数据发送给乘客向导系统,接收到的信息必须由乘客向导系统分配,用于在站台上指定的乘客向导显示牌(PIIS)的到站显示器上显示列车到站时间,在目的显示器上显示列车的目的地。发车时间显示器(DTI)为车站的驾驶员显示发车时间。

2. LZM 700M 系统

LZB 700M系统是ATC系统的一个功能强大的子系统,它用在ATP和ATO中。LZB 700M中的两个子系统结合在一起,用于增加系统的安全性和有效性。LZB 700M连续式ATP子系统利用FTGS数字式无绝缘轨道电路连续地向列车传输数据,连续地监督、控制列车的运行,不需要另外的传输设备。

ATP轨旁单元连续地从联锁、轨道空闲监测系统和计划数据中得到驾驶命令,并传输到ATP车载单元。驾驶命令包括目标参数(目标速度和目标距离)、最大允许线路速度和线路坡度。ATP车载设备根据这个数据和列车制动率计算出在当前位置的允许速度。驾驶列车的数据通过驾驶室内的显示屏显示给驾驶员。

列车实际运行速度和距离是通过测速电机连续测量,并与允许速度比较,如果列车的速度在当前位置超过允许速度,则ATP车载设备在发出警报后,触发列车紧急制动。

1) LZB 700M 配置

LZB 700M设备由车载设备和轨旁设备组成。轨旁设备由ATP轨旁单元、FTGS数字式无绝缘轨道电路、同步定位单元和PTI轨旁单元、乘客向导牌和发车计时器等组成。车载设备有ATP车载单元、ATO/PTI单元和驾驶员人机接口MMI。LZB 700M系统配置图如图5.58所示。

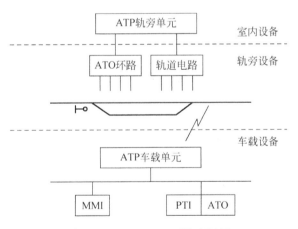

图 5.58 LZB 700M 系统配置图

全线正线区段(包括折返线、存车线)、出入车辆段线(转换轨)及段内试车线均装备LZB 700M ATP/ATO地面设备,采用3取2配置。运营列车均装备LZB 700M ATP/ATO设备,采用2取2设置。通过测速电机,连续测量列车实际运行速度和距离。如果列车的速度在当前位置超过允许速度,则ATP车载设备在发出警报后,触发紧急制动。图5.59所示为LZB 700M连续式ATP子系统速度控制原理图。

发车计时器采用超级双基色点阵式LED显示屏,为单面二位显示,显示时间为00～99 s;经过99 s时,以99 s闪动表示。根据OCC传送数据,在列车停稳后倒计时,表示距开

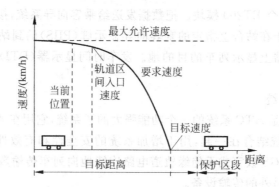

图 5.59　LZB 700M 连续式 ATP 子系统速度控制原理图

车时间的秒数;当倒计时到 0 s 后,改为正计时,表示延时发车的时间;如停车期间 OCC 发来扣车命令,则计数暂停,取消扣车则计数器显示器显示为零。发车后显示关闭。

2) ATP 轨旁单元

ATP 轨旁单元是 LZB 700M 系统与整个列车防护系统其他要素的主要接口。ATP 轨旁设备由基于故障-安全的 SIMIS 微机构成,它提供所需的高标准的储存容量和计算容量。这些 SIMIS 微机采用 3 取 2 的结构,以提高系统的安全性和可靠性。

(1) ATP 轨旁单元的主要功能

ATP 轨旁单元的主要功能如下:

① 摘录驾驶员指令;

② 储存线路参数(线路坡度、轨道区段的长度、区间速度限制、区间临时速度限制);

③ 与计算机联锁接口;

④ 同相邻设备集中站轨旁单元的通信(故障-安全总线系统);

⑤ 与 FTGS 轨道电路的接口;

⑥ 与外部设备的接口(自诊断、接点输入、紧急停车输入)。

(2) ATP 的输入数据

ATP 轨旁单元为决定运行命令,需要来自联锁、相邻的 ATP 轨旁单元和紧急停车单元的一些数据,以及恒定的线路参数,具体如下:

① 线路的设计;

② 设计的速度限制,即最大安全速度;

③ 临时限速区段;

④ 设计的安全区段;

⑤ 道岔设定;

⑥ 道岔区段的侧向限速;

⑦ 进路的入口;

⑧ 轨道空闲检测;

⑨ 紧急停车。

(3) 电码的传输

从 ATP 轨旁到 ATP 车载的传输是单方向的,数据包含在一个有一定长度电码的报文中。这些电码用调频的方式经 FTGS 轨道电路周期地发送。

（4）ATP轨旁和车载设备之间的数据传输

从ATP轨旁到ATP车载设备之间的数据传输速率是200 Bd。数据以固定的长度分配到报文中，这些报文被周期地传送，综合各种方法来防止传输中的误码。ATP车载设备能够识别数据传输时引起的错误，并将传输错误的数据作为非法数据而被拒绝。具体功能如下：

① 用一个高性能的32位CRC保护码检验传输错误。

② 通过一个特定的程序区别每一个电码。

③ 每一个报文都有一个为附加逻辑电码顺序控制的顺序号。

④ 每一个报文携带一个电码内容识别编码，在接收器中对电码内容的逻辑进行校验，为了得到这个特性，当前轨道电路的识别码、下一个轨道电路的识别码、下一轨道电路的接收频率必须包括在每一个报文中。

⑤ 抗相邻轨道电路的干扰是通过不同的轨道电路使用不同的载频来实现的。

⑥ 使用特殊的和单一的电码形式。

3）ATP/ATO车载设备

LZB的轨旁设备通过钢轨连续不断地向ATP车载设备传送列车运行指令，供ATP和ATO车载单元共享使用。车载LZB 700M单元接收来自LZB 700M轨旁设备的数据。

ATP/ATO车载设备由ATP车载单元、ATO车载单元、ATP/ATO天线（每个驾驶室两个）、人机接口MMI（与车辆共用）、测速电机（每列车安装两个）和服务/自诊断等设备组成，如图5.60所示。

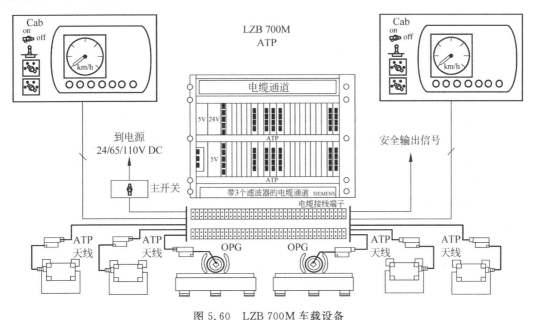

图5.60 LZB 700M车载设备

两个驾驶室中的LZB 700M设备之间用数据通道连接。列车每端要有两套天线和一套人机接口（MMI）。

（1）ATP车载单元

ATP车载单元安装在驾驶室的后边，它和ATO车载单元安装在同一个机柜内，标准机柜尺寸为 600 mm×1200 mm×400 mm。

ATP 车载单元用来保证列车安全,检查列车运行与限制条件的一致性。列车超速运行将引起 ATP 车载单元执行紧急制动,并使列车停稳。这些与安全密切相关的控制,要求 ATP 车载单元必须是故障-安全的。由于这个原因,ATP 车载单元使用 SIMIS 3116 硬件,为 2 取 2 配置。在 SIMIS 计算机中运行的 ATP 功能应用软件被写在 PASCAL 上,在西门子 COSPAS 实时操作系统下运行。

(2) ATO 车载单元

ATO 子系统是在 ATP 监督下运行的非安全系统,用于完成列车自动运行、列车速度调整、列车目标制动、车门控制等任务。

当车载设备在 SM 模式,列车已经满足离站所需条件,列车牵引和制动控制手柄已放置零位时,驾驶员可以实施自动运行。ATO 计算出列车至下一站运营停车点的距离轨迹,并优化制动曲线,ATO 采用综合控制加速、巡航速度及惰行起点的方法,对列车在区间运行进行控制。列车接近车站时,ATO 借助于车站内列车定位系统(SYN 环线),实施制动并保证列车停车精度在误差不超过±1 m 的范围内。列车在区间运行及到站停车期间,限制速度曲线由 ATP 监督。

(3) ATP 天线

ATP 天线安装在列车下部走行轨上方、最前端转向架的车轮前面,应以适当的角度与车辆运行方向一致水平地或同心地(一个高度)安装。ATC 天线中心应位于轨道中心,与列车第一轮轴间的距离在 0.8~1 m 范围内,与钢轨底缘间的距离应保持在 100~150 mm 范围内。

ATP 天线能感知通过轨道电路发出的信号。一列车装备两对天线,每对天线安装在列车的两端、列车前部前导轴的前方。另外,每个列车应配备一个 PTI 天线,PTI 天线应安装在列车下面,在车下最前轴的前面。

(4) 速度脉冲发生器

速度脉冲发生器采用光脉冲发生器(optical pulse generator,OPG)为 ATP 功能提供输入,用以完成所需的速度、距离和方向信息的计算。OPG 接在列车前部车辆后转向架的两个轴上。如果一个速度脉冲发生器装在前轴的左轮上,那么另一个应接到后轴的右轮上;反之亦然。

每个速度脉冲发生器有一个齿轮,它与车轮一起旋转。齿轮上的 16 个齿移动经过两个传感器。每个传感器有一个振荡器,可以产生 45.5 kHz 和 60.5 kHz 频率,具体频率由谐振电路确定。列车车轮的旋转引起两个载波周期的调制,然后传送至 ATP 车载单元进行测算。根据齿轮的旋转方向,一个载波的调制可使运算器确定车组的运行方向。

(5) MMI 显示器

驾驶室内的 MMI 显示器安装在控制台上,靠近控制面板。驾驶员应无障碍地观察到 MMI,该 MMI 显示器不应暴露于太阳辐射之下。安装 MMI 显示器的开口不应挡住触摸屏的表面。MMI 显示器后面的接口应便于整备和维修。

(6) 控制部件

① 钥匙开关。使用钥匙开关,可以控制列车是否为人工驾驶。开关可切换到位置 0(关闭)、1(开启)、F(运行)和 R(折返)。在位置 1、F 和 R 时,都处于激活状态。

② ATO 释放。这是"牵引/制动"杆和方向杆接点之间的串行连接。当"牵引/制动"杆在"0"位置上,且方向杆在"向前"位置上,则串行连接处于闭合状态(输入信号激活)。这是转换到 ATO 驾驶模式的基本条件。

③ 紧急制动。ATP 车载单元可以读取紧急制动的实际状态,紧急按钮功能可以由 ATO 继电器进行连接。

④ 紧急制动的回读。因为紧急制动要求的最大输出负荷超出了 ATP 的输出性能,因此输出被中继继电器放大。继电器的状态被 ATP 回读。

⑤ 车门控制。ATC 只有在完全 ATO 模式下才能提供自动开/关门功能。车门将在下列条件下用静态 110V 信号打开:ATP 轨旁单元允许车门向正确的一侧开启,列车停在"停车窗"内的运营停车点,列车处于完全停稳状态。如果其中一个条件没有得到满足,则驾驶员手动打开车门。如果所有车门都被关闭并且锁住,则列车控制发出关门指示。

⑥ 允许车门按钮。使用此按钮,驾驶员可以取消 ATP 车载单元的门控功能。

⑦ ATO 启动按钮。当按下 ATO 启动按钮时,开始自动驾驶。只有在 ATP 释放 ATO 之前,才有可能转换到自动驾驶(ATO 模式)。把"牵引/制动"杆从"0"位置移开,或者把方向杆从"向前"位置移开,就可返回人工驾驶模式。对于驾驶和制动控制,提供驱动、制动、ATO 模式和模拟信号的接点,这些控制线路的释放通过 ATP 的继电器实现。一旦释放,ATO 就激活 ATO 启动按钮中的 ATO 启动灯。当驾驶员对点亮的 ATO 启动按钮进行操作时,ATP 读入这一情况,并开始自动驾驶。

⑧ RM 按钮。驾驶员可以使用 RM 按钮启动限制模式。此外,如果列车在紧急制动后停稳,则必须通过操作此按钮来取消 ATC 紧急制动。

⑨ 自动折返按钮。通过自动折返按钮,驾驶员可进行自动折返作业。

⑩ 风扇控制。风扇处于被监测状态。风扇的监控数据被存储,并可通过诊断计算机读取。

⑪ 故障开关。启用故障开关进行故障运行。故障开关的任务是把 ATC 设备和电源断开,此功能是通过几个 ATP 模块的相互作用实现的。故障开关必须有两个可连接到第二块 SECOP 板上具有高可用性的接点。如果 ATP 被故障开关切断,故障开关的另两个接点可用来连接 ATP 紧急制动输出,也有必要连接牵引释放输出。

(7) 静态输出

① 紧急制动。紧急制动输出是 ATP 最重要的功能。

② 车门释放。为防止车门在未经授权下被打开,车门在列车行驶过程中被锁住。只有在车站内指定的停止段中,且速度为 0 时,车门才能打开。

③ ATO 释放。ATO 释放受到一个安全 ATP 输出的控制,这个输出会激活继电器,该继电器允许"牵引/制动"命令以及模拟信号输出。由于继电器的接点未被读回,一般应认为这个输出是非安全的。

④ ATP 的安全责任。当 RM 按钮灯闪动时,驾驶员可以转换到 RM 模式,使列车在驾驶员监控下驾驶。

⑤ 牵引释放。当乘客上下的车门处于开启状态时,ATP 提供一个安全输出量,以防止列车移动。如果允许加速,就输出高电平。如果在 ATP/ATO 车载单元上的 ATP 故障开关断开,就输出低电平。

(8) 故障条件下的运行

① ATP 的轨旁故障。ATP 的轨旁故障时,要继续运行必须满足下列条件:ATC 电源打开、ATP 开关在 ON 的位置、启动前按下 RM 按钮。在按下 RM 按钮之后,列车在 ATP 限制模式下运行,按钮中的指示灯点亮。

② 丢失与 ATP 轨旁设备的数据连接。在满足 ATC 有效和 ATP ON/OFF 开关在 ON 的位置的条件下,如果 ATP 车载设备与 ATP 轨旁设备没有数据连接,系统将自动切换到 ATP 限制模式。在这种情况下就没有必要按下 RM 按钮。万一 ATP 轨旁设备出现故障,线路上的列车就如同在车辆段内一样运行。

③ ATP 车载设备故障。在 ATP 车载设备发生故障的情况下,ATP 将打断驾驶命令,并启动紧急制动。

④ 定位丢失。如果 ATP 丢失了列车的定位,列车将启动紧急制动。如要继续运行驾驶员需要按下 RM 按钮。

⑤ 列车超出停车窗。如果列车在车站上没有停在停车窗之内,驾驶员可以手动打开车门。

⑥ 丢失所有车门关闭的指示。如果 ATP 没有认可所有车门都关,驾驶员需要按下"允许车门"按钮,连接 ATP 启动的车门锁闭。

(9) 服务/自诊断设备

ATP 和 ATO 功能均与服务/诊断 PC 接口。诊断接口包括安装在 ATP 车载设备信号分配器上的连接器。这个接口为双向 RS-232 串行接口,它的最大传输速率是 19200 Bd。数据以 8 数据位在这个接口上传送,一个停止位和奇数校验位。

对 ATP 车载设备的运行,服务/诊断接口提供信息处理记录,它还允许安全数据(如车轮轮径和制动曲线)输入至 ATP 车载单元。数据可通过诊断接口传送至诊断 PC,或从诊断 PC 输入。

安全数据输入功能可供与 ATP 相关的列车数据输入之用,此数据可由技术人员通过驾驶员 MMI 功能和诊断 PC 送入,并设置了口令保护。

其他安全数据,如 ATP 制动速率和列车长度,难以在 ATP 车载单元中编码,不能用上述方法修正。

通过在诊断和维修时与 ATP 车载单元连接的诊断 PC 可输出:来自速度监督功能的列车数据、状态信息、处理数据、记录数据以及差错信息;来自速度监督、方向监督、车门监督、紧急停车监督、外部触发的紧急制动监督、报文监督以及内部运营监督功能的紧急制动。

(10) ATP 车载与车辆系统的接口

① ATP 和列车紧急制动系统间的接口。数字输出 DC 110 V,低速有源制动。

② ATP 和车门操作系统间的接口。数字输出 DC 110 V,右开门或左开门释放。

③ ATP 和车门控制间的接口。数字输入 DC 24 V,关闭和锁闭所有车门。

④ ATP 和列车紧急制动间的接口。数字输入 DC 110 V,紧急制动由列车启动。

⑤ ATP 和主控选择开关间的接口。数字输入 DC 110 V,主控选择开关的状态。

4) 转换轨

正线与车辆段之间的联锁接口电路应考虑出、入段线的敌对照查条件。出入车辆段的线路(转换轨)纳入正线 ATC 系统监督,出段列车进入任一条转换轨后可按 ATO 或 ATP

监督下的人工驾驶模式进入正线运行。

5)软件结构

由故障-安全计算机 SIMIS 3116 和 SIMIS 3216 的模块构成的硬件是软件的基础,在这些硬件模块的基础上,软件包括检查程序、操作系统、设备驱动程序和应用软件。

(1)检查程序

在计算机每次开机的时候,检查程序确保计算机在运行任何应用程序以前无故障,在后台以最低优先级运行的这些检查程序检测硬件错误,它们分成用户无关的(SEPP/SOPP)和用户专用的(ASSEPP/ASSOPP)模块,执行的功能来自于 SEAR。

(2)操作系统

实时操作系统内核 COSPAS 是独立于硬件的,操作系统可同时处理许多程序或程序段(多任务处理的)。软件设计为具有快速处理功能,它根据优先权管理并协调计算机功能的处理,操作系统还能向外部数据交换提供全部所需的驱动。

(3)设备驱动程序

设备驱动程序用以读写外围设备,使用的设备驱动程序取决于选用的硬件模块。

(4)应用软件

应用软件执行实际的控制和安全任务。应用程序的设计是模块化的,它以 PASCAL86 程序语言写入。计算机在西门子应用的独立实时操作系统 COSPAS 下运行。

3. SICAS 系统

1)SICAS 系统的组成

正线联锁系统 SICAS 按故障-安全、高可靠性的 SIMIS 原则进行设计,其基本部件包括工作站、联锁计算机(3 取 2)、联锁执行计算机(2 取 2)、电子接口模块和相关的现场元件,如转辙机、信号机、数字轨道电路设备等。联锁计算机执行常规的联锁功能,通过现场接口计算机(STEKOP)和接口控制模块(DSTT)直接控制和监督室外设备,完成轨道空闲检测、进路控制、道岔控制和信号机控制功能。SICAS 联锁系统配置如图 5.61 所示。

联锁计算机采用西门子故障-安全计算机系统 SIMIS 3216,核心构成为:同步和比较板 VESUV3、处理板 VENU32 和中断板 VESIN。根据应用情况,剩余位置会安装接口或输入和输出板,包括:BUMA(总线控制模块),MELDE2(数字输入模块),KOMDA2(数字输出模块)。

SICAS 联锁中的操作和显示借助于操作控制系统 VICOS OC 101 的人机接口系统来完成。VICOS OC 101 的应用领域包括现场联锁的简单操作以及显示系统和控制系统操作。操作台的基本硬件由带有键盘、监视器和鼠标的 PC 组成,操作系统软件采用 Windows NT。

DSTT 与 STEKOP 共同实现对轨旁和现场设备的控制和现场信息的采集。DSTT 系统的功能单元有:DSTT 道岔-道岔元素接口模块 DEWEMO;DSTT 信号机-信号机元素接口模块 DESIMO。分散式元素接口模块系统用于控制和监测国产色灯信号机和国产交流转辙机。

2)与相关系统的接口

(1)与 LZB 700M 设备的接口

SICAS 联锁与 LZB 700M 系统的连接是通过数据通道实施的,LZB 700M 设备之间,以

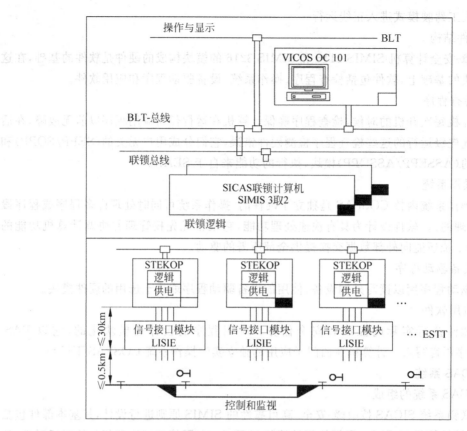

图 5.61　SICAS 联锁系统配置图
BLT—操作控制系统；□—程序防护；■—操作符合故障-安全信号原则

及 LZB 700M 设备和 SICAS 联锁之间的逻辑相连是经由联锁总线实施的。故障-安全数据传输由数据缓冲通信协议保证。

（2）SICAS 联锁系统间的连接

各联锁站 SICAS 联锁系统间的联锁连接是通过总线连接逻辑实施的，几个联锁区可以由一个联锁集中控制。

（3）与防淹门的接口

与防淹门的接口包括以下内容：

① 对防淹门状态进行实时监督，确保列车运行安全。

② 确定关闭防淹门的时机。

（4）与屏蔽门的接口

与屏蔽门的接口包括以下内容：

① 正向运行的列车，只有列车停在站台区，并满足站台屏蔽门对停车精度要求的情况下，才允许列车向列车车门和站台屏蔽门发送开门命令；在停站时间结束后，由列车向列车车门及屏蔽门发出关门命令，车门和屏蔽门均已关闭并收到车门和屏蔽门均处于关门状态信息后，才允许启动列车。开左门或右门应符合站台的位置和运行方向。

② 正向运行的列车在地下设屏蔽门的车站停车误差超过±0.5 m 时，ATP 将实施保

护,不允许开车门和站台屏蔽门。正常情况下,站台屏蔽门的"开启"和"关闭"均受信息系统设备控制。只有当从信号系统接收到"开门"或"关门"指令并送到 PSC 时,屏蔽门才能打开或关闭。

③ 屏蔽门的状态信息(开/闭)均为安全信息,这些信息应可靠、不间断地传送给信号系统,以满足 ATP 子系统对屏蔽门状态连续安全监督的要求。

④ 信号系统与屏蔽门的接口(包括通道)发生故障情况下,即屏蔽门状态信息不能有效地传输到信号的 ATP 子系统,则站台有关工作人员可在站台端部的局控盘上给信号 ATP 子系统送出"互锁解除"的信息。

⑤ 与信号系统的接口均采用按故障-安全原则设计的继电电路,连接通道为电缆。

(5) 与车辆段之间的联锁接口

车辆段与相邻正线车站之间的联锁接口电路按出、入段线的敌对检查条件进行设置,出、入段联络线均纳入正线控制范围,并按双线双方向运行、列车作业方式设计。

4. FTGS 轨道电路

FTGS 是西门子公司的遥控无绝缘音频轨道电路的德文缩写,中文为"西门子公司的无绝缘音频轨道电路"。FTGS 轨道电路是 LZB 700M 的发送设备,从钢轨向列车发送信息以及作为列车占用轨道的检测设备,一个 LZB 轨旁单元最多能带 40 个轨道电路。FTGS 由调频电压远程馈电。

FTGS 型轨道电路用于检测轨道电路的占用状态,并发送 ATP 报文。当区段空闲时,由室外发送设备传来 FSK 信号,通过轨旁单元在轨道电路始端馈入轨道,并由轨道电路始端接收传至室内接收设备,经过信号鉴别(幅值计算、调制检验、编码检验),完成轨道区段的空闲检测。当接收器计算出接收的轨道电压的幅值足够高,并且解调器鉴别到发送的编码调制正确时,接收器产生一个"轨道空闲"状态信息,这时轨道继电器吸起表示"轨道空闲"。列车占用时,由于列车车轮分路,降低了终端接收电压,以致接收器不再响应,轨道继电器达不到相应的响应值而落下,发出一个"轨道占用"状态信息。当轨道区段被占用时,发送器将 ATP 报文送入轨道,供车上接收。报文式数字编码从 ATP 轨旁设备向 ATP 车载设备传输,传输速率为 200 Bd。电码有效长度 136 b,包括车站停车点、下一个轨道电路的制动曲线、运行方向、开门、入口速度、允许速度、紧急停车、限速区段速度、目标速度、目标距离、当前轨道电路识别、下一个轨道电路识别、轨道电路长度、下一个轨道电路的坡度、下一个轨道电路的频率等信息。

为提高对牵引电流的谐波干扰,FTGS 采用 FSK 方式。载频频率有 12 个,分配给两种型号的 FTGS,即 FTGS46 和 FTGS917。FTGS46 的载频频率为 4.75 kHz、5.25 kHz、5.75 kHz、6.25 kHz;FTGS917 的载频频率为 9.5 kHz、10.5 kHz、11.5 kHz、12.5 kHz、13.5 kHz、14.5 kHz、15.5 kHz、16.5 kHz。

轨道电路由 15 个不同的位模式进行频率调制,频偏±64 Hz。位模式(bit pattern)是数码组合,以 15 ms 为一位,以+64 Hz 为"1",-64 Hz 为"0",构成不同的数码组合,即带有位模式。接收器把+64 Hz 作为一个位,而-64 Hz 不作为一个位。

15 种位模式是:2.2、2.3、2.4、2.5、2.6、3.2、3.3、3.4、3.5、4.2、4.3、4.4、5.2、5.3、6.2。

最少的是 4 b,最多的是 8 b。

例如,2.2 位模式即每个周期共 4 b,连续 2 b 为 1,另外 2 b 为 0,频率为：+64 Hz、+64 Hz、−64 Hz、−64 Hz、+64 Hz、+64 Hz……2.2 位模式波形如图 5.62 所示。

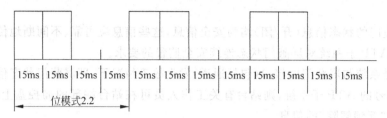

图 5.62 2.2 位模式

调制信号可以抵抗钢轨牵引回流中谐波电流的干扰。相邻的轨道区段采用不同的频率和位模式,相邻两个轨道区段之间采用电气绝缘分隔。轨道区段只有收到与本区段相同的频率与位模式的信息才会响应。FTGS 型轨道电路发送的 ATP 报文,每个电码有 127 b 有用的信息被传输。FTGS 型轨道电路为兼有选频和数字编码的混合方式,采用选频和数码双重安全措施。发送端由位模式发送器发送调频信号,接收端接收该信号,由位模式校核器检测调频信号的幅值、预置频率和预置数码,才能给出轨道电路空闲的表示。这样,轨道电路就明显提高了安全可靠性。

本章小结

本章重点介绍了列车自动控制系统(ATC)的组成和功能,ATP、ATO 和 ATS 三个子系统的概念、组成、功能、技术要求以及工作原理等,西门子 ATC 系统的主要设备及功能。通过本章的学习,学生应掌握 ATC 系统和三个子系统的结构和原理,为后面的学习打下基础。

习题

1. 填空题

(1) ATC 系统由_____子系统、_____子系统、_____子系统构成,简称为"3A 系统"。

(2) 距离码系统采用的是_____轨道电路,从地面传至车上的是目标点的距离等一系列基本数据。

(3) _____模式即 ATP 监督人工驾驶模式,是一种受保护的人工驾驶模式。

(4) ATO 的基本控制功能包括_____、_____和_____。

(5) _____是 ATS 车次识别及车辆管理的辅助设备,其由地面查询器环路和车载应答器组成。

2. 选择题

(1) 当驾驶员按了 ATO 开始按钮后,ATC 车载设备将会进入_____模式。
   A. ATO   B. SM   C. AR   D. RM

(2) 地车间实现连续传递信息的 ATC 系统,称为_____。
   A. 连续式 ATC 系统   B. 点式 ATC 系统

C. 基于固定闭塞的 ATC 系统　　　　　D. 基于准移动闭塞的 ATC 系统

(3) ATP 子系统的_____可以保证接收到紧急制动报文时在最短距离内停车。

A. 后退功能　　　　　　　　　　　B. 报文功能

C. 紧急制动监督功能　　　　　　　D. 设备监督功能

(4) _____是对列车应停车的车站设置的,它的设计根据运行方向决定。

A. 运营停车点　　　　　　　　　　B. 安全停车点

C. 非安全停车点　　　　　　　　　D. 危险点

(5) 非集中联锁站的列车识别系统(PTI)、旅客信息显示系统(PIIS)和发车计时器(DTI)均通过集中联锁站的_____与 ATS 子系统联系。

A. 中心计算机系统　　　　　　　　B. ATS 分机

C. 车辆段终端　　　　　　　　　　D. 维修工作站

3. 简答题

(1) ATC 系统具有哪几个原理功能?

(2) ATC 系统的控制等级模式的优先原则是什么?

(3) ATP 子系统的作用是什么?

(4) 列车制动模式包括哪几种? 分别适用的闭塞方式是哪种?

(5) 列车运行调整的目标有哪些?

4. 论述题

结合所学知识论述城市轨道交通中 ATC 系统、ATO 子系统、ATS 子系统和 ATP 子系统的关系。

第 6 章 CBTC 系 统

教学提示

随着无线电技术的飞速发展,一种基于通信的列车控制(communications-based train control,CBTC)系统得到了应用。CBTC 系统改变了原有轨道电路的信号传输控制方式,采用无线通信作为媒体来实现列车和地面设备的双向通信。它实现了移动闭塞,两个相邻的移动闭塞分区能以很小的间隔同时前进,这使列车可以以较高的速度和较小的间隔运行,从而提高了运营效率。

学习目标

- 掌握 CBTC 系统的工作原理;
- 了解 CBTC 系统的发展;
- 理解 CBTC 移动闭塞系统的构成及工作原理;
- 了解西门子 CBTC 系统的结构和功能。

知识结构

本章知识结构如图 6.1 所示。

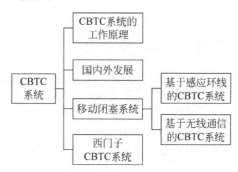

图 6.1 本章知识结构图

6.1 CBTC 系统综述

目前,基于通信的列车控制 CBTC 系统发展迅速,由于其采用无线通信技术,可以实现地面和列车间的双向信息传输,具有更高的传输速率、更多的信息量,实现了真正意义的移动闭塞,使行车间隔大大缩短,增加了系统的实用性,提高了运能与安全性,因此,CBTC 已成为未来城市轨道交通运行控制技术的发展方向。

6.1.1 CBTC 系统的工作原理

1. CBTC 的概念

CBTC 系统是一个安全的,具有高可靠性、高稳定性的基于无线通信的列车自动控制系统,现已广泛地应用于城市轨道交通运输中。它的特点是用无线通信媒体来实现列车和地面设备的双向通信,用以代替轨道电路作为媒体来实现列车运行控制。

基于无线通信的 CBTC 系统是指通过无线通信方式(而不是轨道电路),来确定列车位置和实现车地双向实时通信。列车通过轨道上的应答器确定列车绝对位置,轨旁 CBTC 设备根据各列车的当前位置、运行方向、速度等要素,向所管辖的列车发送"移动授权条件",即向列车传送运行的距离、最高运行速度,从而保证列车间的安全间隔距离。

CBTC 的突出优点是可以实现车地之间的双向通信,并且传输信息量大,传输速度快,很容易实现移动自动闭塞系统,大量减少区间敷设电缆,减少一次性投资及减少日常维护工作;可以大幅提高区间通过能力,灵活组织双向运行和单向连续发车;容易适应不同车速、不同运量、不同牵引方式的列车运行控制等。

在 CBTC 应用中的关键技术是双向无线通信系统、列车定位技术、列车完整性检测等。在双向无线通信系统中,欧洲应用的是 GSM-R 系统,但在美洲则用扩频通信等其他种类无线通信技术。列车定位技术则有多种方式,例如车载设备的测速-测距系统、全球卫星定位、感应回线等。

2. CBTC 的特性

与传统的轨道交通信号系统相比,CBTC 具有如下特性。

(1) 不需繁杂的电缆,转而以无线通信系统代替,减少电缆敷设及维护成本。
(2) 可以实现车辆与控制中心的双向通信,大幅提高了列车区间通过能力。
(3) 信息传输流量大、效率高、速度快,容易实现移动自动闭塞系统。
(4) 容易适应各种车型、不同车速、不同运量、不同牵引方式的列车,兼容性强。
(5) 可以将信息分类传输,集中发送和集中处理,提高调度中心工作效率。

3. CBTC 的结构

CBTC 系统主要包括列车自动监控系统(ATS)、区域控制器(zone controller,ZC)、计算机联锁系统(computer interlocking,CI)、车载控制器(vehicle on-board controller,VOBC)、数据存储单元(data storage unit,DSU)、轨旁设备(wayside equipment,WE)和数据通信系统(data communication system,DCS)等。CBTC 的结构如图 6.2 所示。

1) ATS 子系统

在控制中心显示控制范围内列车运行状态及设备状态信息是 ATS 子系统的主要功能。

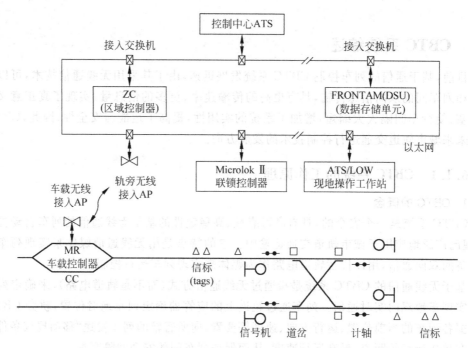

图 6.2 CBTC 结构图

基于这些状态信息和运行时刻表，ATS 能够实现自动排列进路，自动调整列车运行，这可以通过改变停站时间和站间运行时间来完成。ATS 子系统包含时刻表工作站、操作员工作站、其他的网络和设备等。

2) CI 子系统

轨道空闲处理、进路控制、道岔控制和信号控制是 CI 子系统的主要功能。进路控制功能负责整条进路的排列、锁闭、保持和解锁，道岔控制功能负责道岔的解锁、转换、锁闭和监督，这些动作是对 ATS 子系统命令的响应。信号控制功能负责监督轨道旁信号机的状态，并根据进路、轨道区段、道岔和其他轨旁信号机的状态来控制信号机。

CI 子系统根据来自 ATS 的命令设置信号机何时为停车显示，它也产生命令输出，ATC 系统以此来控制列车从一个进路行驶到另一个进路。

3) ZC 子系统

ZC 子系统是基于 CBTC 的信号系统的核心组成部分，属于地面设备的一部分。其将一条线路分为若干个控制区域，每个控制区域由一个区域控制器负责。ZC 从 VOBC、CI、ATS 和 DSU 接收各种状态信息和数据信息，并对这些信息进行处理，为辖区内的列车计算移动授权（MA），并通过无线局域网（WLAN）发送给列车，控制列车安全运行。

4) VOBC 子系统

在 VOBC 子系统中，列车的位置和运行方向信息在保证列车安全运行中作用重大，列车定位方式采用测速传感器和地面应答器相结合的方式实现。

5) DCS 系统

DCS 系统采用无线局域网（WLAN）技术，通过沿线设无线接入点（AP）的方式实现列车与地面之间不间断的数据通信，一个 AP 点可以传输几十千米的距离。

6) DSU 系统

城市轨道交通 CBTC 系统中，列车不是通过轨道电路来定位的，列车定位通过安装在车轮上的测速传感器实现，为了实现系统的调度和协调统一，就要求列车和地面共用一个数据库。整个数据库的管理需要数据存储单元(DSU)来实现，这个数据库存储了列车与地面的各种信息，其中有静态数据库，也有动态数据库。ZC 功能的实现需要不断地调用数据库中的数据，因此，数据库中数据的安全是很重要的，在 CBTC 系统中是通过冗余的方式来保证数据库中数据的安全。

4. CBTC 的工作原理

CBTC 系统是通过 WLAN 的方式实现列车和地面间连续通信的列车控制系统。系统的核心部分为轨旁和车载两部分。

列车通过机车上的测速传感器和线路上的应答器来得到自身的实时位置，应答器在线路的固定位置设置，列车每经过一个应答器就会在数据库中查找其位置，从而得到自身的精确位置，列车的实时速度是通过测速传感器获得的，由速度对时间的积分获得列车的相对位移，每经过一个应答器得到的实际位置加上与该应答器的相对位移就可以实时地获得列车的准确位置。VOBC 将列车的准确位置通过 WLAN 发送给轨旁设备，来实现列车对地面设备的通信。

轨旁的核心设备是区域控制器(ZC)，它负责管理运行在其管辖范围内的所有列车。ZC 接收 VOBC 发送过来的列车位置、速度和运行方向信息，同时从联锁设备获得列车进路、道岔状态信息，从 ATS 接收临时限速信息，在考虑其他一些障碍物的条件下计算 MA，并向列车发送，告诉列车可以走多远、多快，从而保证列车间的安全行车间隔。

由于 CBTC 系统能够精确地知道列车的位置，"速度-距离模式曲线"是其对列车的控制原则。事实上，不管是 CBTC 系统还是传统意义上的由轨道电路完成列车控制的系统控车原则都很相似，只不过 CBTC 系统对列车位置的把握准确度更高，对列车控制的准确度也会更高，基于轨道电路的系统，移动授权是轨道区段长的若干倍，而 CBTC 系统移动授权更精确。正是由于 CBTC 系统能够更精确地控车，才有效地缩短了列车追踪间隔，使运行效率大大提高。

5. CBTC 的关键技术

CBTC 的关键技术包括移动闭塞技术、列车定位技术和车地双向数据传输技术。下面分别介绍这三种技术。

1) 移动闭塞技术

移动闭塞是基于区间自动闭塞原理发展起来的一种新型闭塞技术，是实现 CBTC 的关键技术之一。移动闭塞与固定闭塞相比，具有诸多技术优点，最显著的特点是取消了地面信号机分隔的固定闭塞区间。列车间的最小运行间隔距离由列车在线路上的实际运行位置和运行状态确定，闭塞区间随着列车的行驶，不断地移动和调整，故称为移动闭塞。城市轨道交通列车运行控制系统未来的发展方向是 CBTC，而移动闭塞技术代表了未来闭塞制式的发展方向。

2) 列车定位技术

城市轨道交通列车运行密度高、站间距离短、安全性要求高，列车自动控制系统及列车本身需要实时了解列车在线路中的精确位置；分布于轨旁和列车上的列车自动控制系统根据线路中列车的相对位置实时动态地对每一列车进行监督、控制、调度及安全防护,在保证列车运行安全的前提下,最大限度地提高系统的效率,为乘客提供最佳的服务。

3) 车地双向数据传输技术

在 CBTC 系统中,列车与地面之间的信息传输是其关键技术之一。CBTC 利用连续、大容量的车地双向数字通信实现列车控制信息和列车状态信息的传输。基于无线通信的列车控制系统在减少地面设备的基础上解决了车地双向大容量信息传输以及信息传输的安全性,能实现更多的列车控制功能,从而缩短了列车运行间隔和列车的安全制动距离,提高了线路的利用率和行车安全性。因此,它可以大幅提高城市轨道交通系统的运营能力,降低运营成本。

6.1.2　国内外 CBTC 系统的发展

基于无线局域网的 CBTC 系统,在定位精度、车地数据通信方面有明显的优势,成为国内外城市轨道交通发展的趋势。CBTC 系统是具有发展潜力的列车运行控制系统,正在日趋完善。目前,该技术已经在 20 多个国家的城市轨道交通中使用。

1. 国外 CBTC 的发展

基于无线局域网的 CBTC 系统,已在拉斯维加斯、旧金山、新加坡等地投入运行。法国巴黎的六条线路,西班牙巴塞罗那地铁和马德里地铁,瑞士洛桑地铁,美国华盛顿、纽约和西雅图,韩国国铁等均采用了 CBTC 系统。国外对基于 WLAN 的 CBTC 系统研究得较早,并取得了一定的成就,形成了美国、日本、欧洲三大体系。

1) 美国的 AATC

基于无线通信的"先进的自动化控制系统(advanced automation control system, AATC)"是美国在 1992 年提出的,该系统最大的特点就是列车定位采用扩频通信方式来实现,实现的方式是沿着铁路线路按规定距离布设很多个无线电台,这些无线电台为车地之间传输信息的中转站,控制中心从无线电台接收到信息后,处理这些信号,通过无线电传输信号的时间来计算出列车的位置,并根据位置信息计算速度,从而"告诉"列车以多大速度行驶、何时加速,从而控制列车运行。

1999 年,美国电气及电子工程师学会(Institute of Electrical and Electronics Engineers, IEEE)为 CBTC 系统制定了世界上首份标准:IEEE Std 1474.1—1999。其后,IEEE 又多次制定、修改并发布了相应的诸多标准。按 IEEE 在 1999 年发布的首份标准,CBTC 被定义为:利用(独立于轨道电路的)高精度列车定位、双向大容量车地数据通信和车载,以及地面的安全功能处理器实现的一种连续自动列车控制系统。

2) 日本的 ATACS

基于双向无线通信的先进列车管理与通信系统(advanced train administration and communication system,ATACS)是日立公司在 1995 年开发研制的。与 AATC 系统不同,ATACS 系统将线路划分为很多个控制区,每个控制区作为一个独立的单元,由一个地面控制器和一个无线电基站组成。地面控制器通过与无线电基站相连,从无线电基站接收列车的位置信息,为列车计算前方安全的运行间隔,以实现列车安全的最小追踪间隔追踪运行。

3) 欧洲的 ETCS

欧洲列车运行控制系统(European train control system,ETCS)主要包含三个级别:级别一就是以前线路上普遍采用的固定闭塞加信号机实现控车的方式,对列车的控制信息是通过应答器传送给列车的,轨道电路不传输信息给列车,只是检查列车完整性和不精确地为列车定位;级别二是通过无线通信系统 GSM-R 实现列车与地面之间的通信,连续地控制列车速度,采用应答器定位的方式为列车定位,并通过地面核心设备无线闭塞中心(radio block center,RBC)实现列车完整性的检测;级别三是通过车地之间双向通信实现移动闭塞方式控车,这一级就属于 CBTC 系统。

2. 我国 CBTC 的发展

自 2003 年后,我国新建及改造的城市轨道交通基本上都采用了基于 IEEE 802.11 标准的 CBTC 系统,以 WLAN 通信为基础,以无线电台、漏泄波导管为传输通道实现地车信息的双向传输;而列车定位采用速度传感器进行测速及移动体位置测量,位置校准则由在轨道旁所设置的应答器或信标实现;又基于移动闭塞原理,采用目标距离(distance-to-go)控制方式实现列车运行的连续闭环速度控制。

目前,CBTC 系统在北京、广州、上海、武汉、成都、沈阳等国内城市广泛应用。其中上海 8 号线、广州 1 号线和 5 号线、北京 10 号线(含奥运支线)、香港的竹篙线等也选择了基于无线通信的 CBTC 系统。2010 年北京地铁亦庄线 LCF—300 型列车的投入使用,标志着我国成为继德国、法国、加拿大之后第四个成功掌握 CBTC 核心技术,并成功开通运营的国家。我国 CBTC 的成功开发解决了信号系统核心技术依赖国外公司的难题,为我国大中城市大规模城市轨道建设与运营提供了国产化技术与装备保障;实现了全生命周期性价比最高的目标,比引进系统低 20% 左右。该国产 CBTC 系统兼容了无线电台、漏泄波导管、漏泄电缆三种传输方式,实现了移动闭塞、固定闭塞、站间闭塞三级控制,保证了列车高密度、安全平稳运行和精确停车。

1) FZL300 型 CBTC 系统

FZL300 型 CBTC 系统是北京全路通信信号研究设计院在基于数字轨道电路列控系统 FZL100 型的基础上升级而成的新一代 CBTC 系统。该系统主要由以下几部分组成:

(1) 中国铁路通信信号集团公司国产的中心和车站子系统;

(2) 中国铁路通信信号集团公司国产的 DS6—60 型计算机联锁子系统;

(3) 轨旁 ATP/ATO 设备,采用的是中国铁路通信信号集团公司国产的 DS6—60 型区域控制器设备;

(4) LEU,为数据传输设备,用于接收列控中心传送的数据报文并发送给有源应答器和应答器设备以及车地通信环线设备;

(5) 基于中国铁路通信信号集团公司国产的 FZL.Z20 型车载 ATP/ATO 设备;

(6) 数据通信子系统。有线通信网络采用基于标准协议的 SDH 骨干传输设备和高端的交换设备,无线通信网络采用基于 WLAN 协议的无线接入设备。

根据中国铁路通信信号集团公司发布的信息显示,FZL300 型 CBTC 系统在 2008 年开始系统的研制工作,2011 年完成软件研发和室内测试,2011 年底准备开展现场试验工作,2012 年,该系统的部分子系统已通过欧标 SIL4 级认证,还有一些子系统将相继通过劳氏安全认证。该系统的各个子系统平台在伊朗地铁、唐山中低速磁浮试验线,以及长春轻轨 3 号线、4 号线等工程中均有应用。

2) LCF—L300 型 CBTC 系统

LCF—L300 型 CBTC 系统是北京交控科技有限公司依托北京交通大学、轨道交通控制与安全国家重点实验室、轨道交通运行控制国家工程研究中心自主创新研发的,是目前在国内应用最成熟的一套 ATC 系统。

LCF—L300 型 CBTC 系统是一个基于无线的移动闭塞系统,实现了工程化的拼图式产品体系,且轨旁设备少、设备体积小、价格低;根据列车自主定位,通过计算后续列车的位置,给出最佳制动曲线,切实提高了区间的通过能力;通过与车辆的配合,实现了开门状态下的折返,节省了折返换端时间,提高了系统的折返能力;具有完整的驾驶台和完备的数据记录故障诊断功能。

目前,该系统已成功获得英国劳氏总部批准颁发的一般产品安全证书,其主要安全功能满足 SIL4 要求,且已经应用于北京地铁亦庄线(见图 6.3)和昌平线。

图 6.3 北京地铁亦庄线的 LCF—L300 型系统
(a)轨旁辅助定位系统;(b)基于波导管的地车无线通信设备;(c)基于自由波的地车无线通信设备

3) MTC—Ⅰ型 CBTC 系统

MTC—Ⅰ型 CBTC 系统是中国铁道科学研究院和广州市地下铁道总公司联合开发研制的。整个系统主要由以下六个子系统组成:

(1) 由中心和车站本地控制设备组成的 FZy 型 ATS 子系统;

(2) TYJL—Ⅲ型 2 乘 2 取 2 安全冗余结构的计算机联锁子系统,包括计轴设备和国产欧标应答器设备;

(3) 基于 CPCI 工业计算机平台开发的 ATO 列车自动运行子系统;

(4) 包括 2 乘 2 取 2 冗余架构的车载 VOBC 和轨旁 ZC 设备组成的 ATP 列车控制子系统;

(5) 基于 SDH 同步数字系列骨干通信网和车地无线通信网构建的 DCS 子系统;

(6) 进行系统设备维修信息收集、管理的 TJWX 型微机监测子系统。

作为广州地铁参与研制的一套 ATC 系统,MTC—Ⅰ型 CBTC 系统在广州地铁进行了全面的现场试验,并且研发同步由英国劳氏铁路有限公司进行了安全认证。

4) iCBTC 系统

iCBTC 系统是中国的卡斯柯信号有限公司通过引进国外技术,经消化吸收再自主创新研发,且日趋成熟的基于车地双向无线通信的移动闭塞控制系统。该系统主要由区域控制器/线路中心单元 ZC/LC、数据存储单元 DSU、联锁 CI、中心及车站 ATS、车载控制器 CC、

LEU 等轨旁设备构成。

iCBTC 系统是当前国产 CBTC 中的佼佼者，其主要特点如下：

（1）后车的地址终端（EOA）可以是前车的尾部，不用划分虚拟区段，真正实现了移动闭塞；

（2）只需要两条网线即可实现车载设备首尾热备，简化了接口与维护成本；

（3）其 ATS 子系统在国内地铁已广泛应用，且与各个厂家进行过接口，拥有更贴近用户习惯的操作界面；

（4）适用空间波和波导等多种方式的车地通信方式，并支持这两种方式在同一线路上的混合配置。

6.2 CBTC 移动闭塞系统

随着技术的发展和需求的牵引，人们开始采用基于无线通信的列车控制系统，也就是采用在列车和轨旁设置无线电台实现列车与地面控制系统之间连续的双向通信，做到真正的双向车地通信，从而实现 CBTC，其技术体制属于移动闭塞系统。

6.2.1 移动闭塞系统的工作原理和特点

移动闭塞是缩小行车间隔、提高行车效率的有效途径，其列车运行的安全保证不再依赖轨道电路的划分，而基于列车与地面的双向通信，使后续列车与先行列车之间始终保持制动距离，加上动态安全保护距离。

移动闭塞系统与现有的 ATC 系统相比，主要有以下特点：

（1）可以缩小列车之间的间距；

（2）车-地之间的信息交换，不再依赖于轨道电路；

（3）车辆控制中心掌握在线运行各次列车的精确位置和速度；

（4）列车与控制中心之间保持不间断的双向通信；

（5）不同编组（不同长度）的列车，可以以最高的密度运行于同一线路。

（6）ATC 系统，从一个以硬件为基础的系统，向以软件为基础的系统演变。

CBTC 系统便是支持移动闭塞的列车运行控制系统，它不仅适用于新建的各种城市轨道交通，也适用于旧线改造、不同编组运行以及不同线路的跨线运行。近年来，随着通信技术的发展，尤其是无线通信、计算机网络技术和数字信号处理技术的迅速发展，信号系统冗余，容错技术完善，在信号这个传统领域为 CBTC 的发展奠定了基础，CBTC 系统已逐渐被信号界所认可，基于感应环线通信的移动闭塞 CBTC 系统在我国也运用于城市轨道交通之中；而基于无线（radio）通信虚拟闭塞的 CBTC 系统已经在国外多个城市轨道交通中被采用，我国某些大城市的城市轨道交通系统也决定选用这种模式。

6.2.2 基于感应环线通信的移动闭塞制式 CBTC 系统

移动闭塞系统在城市轨道交通中运用的前提是，实现列车与地面的双向实时通信。而双线通信的地面有线设备目前主要有两种方式：一种是在全线敷设用于发送微波的波导管，这种制式的移动闭塞已于 2003 年初在国外的城市轨道交通系统中运用；另一种是利用敷设于全线的感应环线进行双向通信,这种制式的移动闭塞在国外早已得到运用,目前我国至少有两个城市的轨道交通决定采用这种制式。由于篇幅所限,并且要尽可能结合国内的实际情况,这里主要介绍基于感应环线通信的移动闭塞 CBTC 系统。

1. 移动闭塞系统的基本构成

移动闭塞系统由系统管理中心(system management center,SMC)、车辆控制中心(vehicle control center,VCC)、车载设备(VOBC)、车站控制器(station controller,STC)、感应环线通信系统设备、车场系统设备、车站发车指示器、站台紧急停车按钮、接口等设备组成。系统管理中心与车辆控制中心双向通信,完成对所有列车的自动监控;车辆控制中心与全线的列车进行不间断的双向通信,所有的列车将其所在的精确位置和运行速度报告给车辆控制中心;车辆控制中心在完全掌握所有列车的精确位置、速度等信息的前提下,告知各列列车运行的目标停车点;列车接收车辆控制中心发来的目标停车点信息,车载计算机根据允许运行的距离、所在区段的线路条件及列车的性能等,不断地计算运行速度,自动地完成速度控制。车辆控制中心还与车站联锁装置通信,完成列车进路的排列。

1) 系统管理中心的构成

系统管理中心对系统进行全面的协调管理,完成所有的列车自动监控功能。其设备设于运营控制中心(OCC),系统的软件及硬件都按模块化的原则设计。其主要硬件包括以下部分。

(1) 系统管理中心工作站。除系统服务器外,还配置调度员工作站、调度长工作站、模拟显示工作站、系统维护工作站、运行图编辑工作站及车场监视工作站。

(2) 运行图调整服务器(schedule regulation server,SRS)。冗余的运行图调整服务器通过系统管理中心 I/O 与车辆控制中心相连,以实现运行图调整服务器与车辆控制中心的通信,运行图调整服务器还与 SCADA、时钟、无线等系统接口。

(3) 数据日志服务器。冗余配置,它可以保留两个月以上的运行数据。

(4) 网络通信设施。包括系统管理中心的双局域网、冗余交换机、与光纤传输通道的冗余接入设施、与培训中心及综合维修基地连接的通信设施等。

(5) 车站控制器紧急通路(station controller emergency,SCEG)。当车辆控制中心出现故障,不能对系统进行控制时,管理中心通过车站控制紧急通路,直接与车站控制器(STC)进行通信连接,实现对在线列车和轨旁设备的监控。车站控制器紧急通路由紧急通路切换开关设备、协议转换单元(protocol conversion unit,PCU)组成,每台协议转换单元可与两台车站控制器进行通信连接。

(6) 系统管理中心 I/O 机架。

(7) 投影模拟显示系统。包括模拟显示控制工作站及背投模拟显示屏。

另外,还有车场系统管理中心工作站、综合维修基地监测工作站、仿真及培训远程终端设备等。

2) 车辆控制中心的构成

车辆控制中心位于运营控制中心,它由以下主要部分构成。

(1) 车辆控制中心的中央计算机。中央计算机采取 3 取 2 的配置,它包括三台工业级计算机,以及相关的输入/输出接口;三个中央处理单元通过显示/键盘选择开关,来共享一个显示和键盘;还有通用接口盒、电缆分线盒等。

(2) 车辆控制中心的 I/O 机架。主要设备有：多路复用输入设备；中央同步设备；电源、定时器、熔断器等。

(3) 车辆控制中心的数据传输架。

(4) 车辆控制中心的调度员终端。

(5) 中央紧急停车按钮(central emergency stop button,CESB)。它与车辆控制中心有接口，当调度员按下该按钮时，将封锁所有的轨道，而且所有的列车立即停车；当紧急停车按钮中插入钥匙后，才可以解除。

车辆控制中心还设有数据记录计算机、打印机等其他设备。

3) 轨旁设备

轨旁设备主要有车站控制器(STC)、感应环线通信系统、系统管理中心的车站工作站等设备。

(1) 车站控制器。设于设备集中站，每个车站控制器都有一个道岔安全控制器，其中带冗余的双 CPU 固态联锁控制器是车站控制器的核心单元。车站控制器通过双共线调制解调链路与车辆控制中心通信，它由调制解调器机架、接口盘、电源机架、预处理器及其机架等组成。

(2) 感应环线通信系统。位于设备室和轨旁，它由以下设备组成：馈电设备(feed-in device,FID)、入口馈电设备(entry feed-in device,EFID)、远端环线盒、感应环线电缆、支架等。感应环线电缆由扭绞铜制线芯和绝缘防护层组成，环线敷设于轨道之间，每 25 m 交叉一次。

(3) 系统管理中心的车站工作站。由工业级计算机和接入设备组成，其接入光纤通信环网，实现与系统管理中心的远程通信。它与车站控制器接口，实现车站的本地控制；还与旅客信息向导系统等设备接口。

轨旁设备还包括站台紧急停车按钮、站台发车指示器、车站现地控制盘，及信号机、转辙机等现场设备。

4) 车载设备

ATC 车载设备主要包括车载控制器(VOBC)及其外围设备。

(1) 车载控制器。由电子单元(electronic unit,EU)、接口继电器单元(interface relay unit,IRU)、供电单元等组成。电子单元包括天线滤波器、高频接收器、数据接收器、数据发送器、高频发送器、定位计算机、双 CPU 处理单元、输出/输入端口、发送/接收卡、车辆识别卡、输出继电器、距离测量控制、转速表放大器等。接口继电器单元包括继电器面板、滤波/防护模块、电子单元与接口继电器单元的互连电缆等。

(2) 车载控制器的外围设备包括天线(每个车载控制器设两个接收天线和两个发送天线)、速度传感器(每个车载控制器设两个速度传感器)和驾驶员显示盘(train operator display,TOD)(每列车设置两套)。

(3) 接口。信号系统内部接口包括：与信号监测子系统的接口；与电源子系统的接口；与模拟显示屏的接口；与发车指示器的接口；与中央紧急停车按钮的接口；与信号机、转辙机等继电器控制电路的接口；与车站现地控制盘及站台紧急停车按钮的接口；与车场的接口；人机接口；主系统内部间的接口等。

信号系统外部接口包括：与无线通信系统的接口；与时钟系统的接口；与通信传输系

统的接口;与旅客信息系统(包括车上)的接口;与车辆的接口;与车辆管理系统的接口;与电力 SCADA 系统、FAS 系统、BAS 系统的接口等。

2. **移动闭塞系统的功能**

基于感应环线通信的移动闭塞系统,能实现 90 s 的最小运行间隔。后续列车与前一列车的安全间隔距离,是根据列车当前的运行速度、制动曲线,以及列车在线路上的位置而动态计算出来的。由于列车位置的定位精度高,因此,后续列车可以在该线路区段以最大允许速度安全地接近前一列车最后一次确认的尾部位置,并与之保持安全制动距离,如图 6.4 所示。

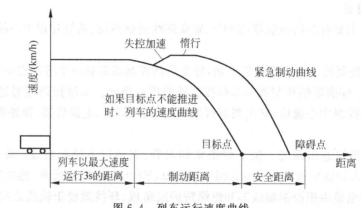

图 6.4 列车运行速度曲线

该"安全距离"是指后续列车的指令停车点(目标点)与前一列车尾部位置之间的一个固定距离,它是以最不利情况发生时,仍能保证安全间隔为前提计算而得到的。假如列车采用常用制动,列车可以停在目标点,当常用制动失效,实施紧急制动时,除了紧急制动所需时间外,必须增加系统作用时间和牵引停止到紧急制动启动的延时时间,这种情况下列车真正的停车点并不是目标点,而是远于目标点,但必须停在安全距离的范围内。

为了确保列车安全运行,列车必须连续不断地接收目标点的更新信息,系统设定列车在3 s 内收不到信息就判断为通信发生故障,迫使列车紧急停车,以保证列车运行安全。目标停车点的周期性前移,主要取决于前一列车向前移动和其他限制被解除。在车辆控制中心接收来自列车和现场设备的输入报文,当确认输入报文有效后,才产生相应的指令报文。系统管理中心对整个系统内的列车进路及运行图/时刻表进行管理,并向负责联锁及道岔控制的车辆控制中心发出排列进路的请求,完成道岔联锁功能。一旦车辆控制中心确认道岔已锁在规定位置,才允许列车通过该道岔。在车辆控制层,车载控制器将确保列车的特定功能(如实施速度限制和车门控制等)的安全控制均在车辆控制中心限制范围内,车载控制器对来自车辆控制中心的报文校核其冗余性、一致性、合理性,然后解译,并执行该报文。当然它只对该列车(地址)为报头的报文做出反应,如果报文不是特定选址某一列车,那么车载控制器只从该报文提取环线识别号,以识别从一个环线段至下一个环线段的转换。移动闭塞系统的功能框图如图 6.5 所示。

1) 管理层——系统管理中心(SMC)

系统管理中心负责列车自动控制系统的全面管理。它起着系统与中心调度员及系统其他用户间接口的作用。它除了监控和显示列车位置、调整列车运行、排列列车进路、实现停

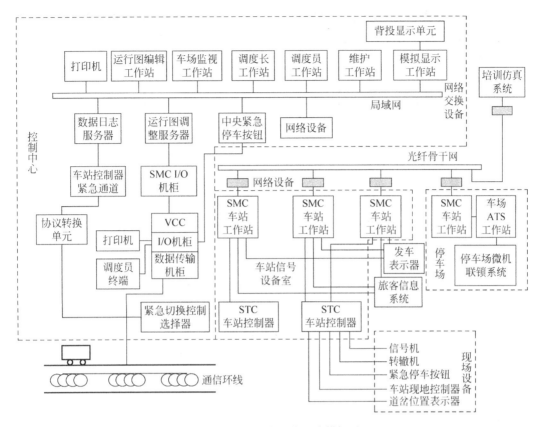

图 6.5 移动闭塞系统的功能框图

站时间控制等功能外,还具有以下功能:调度列车投入运营(增加或减少投入运营的列车);运行图/时刻表管理(包括时刻表的生成、指定和取消);自动调整列车运行(调整列车速度和停站时间);监测列车性能的状况并收集 ATO 数据;自动跟踪列车;监督列车位置、速度、运行方向;指挥列车操作和排列进路(联锁控制);优化折返作业;列车及线路的报警等。

(1) 系统管理中心的中央工作站

① 系统维护工作站

所有工作站都由系统维护工作站管理,也即系统维护工作站对网络中的计算机系统进行维护,该工作站主要监视 SMC 网络性能,进行记录和对整个系统进行诊断和维护。

② 运行图/时刻表编辑工作站

运行图/时刻表编辑工作站可以在离线情况下对运行图/时刻表进行编辑,完成的运行图/时刻表文件通过局域网传送到系统管理中心,也可以进行在线编辑。

③ 调度员和调度长工作站

调度员和调度长工作站实时监督在线列车的运行,并可实现列车运行的人工控制。

(2) 系统管理中心的车站工作站

所有系统管理中心的车站工作站都接入光纤通信环网,实现与中央系统管理中心的通信。车站工作站可以实现与控制中心调度员工作站相同的功能,受系统维护工作站管理,由调度员授权,并对其授权管辖区域进行控制和监视。车站工作站对车站控制器(STC)进行监视和现地控制,可以实现以下本地控制功能。

① 系统在正常情况下,根据控制中心的授权,车站工作站可以对本站进行控制,控制命令通过光纤骨干网首先传回系统管理中心,然后经过车辆控制中心返回本站车站控制器,执行相关命令。

② 在系统管理中心正常,车辆控制中心全面故障的情况下,车站工作站仍将控制命令首先传回系统管理中心,在中心切换车站控制器紧急通路(SCEG),通过车站控制器紧急通路传递至本站车站控制器,以实施有关控制。

③ 在特殊情况下,由中央授权,车站值班员进行转换操作,车站工作站可以直接与本地车站控制器通信,这时车站工作站可作为现地控制盘使用。

④ 当系统管理中心、车辆控制中心全面故障时,车站工作站实现对车站控制器及室外设备等车站设备的控制。

⑤ 车站工作站通过光纤通信网向系统管理中心传输所管辖范围内的表示信息。

⑥ 车站工作站还作为旅客向导系统的接口。

(3) 运行图/时刻表调整服务器(SRS)

该服务器的主要功能是为系统管理中心提供运行图/时刻表调整和自动排列进路。时刻表调整服务器还可以提供列车运行预测引擎,也即可以预测当前时间之后的一个时间段内的列车运行情况,以便为旅客向导系统提供准确的信息。

当系统管理中心的时刻表调整服务器与车辆控制中心的主连接发生故障(包括时刻表调整服务器故障)时,自动切换开关,将通信连接切换到备用的时刻表调整服务器计算机。

该服务器还具有与其他系统(SCADA、时钟、无线、消防等)进行接口的功能,并可以实现与车站工作站的通信。

(4) 局域网

网络交换机是冗余的,所以单台网络交换机的故障不会造成通信的丢失。网络交换机为系统管理中心工作站、服务器、打印机等提供局域网连接。

系统管理中心调制解调器连接到车辆控制中心的数据传输架的调制解调器,对来自在线时刻表调整服务器的串行请求报文进行调制,对来自车辆控制中心的响应报文信息进行解调,转换成串行数据格式后,提供给通信处理器使用。

(5) 加强型的车站控制器紧急通路(SCEG)

当车辆控制中心发生严重故障时,调度员可以避开车辆控制中心,从控制中心对道岔进行人工控制,通过系统管理中心直接与车站控制器通信。

车站控制器紧急通路由转换盒和调制解调器等单元组成,转换盒位于运行控制中心的两台协议转换单元(PCU)之间(每台协议转换单元与车站控制器进行通信)。协议转换单元与系统管理中心的数据记录服务器有一个串行连接。这些组件使中央调度员可以转移车辆控制中心对道岔的控制,并通过在系统管理中心输入命令直接与车站控制器通信。

在运行控制中心,激活车站控制器紧急通路开关,从物理上断开了车辆控制中心与车站控制器的通信连接,并将系统管理中心与车站控制器连接起来。来自车站控制器的信息从车辆控制中心改变路线到协议转换单元。协议转换单元对信息进行解码,解码后的信息传送到数据记录服务器,并转发至时刻表调整服务器进行处理。

中央调度员可以在系统管理中心输入道岔转换的请求,请求被送到协议转换单元,协议转换单元发送请求至车站控制器,车站控制器确保道岔安全转换。

2) 运营层——车辆控制中心(VCC)

车辆控制中心提供列车自动防护(ATP)功能,具体包括以下内容。

(1) 车辆控制中心子系统,完成集中联锁功能和排列进路功能。也即车辆控制中心接收调度员的指令并按照联锁条件排列进路。

(2) 保证列车的自动运行安全间隔和控制列车自动运行。车辆控制中心保证整个系统中列车的安全间隔。车辆控制中心以"前一列车尾部"最后一次确认的位置为基础,考虑到道岔故障、区段封锁等影响安全制动的因素,向后续列车传送与先行列车之间的最小的安全间隔距离信息,也即后续列车运行的目标点。所以,列车自动运行而无须驾驶员或调度员干预,是通过列车跟踪和移动授权这两个功能实现的。车辆控制中心通过连续地轮询各个车载控制器,实时地得到列车位置信息来跟踪所有列车;移动授权是通过车辆控制中心连续地向车载控制器发送下一个安全停车位置(目标点)信息来实现的。

对列车的控制,由车辆控制中心与车载控制器的通信完成。车辆控制中心可以发出实施牵引或制动,设置速度限制和制动率、停车站以及开、关车门等命令。车辆控制中心根据最后一次报告的列车车速和位置、行驶方向、前一列车最后一次被证实的位置、限速、停站和地面设备状态等实时信息,生成一个包含有目标点、最大允许速度和其他指令的报文。

(3) 车辆控制中心还负责对中央紧急停车按钮、车站站台紧急停车按钮、车站现地控制盘的状态进行监督,并做出反应,这些设备的状态信息由车站控制器向车辆控制中心提供。

3) 动作层——车载控制器(VOBC)、感应环线、加强型车站控制器(STC)等的功能

(1) 车载控制器

车载控制器具有以下功能。

① 确保列车安全运行

车载控制器负责完成车载 ATP/ATO 的功能。车载控制器不断地与车辆控制中心进行通信,在 ATP 保护下进行牵引、制动及车门控制,对超速、目标点冒进及车门状态进行安全监督,以确保列车在允许的包络线内运行;当无法继续安全运行时,自动实施紧急制动。

车载控制器负责列车在车辆控制中心控制区域的自动运行,每列车装有主、备两套车载控制器,每端一套,车辆控制中心命令其中一套激活工作,另一套处于备用模式,备用车载控制器监督工作中的车载控制器单元是否正常工作,如果出现故障或车辆控制中心进行命令切换时,立即接管工作,激活的车载控制器负责车载 ATP/ATO 的功能。正常情况下,激活工作的 ATP/ATO 与列车前部驾驶员显示单元通信,当车载控制器发生故障时,备用车载控制器激活,并与列车前部显示单元通信。

② 车载控制器确保列车的定位精度

车载控制器的定位以敷设于轨道间的感应环线上的信息和安装于车辆轮轴的速度传感器的信息为基础,每段感应环线都有对应的环线编号,也即车载控制器通过感应环线编号,及计算从每个环线起点开始的环线交叉点,给线路上的列车初步定位,更进一步的精确定位要通过速度传感器测量列车从上一个交叉点起所走行的距离来实现。车载控制器传送到车辆控制中心的列车位置分辨率为 6.25 m,它是根据感应环线 25 m 交叉一次,以 25 m 除以 4,作为车载控制器向车辆控制中心传送列车所在位置的数据。车载控制器与安装在列车底部的加速计、速度传感器、天线等配合能识别和处理列车车辆的打滑、空转,并进行车轮轮径的补偿。

③ 解码与编码

车载控制器对发自车辆控制中心的命令进行解码,并控制列车不超出车辆控制中心指令的速度和距离界限;同时向车辆控制中心传送列车位置、速度、行驶方向及车载控制器状态等数据。车载控制器的校核冗余微处理器,通过冗余性、合理性和一致性校核,测试来自车辆控制中心的报文,然后进行解码。车载控制器只对发给自己的报文做出反应。

(2) 感应环线通信系统

感应环线数据通信是车辆控制中心和车载控制器之间交换信息的手段,为了进行准确和可靠的数据通信,与传输数据所伴随的冗余位保证被干扰的数据不被接收,也即通过在所有包含安全信息的数据信息中使用循环冗余校验(CRC)来实现。另外,传输的数据被周期性更新。

交叉感应环线与车载控制信息之间进行双向的数据通信。车辆控制中心呼叫区域内的每一列车,并从每一个车载控制器得到信息,通过"通信安全性测量"来保障车地通信的可靠性和安全性。

① 车地通信频率

车到地的通信使用的频率为 56 kHz;地到车的通信使用的频率为 36 kHz。

② 车辆控制中心到车载控制器的命令报文

报头:用于确定报文的开始部分。

冗余:CRC 码,提供信息质量/完整性的检查。

信息内容包括:车载控制器所在环路编号;列车运行目标点;运行方向(上行/下行);车门控制(开/关,左/右);最大速度;车载控制器编号;车载控制器命令启动/备用;用于慢行区的目标速度;使用非安全码向车载控制器传送的特殊数据;制动曲线;停车信息;列车编号;车载旅客广播信息号;下一个目的地(车站或轨道区段);紧急制动控制;当前位置的平均坡度;来自系统管理中心的特殊 ATC 机车显示信息等。

③ 车载控制器到车辆控制中心的状态报文

报头:用于确定报文的开始部分。

冗余:CRC 码,提供信息质量/完整性的描述。

信息内容包括:车载控制器编号;列车操作模式;紧急制动状态;列车门状态(开/关);列车完整性状态;车载控制器启动/备用;车载控制器所在地实际环路的编号;运行方向(上行/下行);列车所在环路的位置;实际速度;故障报告(例如,自动门切换位置、ATP 倒车状态、无人驾驶状态)等。

(3) 加强型车站控制器

车站控制器的控制功能由来自车辆控制中心的指令报文启动,车站控制器采集所有轨旁设备的状态信息,并报告给车辆控制中心。

① 正常运营情况下,所有联锁功能都由车辆控制中心完成。车站控制器可在现地操纵模式下完成道岔转换,也即在中央授权下,将车站控制器所在地的车站工作站与车站控制器相连,选择现地操纵模式。而当车辆控制中心与系统管理中心发生故障时,车站控制器自动转为现地操纵模式。当车站控制器处于现地操纵模式时,车站工作站就可以向车站控制器发送指令,并接收车站控制器的状态信息。

② 一旦车站控制器处于现地操纵模式时,道岔只能由车站工作站转换,而不是由车辆控制中心操纵。处于现地操纵模式下的道岔不允许自动运行模式的列车和 ATP 防护人工

模式的列车通过,只允许限制人工模式及非限制模式的列车通过。

带冗余的双 CPU 的固态联锁控制器(INTERSIG)是车站控制器的主要单元。车站控制器通过双共线调制解调器链路与车辆控制中心通信。车站控制器为车辆控制中心提供联锁逻辑信息;而车辆控制中心将联锁逻辑命令发送给车站控制器,车站控制器执行车辆控制中心的命令,对相应的轨旁设备进行控制。

所以车站控制器所提供的功能可以归纳为:道岔控制和表示采集;监督并报告中央紧急停车按钮、车站现地控制盘上紧急停车按钮及站台紧急停车按钮的状态;信号机的点灯和灯丝报警;与车辆控制中心通信;与车站工作站通信等。

6.2.3 基于无线通信的虚拟闭塞 CBTC 系统

近年来随着移动通信技术的发展、无线通信可靠性技术的提高,以及通信协议和国际标准接口的制定,基于无线(radio)通信的 CBTC 系统已在国外投入运行。微处理器技术的发展,促使 ATC 系统从一个以硬件为基础的系统向以软件为基础的系统演变;尤其近 5 年来,无线局域网(WLAN)技术的成熟,接口标准的制定,开放式、标准化数据通信系统(DCS)的发展,极大地推进了无线 CBTC 系统的发展进程。纽约、西雅图等北美的五个城市正在建设之中,其后,法国巴黎的 13 号线、瑞士的洛桑地铁、中国香港的竹篙线、韩国的国铁以及中国台湾地区等都已经决定采用最新的无线通信 CBTC 系统。据不完全统计,全世界正在建设和已经签署合同的此类系统线路已超过 13 条。2005 年,我国上海轨道交通 8 号线也已经决定选用基于无线通信的 CBTC 技术,这对于推动我国城市轨道交通乃至铁路系统无线 CBTC 的发展无疑有着积极的意义。目前,无线 CBTC 系统的相关标准正在制定之中,我国的第一条无线 CBTC 系统还在建设的过程中。下面介绍基于无线通信的列车控制系统的系统结构。

无线 CBTC 系统是指通过无线通信方式(而不是轨道电路),来确定列车位置和实现车地双向实时通信,从而实现自动控制列车运行的信号系统。列车上的车载控制器通过探测轨道上的应答器查找它们在数据库中的方位,来确定列车的绝对位置,而且列车本身自动测量、计算自前一个探测到的应答器起已行驶的距离,以确定列车的相对位置。列车车载控制器通过列车与轨旁设备的双向无线通信,向轨旁 CBTC 设备报告本列车的精确位置。轨旁 CBTC 设备根据各列车的当前位置、运行方向、速度等要素,同时考虑列车运行进路、道岔状态、线路限速以及其他障碍物的条件,向列车发送"移动授权极限",即向列车传送运行的距离、最高的运行速度,从而保证列车间的安全间隔距离。

1. 无线 CBTC 系统设备

无线 CBTC 系统主要的子系统有列车自动监控系统(ATS)、数据通信系统(DCS)、区域控制器(ZC)、车载控制器(VOBC)及驾驶员显示等。子系统之间的通信基于开放的、标准的数据通信系统。地面与移动的列车之间都基于无线通信进行信息交换。

1) 控制中心 ATS 设备

控制中心内的 ATS 设备包括:2 套冗余 ATS 服务器;1 台网络时钟服务器;3 台调度员工作站(每个工作站配有 2 台 LCD 显示器);1 台调度员工作站(用于车辆段监控);2 台调度员打印机;2 台冗余配置的数据日志记录器;2 台冗余配置的数据记录器;1 台维护工作站和打印机;1 台运行图编辑器和彩色激光打印机;1 台打印服务器;1 台绘图机;2 台

高速网络激光打印机。

控制中心设备还包括数据存储单元(DSU),这是一个安全设备,它具有3台处理器,为冗余的3取2配置。

2) DCS设备

数据通信系统(DCS)的所有设备都和数据通信系统相连。DCS设备包括:轨旁光纤骨干网,轨旁无线设备接入点(access point,AP),车载无线设备,联锁站和控制中心室的网络和交换机。

3) 分布式的轨旁设备

在具有联锁功能的车站,配有区域控制器和其他相关设备。区域控制器具有3台处理单元,为冗余的3取2配置。而且区域控制器是模块化结构,具有可再配置、可再编程和可扩展性。所有区域控制器设备和数据通信系统骨干网的连接都是冗余(双)连接。

每个联锁车站设有一个ATS工作站,该工作站与数据通信系统冗余连接。在中央ATS故障时,可以进行本地控制。每个联锁车站都有一台数据记录器,来记录区域控制器之间传送和接收的网络信息。

4) 车载设备

列车上的设备包括:一个车载控制器(VOBC),两个移动无线设备和两个驾驶员显示器(TOD)。车载控制器具有3台处理单元,为冗余的3取2配置。车载控制器也是模块化结构,具有可再配置、可再编程和可扩展性。

驾驶员显示与车载控制器接口,给出以下显示:①对驾驶员的信息显示,如最大允许速度、当前运行速度、到站距离、列车运行模式、停站时间倒计时、系统出错信息等;②驾驶员输入信息,如输入驾驶员身份、列车运行模式,及其他开关、按钮的输入。

2. CBTC系统的结构

CBTC系统的结构如图6.6所示,其主要组成部分有:列车自动监控系统(ATS)、数据库存储单元(DSU)、区域控制器(ZC)、车载控制器(VOBC)、数据通信系统(DCS)(包括骨干网、网络交换机、无线接入点及车载移动无线设备)。

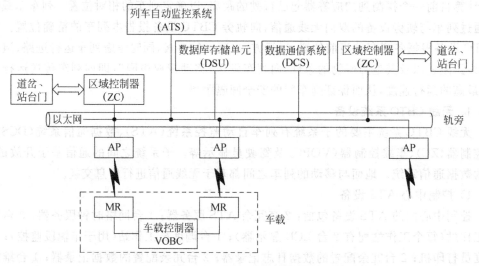

图6.6 CBTC系统结构图

系统的安全型组成部分有：列车上的 VOBC，轨旁 ZC 和位于中央的 DSU。

列车控制子系统之间的逻辑接口有：ATS 与 ZC、ATS 与 VOBC、ATS 与驾驶员显示、ATS 与 DCS、ZC 与 VOBC（本区域内的列车）、ZC 与 ZC、VOBC 与驾驶员显示、VOBC 与 VOBC（同一列车）。

1) 车载控制器（VOBC）

车载控制器通过检测轨道上的应答器，从数据库中检索所收到的数据信息，以确定列车的绝对位置；车载控制器测量应答器之间的距离，并测量自探测到一个应答器后列车所行驶的距离。数据库包括了所有相关的轨道信息，如道岔位置、线路坡度、限速、停站地点等。

车载控制器具备列车自动防护（ATP）系统和列车自动运行（ATO）系统的所有功能。车载控制器主动开始与 ZC 的通信，这意味着当列车进入区域控制器的控制区域时，无论是刚刚进入系统，或从一个区域控制器区域转移至另一个区域，列车会向区域控制器发送信息，表示列车已经进入该区域控制器的管辖区域。车载控制器通过数据通信系统与控制中心 ATS 直接通信。ATS 周期性地接收从各列车发来的列车所在位置和列车状态报告。

2) 区域控制器（ZC）

区域控制器接收其控制范围内列车发出的所有位置信息；根据控制中心列车自动监控系统 ATS 的进路请求，控制道岔、信号机，并完成联锁功能；并根据所管辖区域内轨道上障碍物位置，向所管辖区域的所有列车提供各自的移动授权（所谓"障碍物"包括列车、关闭区域、失去位置表示的道岔，以及任何外部产生的因素，如紧急停车按钮、站台屏蔽门、防淹门和隔离保护门的动作等）；它还负责对相邻 ZC 的移动授权请求做出响应，完成列车从一个区域到另一个区域的交接。

3) 列车自动监控系统（ATS）

ATS 是一个非安全子系统，它为控制中心调度员提供人机界面。ATS 的线路显示屏上显示线路状态、信号设备状态、各列车位置及列车工作状态；同时也提供调度员的各种调度命令功能，如临时限速、车站"跳停"、关闭区域等。

ATS 还具有远程控制系统所具有的设备诊断功能，包括列车的车载 ATC 设备的状态检测。ATS 发出排列列车进路指令，它向区域控制器发送对应于每列车的排列进路指令，排列进路指令必须和列车所接收的进路相一致。如果排列的进路不正确（如列车 A 分配到列车 B 的进路），相应的车载控制器将会检测到道岔设置和本列车的运行进路不符，从而阻止列车通过该道岔。

中央 ATS（central automatic train supervision，CATS）设备位于控制中心，车站 ATS（local automatic train supervision，LATS）设备位于区域控制器所在的联锁集中站的信号设备室。

4) 数据库存储单元（DSU）

数据库存储单元是一个安全型设备，它包含了其他列车控制子系统使用的所有数据库和配置文件。区域控制器和车载控制器之间使用一个安全的通信协议，从数据库存储单元下载线路数据库。线路数据库都有一个版本号，每隔一定时间在每个区域控制器和数据库存储单元之间就会对版本号进行交叉检测。当列车第一次进入系统时，以及之后每隔一定时间，在车载控制器和区域控制器之间也会进行相同的检测。

5) 线路示意图的数据库表示

基于无线通信的 CBTC 系统，轨旁定向天线与车载天线之间通过无线基站蜂窝网进行信息交换。无线蜂窝网采用重叠方式布置,以保证信息的不间断交换。

轨旁区域控制器向列车发送的数据信息中主要是至目标停车点的"进路地图"信息,即线路的拓扑结构。线路示意图由一系列的节点和边线来表示,包括轨道的分叉、运行方向的变更以及线路尽头等位置,这些都归纳为"节点"。不同节点的位置是数据库的主要内容。而连接两个"节点"的线路称为"边线"。每个边线均有一个从起始节点到终止节点的默认运行方向,"边线"上的任何一点均由其与起始节点的距离来表示,这称为"偏移"。所以线路上的位置均由"边线""偏移"矢量来定义,包括车站站台、道岔、应答器、速度区域边界、不同坡度的线路段等。

这些距离信息对于列车定位至关重要,因此这种方式的 CBTC 在轨旁还设有用于定位校正的信标。

6) 数据通信系统(DCS)

数据通信系统开放性的系统设计原则是:对所有列车控制子系统提供 IEEE 802.3(以太网)接口;对列车控制子系统是透明的;符合实时和吞吐量要求。列车控制子系统之间发送和接收 IP 报文,其中大多数列车控制子系统是移动的。数据通信系统对于这些传输的信息是完全透明的。

数据通信系统传送的是安全控制信息,但它本身不是一个安全系统。IEEE 802.3 以太网标准用于整个局域网(LAN);IEEE 802.11 跳频、扩频技术的无线标准,用于网络内的所有无线移动通信。

与数据通信系统相连的任何两个节点之间可以相互通信。数据通信系统可以在下列设备之间传送信息:区域控制器和相邻的区域控制器;区域控制器和车载控制器;ATS 和区域控制器;ATS 和车载控制器;ATS 和数据库存储单元;数据库存储单元和车载控制器;数据库存储单元和区域控制器。

(1) 数据通信系统的结构

数据通信系统对所有的列车子系统都是透明的,子系统之间的通信采用 UDP/IP 协议,数据通信系统完成报文通路,由于列车控制数据只占用不到 10% 的数据通信系统带宽,所以允许系统实现其他附加功能,如旅客广播系统(站台和车内)、旅客向导系统(站台和车内)、远程 SCADA 设备,以及车载视频监视系统等。

数据通信系统的结构如图 6.7 所示。

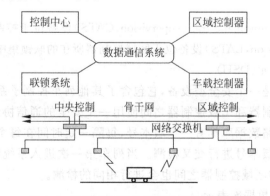

图 6.7 无线 CBTC 的数据通信系统结构图

(2) 保证数据通信安全的方法

由于采用无线通信，所以使数据通信公开化，如何保证数据通信的安全是个难题，为此采用以下解决方案：DCS安全系统使用标准的通信协议和动态的密钥管理，确保报文认证和编码的保密性，认证授权支持IKE协议，以便管理所有的密钥（证书）信息。也即所有对数据通信系统的接入都要经过一个保安器件，所有收到的无效报文都由保安器件识别并抛弃，中央认证机构向保安器件发布认证授权证书。

通信协议由三个核心部分组成。

① 真实性报头（authentication header，AH） 证实一个信息包的发送身份，并证实该信息包的真实性。

② 封装的保安有效报文（encapsulating security payload，ESP） 在传输前，将一个包加密和证实。

③ 因特网密钥交换（Internet key exchange，IKE） 管理发送器和接收者保安密钥的传送（动态密钥，不断更新）。

所以一个基于开放标准的数据通信系统提供了单一无缝隙的IP网络，有良好的IEEE 802.3接口功能，一个符合IEEE 802.11接口标准的无线局域网，并向下兼容，有充裕的带宽，可用于先进的列车控制和辅助车载性能。

(3) 采用开放标准接口

列车控制子系统间的接口标准为IEEE 802.3；无线通信接口标准为IEEE 802.11。IEEE 802.3和IEEE 802.11均支持互联网协议（IP）。

(4) 列车与轨旁间采用两条数据通道

两套车载无线设备均与车载控制器连接（冗余），所以区域控制器通过两个轨旁无线设备向车载控制器传送报文。车载控制器也分别通过两个车载无线设备向区域控制器发送应答信息。

(5) 无线通信技术

IEEE 802.11指定FHSS（跳频扩频）的运营频率范围为2.4～2.485GHz，带宽为79MHz。FHSS采用正交跳频序列，以防干扰；支持分段序列传输；支持多个WLAN蜂窝，具有桥接能力。

轨旁无线蜂窝以100%的重叠率进行设计，从而保证在一个无线基站故障时列车信号不丢失。至于车载无线设备与哪一个轨旁无线基站进行通信则取决于对信号强度的计算，如果本蜂窝区域的无线信号强度低于某一门限值，则车载无线设备会自动转换到下一个有可接收信号强度的轨旁无线电蜂窝。

3. 无线CBTC"虚拟闭塞"的主要功能

1) 虚拟闭塞

基于无线通信的CBTC与基于感应环线通信的CBTC移动闭塞方式，其主要区别在于通信方式的不同，后者两个列车的间隔虽然也是动态的，但这与感应环线的长度及交叉有关，在一定程度上它受硬件设备的物理限制。而无线CBTC可以理解为虚拟闭塞系统，它不是由物理上的闭塞分区定义的，而是由区域控制器内数据库来定义。虚拟闭塞分区的设计是根据对行车间隔的需要而进行划分，而且没有实际硬件设备来限制边界，其边界很容易进行动态调整。当然其虚拟闭塞分区的数量和长度也不受硬件的物理限制，如图6.8所示。

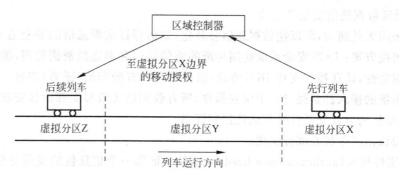

图 6.8 无线 CBTC 的虚拟闭塞示意图

区域控制器根据占用虚拟分区的前行列车位置对后续列车发出移动授权,允许运行至虚拟闭塞分区的边界点,这一点便是后续列车的运行的目标点。我们把这个目标点称为正常运行停车点。该目标点与前行列车尾部还留有安全距离,它包括最不利情况下列车启动紧急制动所需的安全距离和附加的防护距离。防护距离是后续列车在最不利情况下的运行距离,在车上通过计算而得,其中还包括列车的不确定因素,如打滑、空转、轮径补偿等,因而这个防护距离既是固定的也是动态的。移动授权极限点由区域控制器传给车载控制器,当列车接近移动授权极限点时会降低速度,缩短安全距离。

2) 列车运行控制系统的功能

CBTC 列车运行控制系统的基本原理示意图如图 6.9 所示。

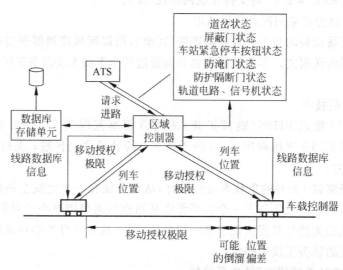

图 6.9 CBTC 列车运行控制系统的基本原理图

由图 6.9 可以看出控制中心 ATS、区域控制器、数据库存储单元、车载控制器之间基本的信息流。下面先对列车自动控制系统三个子系统的功能进行分析,后文再对 CBTC 物理分层的功能进行分析。

(1) ATS 子系统的功能

ATS 子系统为中心调度员提供用户操作界面,其功能主要包括:显示全线线路及系统设备状态;确定列车运行轨迹;时刻表的生成和执行;列车进路的自动分配;调整列车间隔;时刻表调整;不同运行类型的速度曲线选择;交叉点优先权选择;站台或者线路区域封锁;为发车指示器设置停站时间;执行临时限速;设置乘客信息系统文本;事件记录以及报告生成;重放等。可以归纳为以下几方面。

① 监视和显示功能。包括列车位置及功能的监视;列车控制子系统功能状况的监视;道岔、站台、屏蔽门及侵入轨道障碍物的监视和显示。

② 列车运行调整控制功能。基于运行线分配的列车进路排列,根据系统延迟或调度员要求,调整列车运行参数,按时刻表要求对列车运行进行调整,以保证运行间隔和运行图的实施。

③ 管理、维护。为管理报表、维护及运营分析收集数据,提供完善的人机界面。

④ 接口。提供站台乘客广播系统接口,提供站台旅客向导系统界面、SCADA 命令和状态显示,并与远程 SCADA 单元接口。

⑤ 车站程序停车。实现车站的程序定位停车,包括车门操作、站台屏蔽门控制命令、与轨旁通信,实现停站时分控制;车载广播的触发、报警监督;向 ATS 报告等。

(2) ATP 子系统的功能

基于车地间无线"通信",连续地检测整个系统内的列车位置;根据必需的最小安全停车距离,控制列车间的安全间隔;在证实道岔位置正确,并已锁闭的前提下,才允许列车进入该道岔区域;根据安全运行要求,按驾驶模式规定的速度限制列车运行速度,也可以临时进行速度限制;定位停车点的核准和"零速"检测;实现制动和牵引的联锁;提供车门安全联锁;实现屏蔽门和列车门的联锁;监督所有列车的运行方向;监督列车的倒溜,监督车辆非预期的运动;列车完整性监督;轮径校准,空转/打滑检测和补偿;防淹门和防护隔离门监督;紧急停车按钮监督;关键报警和事件的记录。

(3) ATO 子系统的功能

ATO 子系统根据 ATS 所提供的运行类型提供符合乘客舒适度标准的列车运行速度;为列车在区间运行提供相应的速度曲线;确认启动坡度;实现车站"跳停";当车站"扣车"功能启用时,驾驶员可以开/关列车门;实现车站程序定位停车,使停车精度达到 ± 0.25 m,并提供列车将会打开哪侧门的信息;只有在列车停于定位停车点,并且施加了停车制动的条件下,才能打开车门;关列车门;给驾驶员显示单元(TOD)发送信息;进行"报警"信息的监控并向 ATS 报告。

3) CBTC 系统物理分层的功能分析

从物理位置而言,基于无线通信的 CBTC 系统包括三个功能层次,分别为中央、轨旁以及车载,如图 6.10 所示。

(1) 区域控制器的功能

区域控制器是故障导向安全的轨旁子系统。每个联锁区设置一个区域控制器,而且以 3 取 2 的冗余配置。由区域控制器实现与所控制区域内所有列车的安全信息通信,完成联锁功能,并向所管辖区域内每列列车发送移动授权。区域控制器功能示意图如图 6.11 所示。

① 跟踪列车和发出移动授权。区域控制器基于来自列车的位置报告而跟踪列车,从而为所控制区域内的每列列车确定移动授权。如列车在 3 s 内接收不到移动授权信息,也即连续 6 次失去安全通信,则列车会紧急制动。

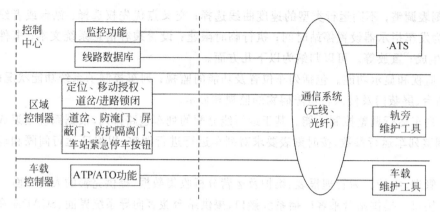

图 6.10 CBTC 系统功能结构图

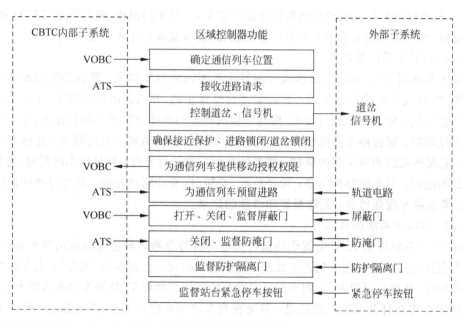

图 6.11 CBTC 区域控制器功能示意图

② 排列进路。由 ATS 完成选路,区域控制器对道岔实施控制和状态监视,当列车通过和接近道岔时防止道岔的转换,而且在确保道岔转到正确的位置、锁闭之后,才允许列车进入道岔区域。

③ 与 ATS 通信。处理来自 ATS 的列车进路命令,向 ATS 报告道岔状态和轨道占用情况,以及告警、出错信息。

④ 站台屏蔽门的控制和状态监视。

⑤ 侵入轨道的障碍物的监视和检出。

⑥ 实现与相邻区域控制器的通信,实现列车在两个相邻区域控制器间的交接,并将列车移动授权由一个控制器管辖区延伸到相邻控制器。

(2) 车载控制器的功能

由车载控制器实现列车自动防护(ATP)和列车自动运行(ATO)的功能。车载控制器的功能示意图如图 6.12 所示。

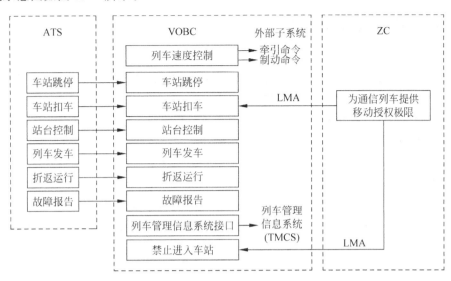

图 6.12 CBTC 车载控制器功能示意图

① 确定列车位置。列车在线路上检测到两个相邻的应答器,便实现列车位置定位的初始化。然后列车根据测速传感器和加速度计对运行过程的距离进一步细化定位,由于线路数据库唯一定义了线路上的所有位置,所以运行过程中检测到轨道应答器(信标)所提供的同步点信息,实现列车的定位校正。而列车实际定位位置,应根据列车向区域控制器报告的列车车头和车尾位置,加上车头、车尾的不确定误差和在报告传输过程中的运行距离(估计),还应该考虑先行列车尾部潜在的倒溜距离,所以真正的列车"定位"原理示意图如图 6.13 所示。

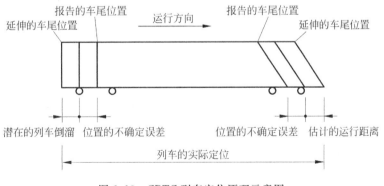

图 6.13 CBTC 列车定位原理示意图

② 强制执行移动授权控制。根据区域控制器对列车的移动授权命令,由车载控制器执行移动授权控制,动态计算安全距离,以确定列车目标运行速度,监督由测速传感器测得的实际速度,使其不超过到达目标点的目标速度,并进行防倒溜监督和障碍移动监督(在自动模式下);在安全运行速度限制范围内,调整列车速度。

③ 车门控制和安全联锁。只有当列车到达定位停车点,才允许相应侧的车门开启。

④ 列车完整性的检测和根据乘客舒适标准控制列车移动。

6.3 西门子的 CBTC 系统

西门子的 CBTC 系统是基于无线通信的列车运行控制系统,它由 SICAS 计算机联锁控制系统、TRAINGUARD MT 移动闭塞式列控系统(ATP/ATO)、VICOS OC 系统(ATS)组成,采用数字编码轨道电路构成准移动闭塞。

西门子的 CBTC 系统现应用于广州轨道交通 4 号线和 5 号线,还应用于北京地铁 10 号线、上海地铁 10 号线、南京地铁 2 号线等。

6.3.1 西门子的 CBTC 系统结构

西门子的 CBTC 系统结构如图 6.14 所示,由 VICOS、SICAS、TRAINGUARD MT 三个子系统组成,它们分为操作层、轨旁层、通信层和车载层四个层级,分级实现 ATC 功能。

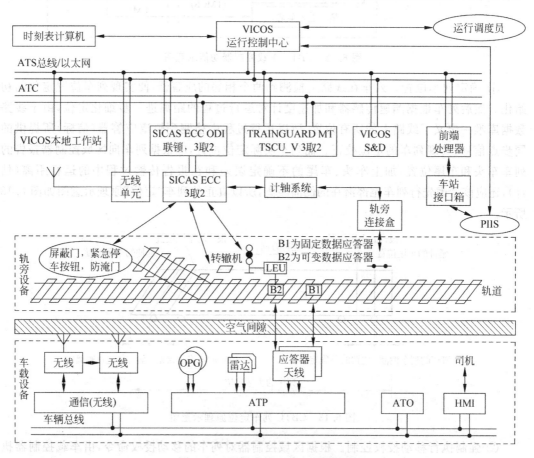

图 6.14 西门子的 CBTC 系统结构

ECC—元件接口模块;ODI—操作/显示接口;OPG—速度脉冲发生器;HMI—人机接口;
LEU—轨旁电子单元;S&D—检查和诊断;TSCU_V—轨旁安全计算机单元

1. 操作层

操作层分为中央级和车站级。中央级实现集中的线路运行控制;车站级将车站控制和后备模式提供给车站操作员工作站（LOW）和列车进路计算机（train routing computer, TRC）。

2. 轨旁层

轨旁层沿着线路分布，由 SICAS 计算机联锁、TRAINGUARD MT 系统、信号机、计轴器和应答器等组成，共同执行所有的联锁和轨旁 ATP 功能。

3. 通信层

通信层在轨旁和车载设备之间提供连续式及点式通信。

4. 车载层

车载层完成 TRAINGUARD MT 的车载 ATP 和 ATO 功能。

6.3.2 西门子 CBTC 系统的主要设备

1. VICOS 系统

VICOS 系统分为中央级的 VICOS OC 501 和车站级的 VICOS OC 101。

1) VICOS OC 501

人机界面（human machine interface, HMI）是列车调度员的操作台。来自 SICAS ECC（ECC 即元件接口模块）、TRAINGUARD MT（MT 即城市轨道交通）和其他外围系统的动态数据汇集在 VICOS OC 501 的 COM 服务器并进行处理，ADM 服务器负责中心数据存储和报告，前端服务器（front end processor, FEP）负责将其他外围系统接入 ATS 服务器。

2) VICOS OC 101

在每个联锁站，配有高可靠性的冗余 FEP 用于采集来自乘客向导系统 PIS、发车计时器 DTI、综合后备盘 IBP 等其他子系统的信息。除此以外的其他相关系统，如车辆段联锁、主控系统（main control system, MCS）、无线传输等则通过一台放置在 OCC 的 FEP 来处理，环境控制系统 EMCS 和 SCADA 的接口信息由 MCS 提供。

LOW 和 TRC 在 ATS 子系统失效情况下将提供后备模式。

2. TRAINGUARD MT 系统

TRAINGUARD MT 系统包括 ATP/ATO 和通信设备。

1) ATP/ATO

ATP/ATO 分为轨旁单元和车载单元。轨旁 ATP 子系统与联锁系统、ATS 子系统、列车以及相邻的 ATP 子系统都有双向接口。通过轨旁到列车的通信网络，在轨旁单元和车载单元之间建立了双向通信。

2) 通信设备

在车载单元中，两个相互独立的无线系统的列车单元（train unit, TU）分别安装于列车前后的驾驶室内，作为轨旁无线单元 AP 的通信客户端。这两个 TU 通过一个点对点的以太网连接，不间断地相互通信。同时，这两个 TU 分别连接到列车前后的列车控制系统，如图 6.15 所示。

3. SICAS 系统

SICAS 主要包括列车记录计算机（TRC）和车站操作员工作站（LOW）。SICAS 使用联锁 PROFI BUS 总线用于 SICAS ECC 的内部通信，LOW、TRC 和 S&D 系统直接与 SICAS ECC 和 TRAINGUARD MT 通信。SICAS ECC ODI（ODI 为操作/显示接口）和

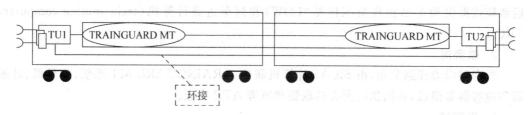

图 6.15 车载通信链路

TRAINGUARD MT 轨旁设备之间的通信通过一个 ATC PROFI BUS 总线实现。SICAS 和 TRAINGUARD MT 总线是双通道双向的光纤通信连接,每个通道独立工作并且提供故障—安全的通信。使用两个通道是为系统的高可用性提供冗余。

6.3.3 西门子 CBTC 系统的功能

西门子 CBTC 系统的功能包括 ATS 功能、联锁功能、ATP/ATO 功能、列车检测功能、试车线功能、培训和模拟功能。

1. ATS 功能

ATS 除了具有自动进路排列(ARS)功能、自动列车调整(ATR)功能、列车监督和追踪(train monitoring and tracing,TMT)、时刻表(train time form,TTF)、控制中心人机接口(HMI)和报告、报警与文档等主要功能外,还改进和增加了以下功能:在 ATS 通信级使用双向通信通道;在 ATS 后备模式下车站级可以输入车次号;适应移动闭塞的控制要求;TRC(列车进路计算机)取代 RTU 的自动进路排列功能;提供独立的冗余局域网段;在 ATS 显示列车状态信息;与 MCS(主控系统)的接口;与车辆段联锁的接口;提供操作日志(含故障信息)的归档功能;设两个控制中心;车辆段调度员 ATS 工作站进行出库列车自动预先通知,在规定时间无列车在车辆段转换轨时自动报警。

正常情况下,各线的控制中心行使行车调度职权。在各线控制中心的 HMI 丧失有效的行车调度和控制功能或当运营需要时,系统应能切换至综合控制指挥中心进行调度和控制。系统的切换能人工操作,也可以自动进行,但自动切换时必须经过人工确认。

2. 联锁功能

联锁除了具有轨道空闲处理(track vacancy processing,TVP)、进路控制(routing control,RC)、道岔控制(point control,PC)和信号机控制(signal control,SC)等主要功能外,联锁设备与 ATS 子系统相结合,还可实现中央 ATS 和联锁设备的两级控制。根据运营要求,应能自动或人工进行进路控制。其中人工控制分为中央 ATS 人工和联锁设备人工两类,自动控制分为中央 ATS 自动、联锁设备自动。人工控制进路的优先级高于自动控制进路。根据需要可进行联锁与中央 ATS 两级控制权的转换。控制权的转换过程中及转换后,未经人工介入时各进路的原自动控制模式不变。在特殊情况下,可不经控制权的转换操作强制进行联锁设备的控制。在车站级控制的情况下,如中央级功能完好,仍可设定或者保留中央自动功能(如 ATR、ARS)。在车站 ATS LAN 与中央 ATS 之间通信中断的情况下,列车将在本地工作站(LOW)和列车进路计算机(TRC)的操作下继续运行。ATP/ATO 功能将根据默认的停站时间和默认的自动列车调整值在连续式通信模式和点式通信模式下工作,使联锁功能继续。

3. ATP/ATO 功能

ATP/ATO 除了具有 ATP 轨旁、通信、ATP/ATO 车载等主要功能外,还改进和增加了以下功能:不使用 PTI 的信息交换,相应的功能可以通过双向通信通道实现;适应线性电机系统的线路条件,满足与线性电机接口的要求;提供 ATO 的冗余;ATO 控制列车的原理适应移动闭塞的要求。

因此,TRAINGUARD MT 的核心功能是移动闭塞列车间隔功能,根据线路的空闲状态和联锁状态(道岔状态、进路状态、运行方向、防淹门状态、PSD 状态、紧急停车按钮(emergency stop button,ESB)状态),产生移动授权电码。

正线区段(包括车辆段出入段线、存车线、折返线)具有双线双方向有人全自动驾驶运行功能。

列车进站停车时采取一次制动(连续制动曲线)的方式,按一次制动至目标停车点,中途不得缓解,且在进站前不会有非线路限速要求的减速台阶。

4. 列车检测功能

采用计轴器(AXC)进行列车检测。

信号系统具有完善的远程故障自诊断功能,对全线的中央设备、车站设备、轨旁设备、车载设备以及车地通信设备进行实时监督和故障报警,能准确报警到可更换单元(插拔件)等,便于及时更换,并能根据用户需要经通信传输通道在车辆段维修中心实施远程故障报警和故障诊断。

6.3.4 通信级别

1. 连续式通信级

在连续式通信级,TRAINGUARD MT 提供最先进的基于移动闭塞原理的列车安全运行。对于列车采用连续式控制,在 ATO 子系统控车后(AM 模式),ATO 子系统完全自动控制列车运行直至终点站。

在 SM 或 AM 驾驶模式下,列车以移动闭塞运行,保持列车间的安全距离。每个车载 ATP 根据来自测速电机和雷达的位移测量计算本列车的位置,该位置是列车在线路上的绝对位置,而不是对一个固定闭塞分区的占用,并通过连续式通信发送位置报告给轨旁 ATP。轨旁 ATP 追踪列车,基于本列车和前行列车的位置报告和轨旁检测的空闲信息,评估所有列车的移动条件,并通过连续式通信系统发送一个连续式通信级移动授权报文到车载 ATP。当不满足联锁条件时,列车的移动授权不能越过信号机。同时,列车运行时连续地监督联锁条件。

2. 点式通信级

点式通信级可以作为连续式通信级的后备模式,或在部分对于列车行车间隔有较低要求,允许使用固定闭塞的线路使用。在点式通信级,ATO 子系统完全自动控制列车从一个车站运行至下一个车站(AM)模式。

在点式通信级,使用应答器进行轨旁到列车的通信。此时,移动授权来自信号机的显示,并通过可变数据应答器由轨旁点式地传送到列车。列车在线路的定位与在连续通信级一样,考虑 TDB 中所有的详细线路描述,自动地服从所有的线路限速。

3. 联锁级

如果连续式或点式通信级故障,作为降级运行模式,可由 LED 信号机系统为列车提供全面的联锁防护。此时,没有轨旁到列车的通信。

6.3.5 无线系统配置

无线系统是基于严格的分层概念建立的,允许根据项目进行特定的调整,以适应不同的应用、标准、技术和组件。无线系统具有完全冗余的结构,以满足实际要求的可用性。无线系统的结构如图 6.16 所示。

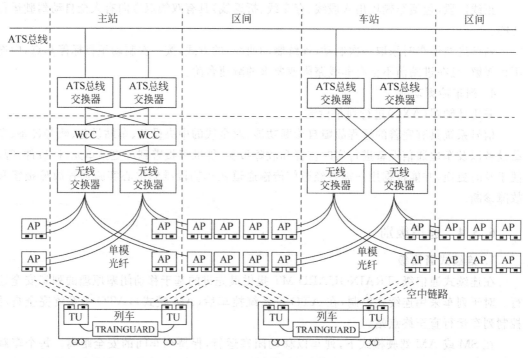

图 6.16 无线系统的结构

WCC—轨旁通信控制器;AP—轨旁无线单元;TU—列车单元

无线通信通过两个独立的 ATS 总线交换器连接在两个独立的 ATS 总线通道上,ATS 总线对无线系统和轨旁 ATC 系统进行物理连接。在主站内,两个相互独立的无线交换器交叉冗余地连接在 WCC 上。在其他安装有无线设备的车站,无线交换器通过交叉冗余连接,直接连接在 ATS 总线交换器上。

每个无线交换器连接着分布于相应轨道中的多个相互独立的轨旁接入点(AP)。每个 AP 通过单独的单模光纤连接到无线交换器,形成星形拓扑结构。同样的 AP 还连接到第二个无线交换器上,形成完全冗余的星形拓扑结构。每个 AP 包含两个相互独立的无线单元,两者以冗余模式进行工作。

轨旁无线单元通过空中链路将轨旁和运行中的车辆信息连接起来。

列车上,两个列车单元中的每一个使用两个相互独立的列车无线单元,通过空中链路冗余地连接到轨旁 AP。同时,两个列车单元通过空中链路连接到轨旁不同的 AP,提供了冗余和多样性。

无线系统使用三个频道,不同频道的覆盖范围重叠,而相同频道的覆盖范围则分开,如图 6.17 所示。

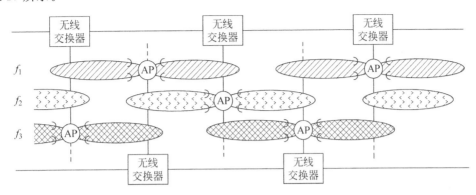

图 6.17 轨旁接入点和频带的排列

6.3.6 西门子 CBTC 系统的特点

CBTC 系统的最主要特点是采用无线通信,构成移动闭塞。

TRAINGUARD MT 是提供 ATP/ATO 功能的强大而先进的系统,它是一个模块化的系统,可以适用于不同的需要。

1. 连续式和点式通信方式并存

连续式通信方式和点式通信方式可以单独工作或同时使用。

连续式通信是使用无线进行轨旁和列车间的通信。配合连续通信通道,列车根据移动闭塞原理相间隔,提供最小运行间隔,列车受 ATP/ATO 控制,构成移动闭塞。

点式通信则不依赖于连续通信通道,而采用基于应答器的点式通信通道从轨旁向车上传输数据。配合点式通信通道,列车根据固定闭塞原理相间隔,并受 ATP/ATO 控制,构成固定闭塞。固定闭塞运行可作为移动闭塞运行的后备模式。

2. 混合运行

装备和未装备 ATP/ATO 的列车可以在同一线路上运行。

被驾驶员人工驾驶的列车可以与采用 ATO 自动驾驶的列车混跑。

3. 可升、降级

系统可以容易地从基本的运行模式(点式通信,固定闭塞)升级到高性能的等级(连续式通信,移动闭塞),直到无人驾驶的运行等级(MTO)。

在故障时,可适度降级,不同的运行等级可以使用一个比较低的等级作为后备级,例如,移动闭塞、连续通信的 ATP/ATO→固定闭塞、点式通信的 ATP/ATO→使用信号机的联锁级。

4. 可扩展性

一条装备 TRAINGUARD MT 的线路可很容易地扩展,增加车站和列车。

5. 适应性

TRAINGUARD MT 能够处理具有不同特性的各种类型的列车。例如,4 节编组列车和 6 节编组列车,不同的加速和减速参数,不同的列车长度。列车将会被依照它们各自的特性最佳地驾驶。

本章小结

本章重点介绍了 CBTC 系统的工作原理和发展现状，CBTC 移动闭塞系统的构成及工作原理，西门子 CBTC 系统的结构和功能。通过本章的学习，要求学生掌握 CBTC 系统的工作原理，CBTC 移动闭塞系统的系统结构、系统功能和系统特点等。

习题

1. 填空题

(1) CBTC 的关键技术包括_____、_____和_____。

(2) CBTC 系统是通过_____的方式实现列车和地面间连续通信的列车控制系统。

(3) 基于感应环线通信的移动闭塞系统，能实现_____ s 的最小运行间隔。

(4) 无线 CBTC 系统主要的子系统，有_____、_____、_____、_____及_____等。

(5) 基于无线通信的 CBTC 系统包括_____、_____和_____三个功能层次。

2. 简答题

(1) 与传统的轨道交通信号系统相比，CBTC 有哪些特性？

(2) 移动闭塞系统由哪些设备组成？

(3) 虚拟闭塞的定义是什么？

(4) 西门子 CBTC 系统和西门子 ATC 系统在结构上有哪些区别？

3. 论述题

CBTC 信号系统是轨道交通的"大脑"和"神经中枢"，过去长期依赖技术进口。2010 年 12 月 30 日，中国自主研制开发的 CBTC 信号系统被成功应用于北京的亦庄、昌平地铁线，系统的最小设计间隔时间可以缩短到 90 s，极大地提高了地铁运力。与此前引进国外的同类产品相比，该技术具有安全、高效、准点、舒适、节能和更人性化等特点。

试结合此报道，根据所学知识论述城市轨道交通对信号系统的要求，并论述中国信号系统的发展趋势。

参 考 文 献

[1] 林瑜筠.城市轨道交通信号[M].3版.北京:中国铁道出版社,2015.
[2] 刘伯鸿,李国宁.城市轨道交通信号[M].成都:西南交通大学出版社,2011.
[3] 范立南.城市轨道交通运营[M].北京:清华大学出版社,2017.
[4] 姚林泉,汪一鸣.城市轨道交通概论[M].北京:国防工业出版社,2012.
[5] 邢红霞.铁路信号系统与城市轨道交通信号系统的比较研究[J].贵州大学学报(自然科学版),2011,28(3):124-127.
[6] 姚向明.数字无绝缘轨道电路传输特性研究[D].北京:北京交通大学,2008.
[7] 翟永强,张威.基于ATC系统3种闭塞制式分析对比[J].现代城市轨道交通,2011(3):87-89.
[8] 石慧钰,韦强,叶清心,等.无绝缘音频轨道电路的研究与应用[J].科技信息,2010(26):19,21.
[9] 王青林.城市轨道交通通信与信号系统[M].北京:人民交通出版社,2012.
[10] 贾毓杰.城市轨道交通通信与信号[M].北京:机械工业出版社,2009.
[11] 张喜.城市轨道交通通信与信号概论[M].北京:北京交通大学出版社,2012.
[12] 彭辉.城市轨道交通系统[M].北京:人民交通出版社,2008.
[13] 王瑞峰.铁路信号运营基础[M].北京:中国铁道出版社,2008.
[14] 郭进.铁路信号基础[M].北京:中国铁道出版社,2010.
[15] 徐金祥,冲蕾.城市轨道交通信号基础[M].北京:中国铁道出版社,2010.
[16] 闫海峰.城市轨道交通设备[M].北京:科学出版社,2016.
[17] 杨静.西门子信号系统在中国城轨交通的应用[J].现代城市轨道交通,2007(3):52-53.
[18] 林瑜筠.铁路信号基础[M].北京:中国铁道出版社,2012.
[19] 齐东.音频无绝缘数字轨道电路传输特性的研究分析[D].兰州:兰州交通大学,2013.
[20] 施宇豪.地铁CBTC系统最新发展趋势[J].城市轨道交通研究,2016(S1):14-16.
[21] 赵海静,纪娜.城市轨道交通行车组织[M].北京:机械工业出版社,2014.
[22] 李德堂,李克.基于通信的移动闭塞ATC信号系统技术分析[J].现代城市轨道交通,2005(3):11-12+6.
[23] 赵一程.我国城市轨道交通信号系统发展的战略方向探索[J].通讯世界,2016(3):47.
[24] 张柳.城市轨道交通ATS车次号系统的研究与设计[D].成都:西南交通大学,2009.
[25] 张新,蒋圣绍,辛国明.浅谈ATS系统在轨道交通中的应用[J].电子世界,2013(23):176.
[26] 傅世善.闭塞与列控概述[M].北京:中国铁道出版社,2006.
[27] 武倩楠,叶霞飞.国内外典型城市轨道交通运营收益情况调查与分析[J].城市轨道交通研究,2016(12):106-110.
[28] 庞瑾,顾保南.2016年中国城市轨道交通运营线路统计和分析——中国城市轨道交通"年报快递"之四[J].城市轨道交通研究,2017(1):1-5.
[29] 贾文婷,王海明.城市轨道交通信号与通信[M].北京:北京交通大学出版社,2016.
[30] 上海申通地铁集团有限公司轨道交通培训中心.城市轨道交通信号技术[M].北京:中国铁道出版社,2012.